权威·前沿·原创

皮书系列为
"十二五""十三五"国家重点图书出版规划项目

中国社会科学院创新工程学术出版项目

广州蓝皮书

BLUE BOOK OF
GUANGZHOU

广州市社会科学院／编

广州经济发展报告
（2018）

ANNUAL REPORT ON ECONOMIC DEVELOPMENT OF
GUANGZHOU (2018)

主　编／张跃国　许　鹏
副主编／欧江波　唐碧海

社会科学文献出版社
SOCIAL SCIENCES ACADEMIC PRESS (CHINA)

图书在版编目（CIP）数据

广州经济发展报告. 2018 / 张跃国，许鹏主编. --
北京：社会科学文献出版社，2018.6
（广州蓝皮书）
ISBN 978 - 7 - 5201 - 2770 - 7

Ⅰ.①广… Ⅱ.①张… ②许… Ⅲ.①区域经济发展
- 研究报告 - 广州 - 2018 Ⅳ.①F127.651

中国版本图书馆 CIP 数据核字（2018）第 103592 号

广州蓝皮书
广州经济发展报告（2018）

主　　编 / 张跃国　许　鹏
副 主 编 / 欧江波　唐碧海

出 版 人 / 谢寿光
项目统筹 / 丁　凡
责任编辑 / 丁　凡

出　　版 / 社会科学文献出版社·区域发展出版中心（010）59367143
　　　　　　地址：北京市北三环中路甲 29 号院华龙大厦　邮编：100029
　　　　　　网址：www.ssap.com.cn
发　　行 / 市场营销中心（010）59367081　59367018
印　　装 / 三河市龙林印务有限公司

规　　格 / 开　本：787mm × 1092mm　1/16
　　　　　　印　张：18.5　字　数：278 千字
版　　次 / 2018 年 6 月第 1 版　2018 年 6 月第 1 次印刷
书　　号 / ISBN 978 - 7 - 5201 - 2770 - 7
定　　价 / 89.00 元

皮书序列号 / PSN B - 2005 - 040 - 1/14

本书如有印装质量问题，请与读者服务中心（010 - 59367028）联系

广州经济蓝皮书编辑委员会

主编简介

张跃国　广州市社会科学院党组书记、院长，文学学士，法律硕士，广州大学客座教授。研究方向为城市发展战略、创新发展、传统文化。主持或参与中共广州市委九届四次会议以来历届全会和党代会报告起草、广州市"十三五"规划研究编制、广州经济形势分析与预测研究、广州城市发展战略研究、广州南沙新区发展战略研究和规划编制以及市委、市政府多项重大政策文件制定起草。

许　鹏　广州市社会科学院党组成员、副院长，经济学博士，教授，博士生导师。中国统计学会常务理事，广东金融顾问，广东金融学会学术委员，获得国家统计局优秀教师、教育部新世纪优秀人才、广州市金融高级管理人才等称号。主要研究方向为风险管理与金融统计，主持承担"货币与金融统计体系国际接轨""金融状况指数体系的构建与应用"等国家级科研项目，出版了《货币与金融统计学》《宏观经济与金融数据质量评估》《新常态下的区域金融发展》等多部著作，有多项研究成果获得国家部委和省级政府科研成果奖。

欧江波　广州市社会科学院数量经济研究所（经济决策仿真实验室）所长，副研究员，经济学博士，广州市人民政府重大行政决策论证专家。主要从事应用经济和决策咨询研究，研究领域包括：宏观经济、城市经济、房地产经济等。主持完成国家、省、市一百余项重大课题研究；出版专著三部，编著九部，公开发表论文五十余篇；研究成果获国家、省、市奖励二十余项。

唐碧海 广州市社会科学院数量经济研究所（经济决策仿真实验室）副所长、副研究员，理学博士。主要从事应用经济和决策咨询研究，研究领域包括：宏观经济、城市经济、数量经济等。公开发表论文六十多篇，出版专著三部。先后获国家、省、市奖励二十余项，2007年获评为广州市优秀专家。

摘　要

《广州经济发展报告（2018）》是"广州蓝皮书"系列之一，是由广州市社会科学院主持编写，由科研团体、高等院校和政府部门的专家学者共同完成的关于广州经济分析预测及相关重要专题研究的最新成果。本书包括四个部分，分别为总报告、专项分析、产业经济和区域经济，共收录研究报告或论文17篇。

2017年广州经济平稳增长，完成地区生产总值21503亿元，增长7.0%。其中，从产业看，制造业和服务业增长均有所放缓；从需求看，外贸出口增长有所加快，消费增长保持基本稳定，但投资增速回落。展望2018年，世界经济继续向好，预计增速为3.5%；我国将实施稳健中性的货币政策和积极的财政政策，全面深化改革开放，推动高质量发展，经济有望保持平稳增长，但仍面临较大的挑战和风险。综合考虑各方因素影响并经模型测算，预计广州2018年地区生产总值增长7.0%左右。

关键词：　经济增长　城市经济　广州经济

目 录

Ⅰ 总报告

Ⅱ 专项分析

Ⅲ　产业经济

Ⅳ　区域经济

┌──────────────────────┐
│ 皮书数据库阅读**使用指南** │
└──────────────────────┘

总 报 告

General Report

B.1

2017年广州经济形势分析
与2018年展望

欧江波　唐碧海　等*

摘　要：　2017年广州经济平稳增长，完成地区生产总值21503亿元，
　　　　　增长7.0%。其中，从产业看，制造业和服务业增长均有所
　　　　　放缓；从需求看，外贸出口增长有所加快，消费增长保持基
　　　　　本稳定，但投资增速回落。展望2018年，世界经济继续向
　　　　　好，预计增速为3.5%；我国将实施稳健中性的货币政策和
　　　　　积极的财政政策，全面深化改革开放，推动高质量发展，经
　　　　　济有望保持平稳增长，但仍面临较大的挑战和风险。综合考

* 欧江波，广州市社会科学院数量经济研究所（经济决策仿真实验室）所长、副研究员、博
士，研究方向为宏观经济、城市经济、房地产经济；唐碧海，广州市社会科学院数量经济研
究所（经济决策仿真实验室）副所长、副研究员、博士，研究方向为宏观经济、数量经济。
课题研究成员：伍晶、范宝珠、周兆钿、周圣强、邓晓雷。

虑各方因素影响并经模型测算，预计广州 2018 年地区生产总值增长 7.0% 左右。

关键词： 经济增长　城市经济　广州经济

一　2017年广州经济运行情况分析

2017 年，全球经济持续回升，发达经济体增长有所加快，新兴经济体增长好转，全球贸易升温，金融市场稳定；随着我国各项调结构、换动力、提质量、防风险措施的实施和供给侧结构性改革的深入推进，国民经济稳中向好、好于预期，实现了平稳健康发展，经济结构进一步优化，质量和效益持续提升，经济活力和动力不断增强，居民消费能力和水平稳定提升，"一带一路"建设不断取得新成效。

2017 年广州经济运行呈现三大特点：一是经济运行总体平稳。主要指标增长处于稳定区间，全年 GDP 增长 7.0%，增速比上年有所回落（见图 1），高于全国 0.1 个百分点，但低于全省 0.5 个百分点。二是行业和企业分化明显。服务业与制造业景气差异明显，行业内部分化特征突出，传统产业和企业经营压力普遍较大，新兴产业和企业快速成长，新产业新业态层出不穷。三是虚实经济反向变化。制造业特别是新型制造业、物流商贸业等实体经济稳步增长，房地产业受调控政策影响明显降温，对金融业发展也形成一定的制约。与主要城市相比，广州 GDP 总量低于京沪深位居第四，GDP 增速高于北京（6.7%）、上海（6.9%）、天津（3.6%），低于重庆（9.3%）、深圳（8.8%）、苏州（7.1%）（见图 2）。

（一）工业发展稳中有进，创新能力不断提升

工业发展稳中有进。1~11 月，广州完成规模以上工业总产值和增加值

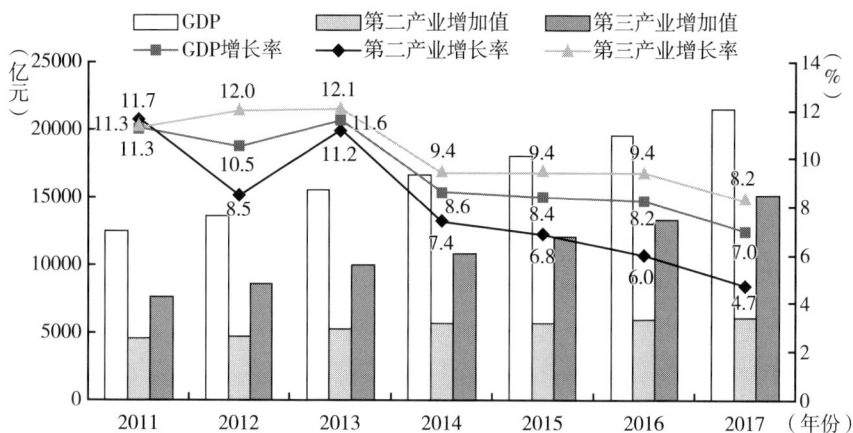

图1 2011~2017年广州GDP及第二、第三产业增加值情况

说明：地区生产总值和产业增加值，增长率按可比价格计算，下同。

资料来源：广州市统计局；本报告后续图表若未特别注明数据来源的，均来源于广州市统计局。

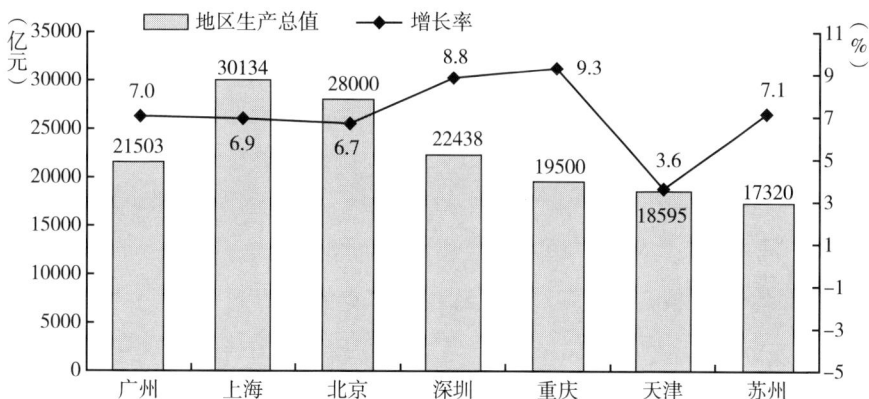

图2 2017年国内重点城市地区生产总值情况

资料来源：各市统计公报。

18196.38亿元和4346.85亿元，同比均增长1.4%，增速均比上年同期回落4.9个百分点（见图3）。结构优化较为明显，1~11月高新技术产品产值

8538.03 亿元，同比增长 4.5%，增速高于规模以上工业平均水平 3.1 个百分点。经济效益稳步提升，2017 年广州规模以上工业企业利润总额增长 11.8%，增速同比提高 3.3 个百分点。工业回暖迹象显著，1～11 月工业投资同比增长 3.4%，增速同比提高 1.7 个百分点；12 月重点企业 PMI 指数达到 53.2，连续 10 个月位于枯荣线 50.0 以上。

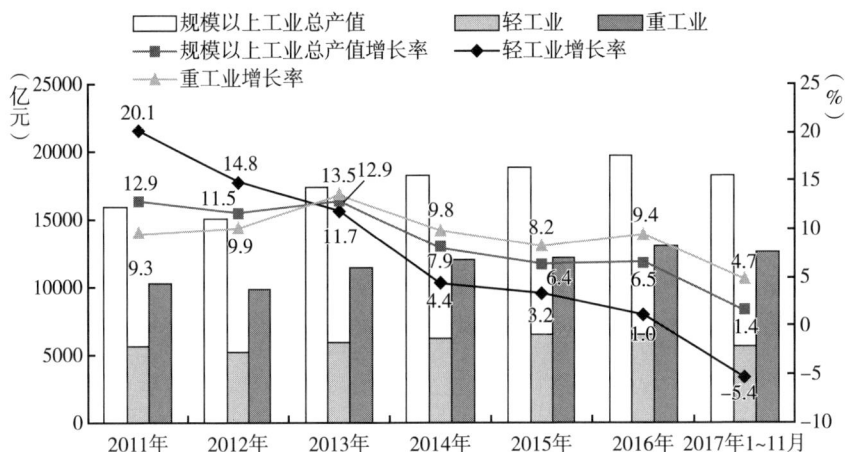

图 3　2011～2017 年广州规模以上工业产值增长情况

说明：产值增长率按可比价格计算，下同。

三大支柱工业表现各异。1～11 月三大工业支柱产业完成总产值 9038.51 亿元，同比增长 4.4%，增速同比回落 3.1 个百分点。其中，汽车制造业保持快速增长，在广汽传祺和广汽菲克的带动下，1～11 月完成产值 4680.08 亿元，同比增长 16.6%，增速同比提高 4.6 个百分点；电子产品制造业增长放缓，1～11 月完成产值 2190.30 亿元，同比增长 2.5%，增速同比回落 5.6 个百分点；石油化工制造业下滑加剧，1～11 月完成产值 2168.13 亿元，同比下降 10.3%，增速同比回落 10.5 个百分点，这主要是受环保趋严、广石化例行大检修、日化工业市场竞争加剧等因素影响（见图 4）。

创新能力不断增强。全年新增高新技术企业 4000 多家、累计超过

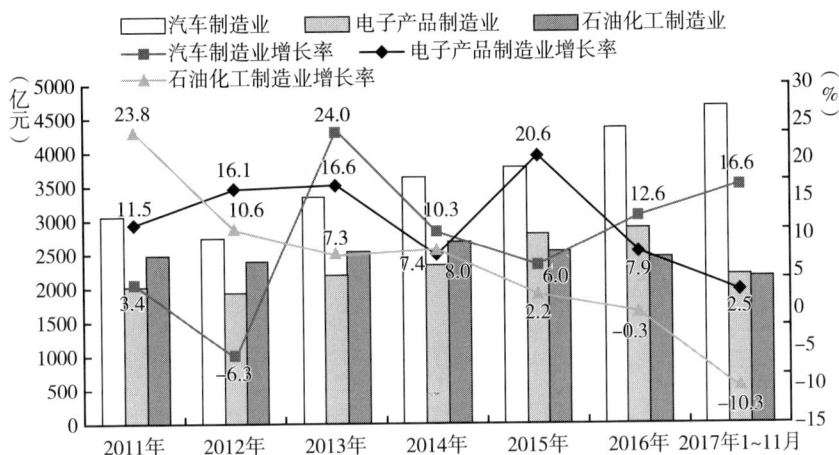

图4 2011～2017年广州三大支柱产业产值增长情况

8700家，新增科技创新企业4万家、累计16.9万家。新型研发机构建设加快推进，年末省级新型研发机构44家，规上工业企业设立市级以上企业研发机构比例提高至26%，年主营业务收入5亿元以上企业设立市级以上企业研发机构比例提高至56%。科技金融支撑作用持续提升，广州科技信贷风险补偿资金池新增授信金额逾38亿元。产业孵化能力稳步增强，新增科技企业孵化器26家，新增孵化面积28万平方米，新增众创空间29家，在孵企业（项目）累计超过11000个。科技创新成效显著，成为首批国家知识产权强市创建市，发明专利申请量和授权量增速居全国前列。

新兴产业加快布局。聚焦IAB、NEM产业，设立产业技术重大专题，投入财政科技经费逾9亿元。高科技项目加速集聚，富士康10.5代显示器项目、乐金显示8.5代OLED项目、广汽智能网联、思科智慧城、GE生物科技园、百济神州生物制药项目等相继动工建设。高端产业加快发展，新能源汽车、光电子器件、液晶显示屏、工业自动调节仪表与控制系统、工业机器人等新兴产品产量同比分别增长55.0%、58.3%、13.7%、37.6%、21.0%，民用无人机、环保、医疗设备等一批成长中的高新技术产品规模逐渐扩大。

（二）商贸旅游保持稳定，交通运输快速增长

商贸业稳步增长。2017 年广州实现社会消费品零售总额 9402.59 亿元，增长 8.0%，增速同比回落 1.0 个百分点。其中，批发和零售业、住宿和餐饮业分别增长 8.3%、5.8%。全年实现商品销售总额 62164.66 亿元，增长 12.0%，增速同比提高 2.0 个百分点（见图 5）。受上年同期基数较高影响，限额以上汽车类商品零售额 1017.88 亿元，下降 7.4%，增速同比回落 17.0 个百分点；受价格因素影响，限额以上石油及制品类零售额 395.05 亿元，下降 15.4%；与居民消费品质改善相关行业的零售额保持两位数增长，限额以上通信器材类、中西药品类商品零售额分别增长 36.6%、31.8%；网上零售逐步进入稳定增长阶段，在京东商城华南总部、"天猫超市"等电商龙头带动下，限额以上网上商店零售额仍保持两位数增长，但增速较上年同期有所回落。

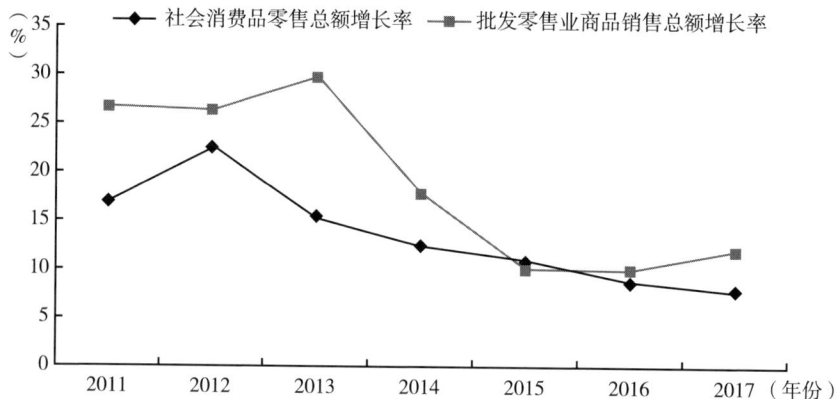

图 5　2011～2017 年广州消费市场主要指标增长情况

旅游业总体平稳。2017 年广州实现旅游业总收入 3614.21 亿元，接待过夜旅游者 6275.62 万人次，分别增长 12.3% 和 5.6%，增速同比提高 0.3 个、0.6 个百分点，其中实现旅游外汇收入、接待海外过夜旅游者人数分别增长 7.6%、4.5%，增速同比回落 2.5 个、2.8 个百分点（见图 6）。全年实现住宿和餐饮业零售额 1143.24 亿元，增长 5.8%，增速同比回落 1.9 个百分点。高频次、低支出的餐饮消费成为餐饮市场主流趋势，大众餐饮总体平稳。

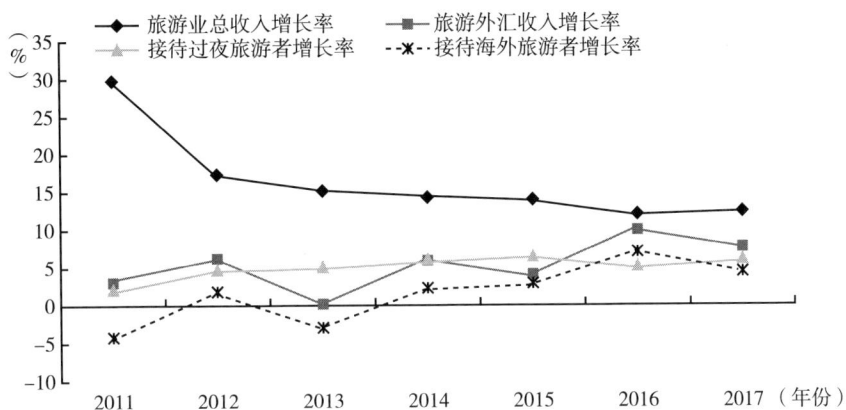

图6　2011～2017年广州旅游业主要指标增长情况

交通运输快速增长。2017年广州共完成货运量、货物周转量、客运量和旅客周转量12.09亿吨、21420.96亿吨公里、4.94亿人次和2351.58亿人公里，分别增长11.9%、39.2%、7.7%和8.5%，增速同比提高0.3个、－23.4个、0.9个和1.5个百分点（见图7）。在中远海运散货运输公司注册落户广州因素带动下，水路货运量及货物周转量同比分别增长24.4%、41.6%，但随着新增量基数影响回归正常，高速增长将难以持续。电子商务带动快递等邮政业务快速增长，但增长势头有所放缓，2017年广州实现邮政业务收入411.32亿元，增长34.0%，增速同比回落3.5个百分点。

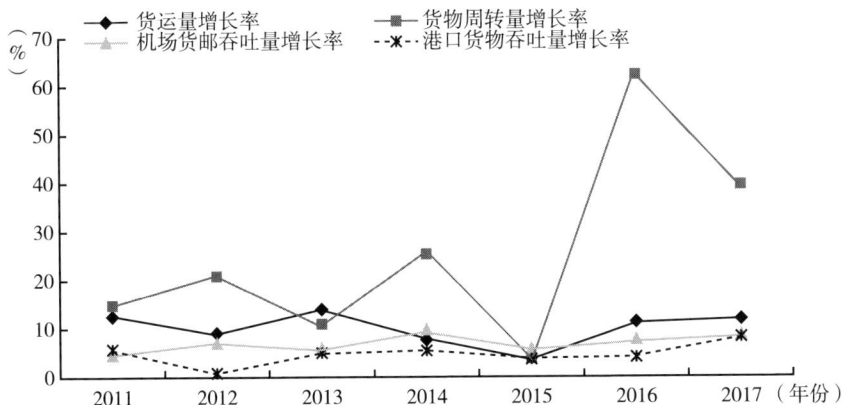

图7　2011～2017年广州货物运输主要指标增长情况

（三）金融业平稳发展，房地产市场逐步降温

金融业平稳发展。2017 年广州金融业实现增加值 1998.76 亿元，增长 8.6%（见图 8），占广州 GDP 的 9.3%，对 GDP 增长的贡献率达到 11.3%，拉动经济增长 0.8 个百分点，是支撑广州经济增长的主要力量之一。银行业稳定发展。2017 年末，广州银行业机构本外币存款余额 5.14 万亿元，同比增长 8.1%，增速同比回落 2.8 个百分点（见图 9）。贷款余额 3.41 万亿元，同比增长 15.1%，增速同比提高 6.4 个百分点；全年新增人民币贷款 4427.19 亿元，比 2016 年多增 1678.59 亿元。广州地区银行机构不良贷款率 1.1%，好于全国、全省平均水平。贷款增速较高的原因在于：整体经济企稳向好，实体经济融资需求增加，且在金融监管力度持续加大的背景下，银行机构压缩表外资产，企业转向信贷市场融资。在保险领域监管力度加强的背景下，保险业增长有所放缓，2017 年实现保费收入 1127.26 亿元，下降 3.3%，占全省保费收入的 26.2%。与国内重点城市相比，广州金融业增加值高于天津，增速高于北京、深圳和天津（见图 10）。

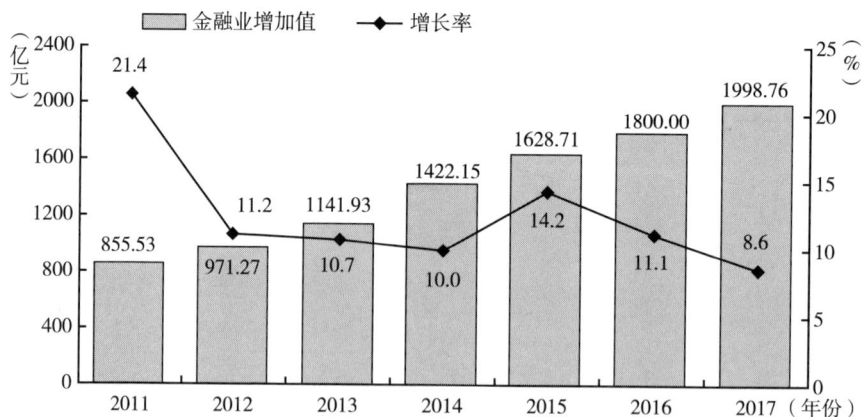

图 8　2011～2017 年广州金融业增加值情况

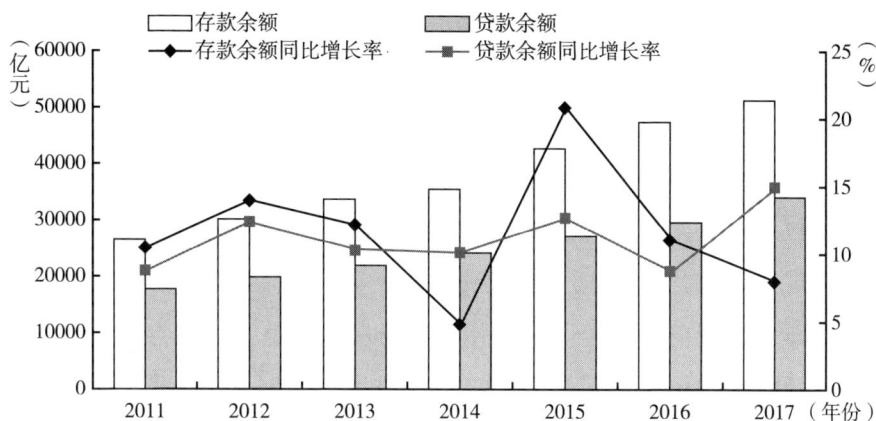

图9　2011年末～2017年末广州本外币存贷款余额情况

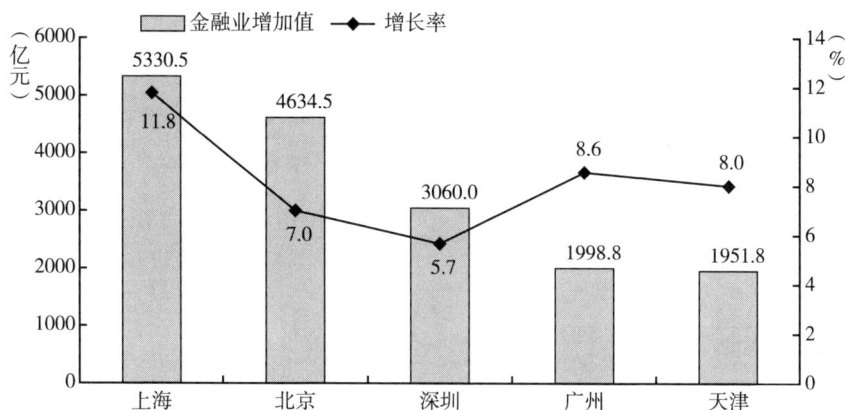

图10　2017年国内重点城市金融业发展情况

资料来源：各市统计公报。

各项金融重点工作顺利推进。一是发展和利用多层次资本市场成效明显，2017年，广州境内外上市公司新增18家总数达151家，年末总市值2.89万亿元，累计融资超3800亿元；新三板挂牌企业新增116家总数达464家，累计募资123.99亿元；截至2017年末，广州股交中心累计挂牌、展示企业8098家，比上年末新增2452家，实现融资和流转交易总额1981.73亿元。二是区域金融中心建设取得新突破，2017年3月中证报价私募股权市场正式在穗上线，国际金融论坛落户广州。三是金融国际影响力进一步提升，在2017年9月发布的全球金融中心指数（GFCI）中，广州全球排名第32，亚太地区排名第12位，首次入选"稳定发展的40个金融中心"，被归类为"活力发展的金融中心"行列。四是金融创新发展取得突破，2017年6月广州绿色金融改革创新试验区正式获批，并明确在花都区率先开展绿色金融改革创新试点工作。

房地产市场有所降温。一手住宅市场量降价稳，2017年广州签约面积981.79万平方米，下降30.7%，签约均价16450元/平方米，略降1.1%。二手住宅市场量稳价升，全年登记面积1168.02万平方米，增长1.3%，登记均价17432元/平方米，增长13.0%（见图11）。调控政策对住宅市场影响较大，下半年一手住宅签约面积413.63万平方米，比上半年减少27.2%；下半年经过中介促成的二手住宅网上签约4.50万套，比上半年减少38.7%。商服物业市场成交有所减少，2017年广州一手商服物业签约面积234.19万平方米，下降20.9%。商服物业调控新政对市场造成较大冲击，下半年一手商服物业签约面积比上半年减少33.3%。

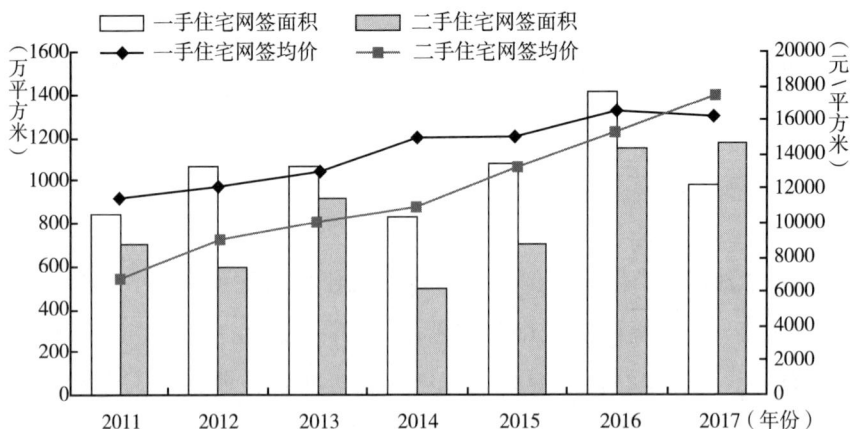

图11　2011～2017年广州住宅市场发展情况

资料来源：广州市住房和城乡建设委员会。

（四）进出口增势良好，"一带一路"沿线贸易活跃

商品进出口增长较快。2017年广州实现商品进出口总值9714.36亿元，增长13.7%，增速同比提高10.6个百分点，其中出口总值5792.15亿元，增长12.3%，增速同比提高9.3个百分点；进口总值3922.21亿元，增长16.0%，增速同比提高12.7个百分点（见图12）。其中，一般贸易进出口增长良好，全年实现进出口4390.52亿元，增长17.0%，占广州进出口总值的45.2%；加工贸易进出口略有下降，全年实现进出口2738.34亿元，下降0.8%，占广州进出口总值的28.2%，较上年比重下降4个百分点；保税物流进出口791.92亿元，增长14.2%；跨境电子商务进出口227.7亿元，增长55.1%，占广州进出口总值的2.3%。全年旅游购物和市场采购累计出口1673.50亿元，拉动广州出口增长8.2个百分点。

外贸格局出现新变化。主要外贸市场有所分化，2017年广州对欧盟、东盟、美国、日本进出口分别增长22.8%、20.1%、11.1%和10.7%；对香港进出口下降11.6%。与"一带一路"沿线国家贸易往来日益活跃，对"一带一路"沿线国家合计进出口2579.05亿元，增长19.7%，其中出口1810.52亿元，增长23.2%，进口768.53亿元，增长12.1%。

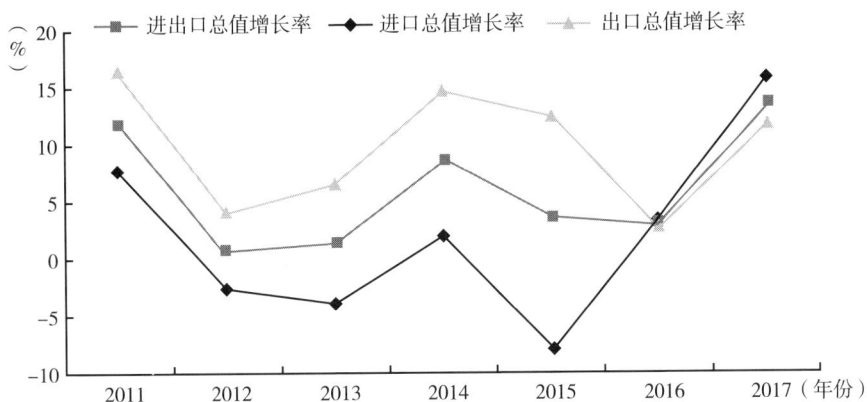

图12 2011~2017年广州商品进出口增长情况

利用外资增长势头良好。2017 年合同利用外资 133.91 亿美元，增长 35.3%，增速同比提高 16.9 个百分点；实际使用外资 62.89 亿美元，增长 10.3%，增速同比提高 5.0 个百分点（见图 13）。乐金显示、广汽丰田、分众传媒、珠江啤酒和百济神州等知名企业增资踊跃。服务业利用外资仍占主导，全年实际使用外资 52.84 亿美元，同比增长 4.4%，规模占全市的 84.0%；制造业利用外资恢复增长，全年合同利用外资 31.78 亿美元，同比大幅增长 3.2 倍，实际使用外资 8.72 亿美元，同比增长 63.1%，占全市实际使用外资比重较上年提高 4.5 个百分点，其中，通用设备制造业、通信设备、计算机及其他电子设备制造业实际使用外资迅猛增长，同比分别增长 8.6 倍和 2.5 倍。

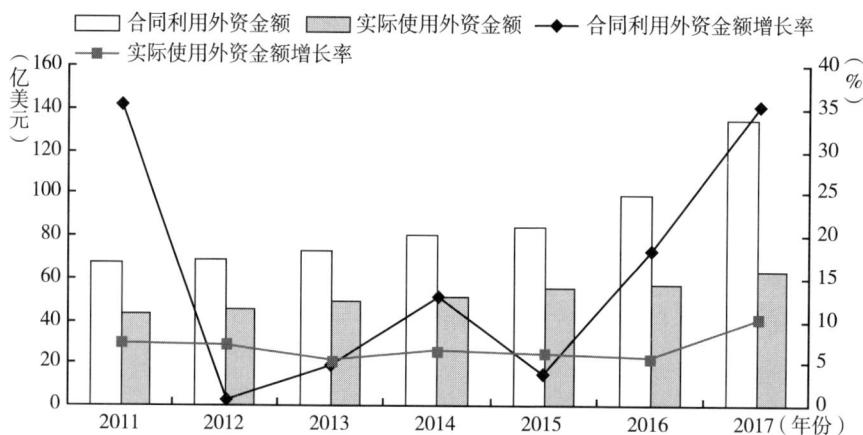

图 13　2011～2017 年广州使用外资增长情况

（五）固定资产投资总体稳定，重点领域投资有所加快

固定资产投资总体稳定。2017 年广州完成固定资产投资 5919.83 亿元，增长 5.7%，增速同比回落 2.3 个百分点（见图 14）。2017 年广州着力深化供给侧结构性改革，积极开展重大项目"攻城拔寨、落地生根、开花结果"行动，稳步推进重点项目建设，全年 345 个市重点建设项目完成投资 1705.6 亿元，占全市投资总量的 28.8%，白云国际机场（以下简称"白云机场"）T 2

航站楼主体工程已封顶，机场商务航空服务基地（FBO）正式启用，广州港深水航道拓宽工程一期工程顺利完工，南沙港区三期6个15万吨级集装箱泊位建成投产，广汕客专等轨道交通项目、机场第二高速等公路项目、南沙国际邮轮码头项目等进展顺利，百济神州生物产业园、中铁隧道局全国总部、思科智慧城、广州铁路集装箱中心站等80多个新项目开工建设。与国内重点城市相比，广州投资额远低于重庆和天津，与北京和上海存在一定差距，高于苏州和深圳；投资增速低于深圳、重庆和上海，与北京相当，高于天津和苏州（见图15）。

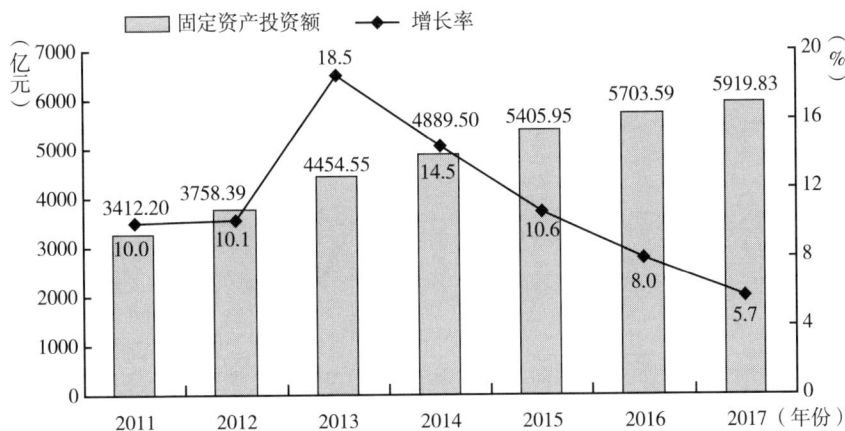

图14　2011~2017年广州固定资产投资情况

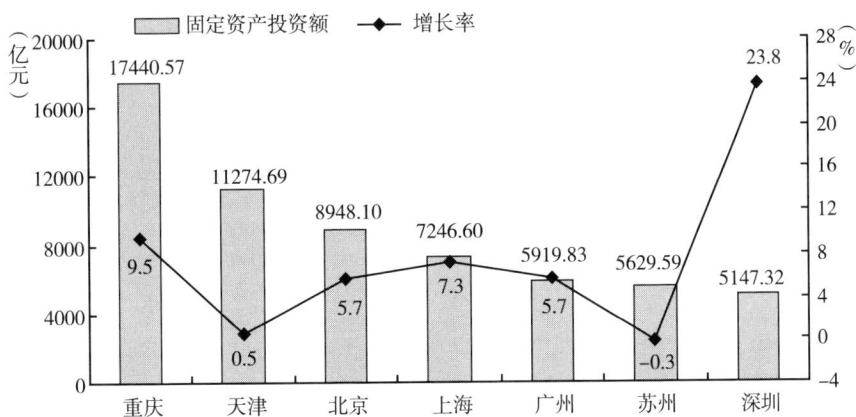

图15　2017年国内重点城市固定资产投资情况

资料来源：各市统计公报。

国有和民营投资增长出现分化。国有投资实现平稳增长，2017年完成投资1355.98亿元，比上年增长3.4%，增速同比提高2.7个百分点。民间投资出现负增长，全年完成投资2495.73亿元，下降1.0%，增速同比回落6.3个百分点。其中，房地产开发民间投资达1754.45亿元，增长13.5%，占全市民间投资总量的70.3%，比2016年提高9.0个百分点，是拉动民间投资增长的主要动力（见图16）。

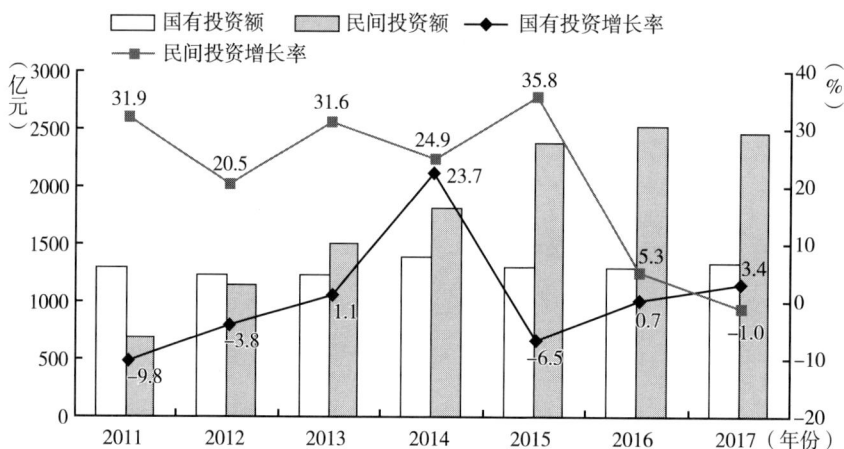

图16 2011~2017年广州国有投资和民间投资情况

重点领域投资有所加快。第二产业投资恢复增长，2017年完成投资751.51亿元，增长2.7%，增速同比提高8.8个百分点，其中工业投资736.26亿元，增长3.1%；扣除房地产业后，全年第三产业完成投资2286.34亿元，增长9.7%，增速高于全市投资平均水平4.0个百分点。重点领域投资有所加快。工业投资中，在乐金第8.5代薄膜晶体管液晶显示器件项目、富士康10.5代显示器件生产线、百济神州生物产业园等大项目带动下，电子信息制造业投资增长1.6倍、医药制造业投资增长23.1%。服务业投资中，在广州积极推进卫生强市、优化基本公共卫生服务的背景下，卫生和社会工作投资增长71.7%；年内琶洲互联网创新集聚区内的腾讯广州总部大楼、广东小米互联网产业园、欢聚大厦等多个项目顺利推进，带动信息传输软件和信息技术服务业投资增长23.3%（见图17）。

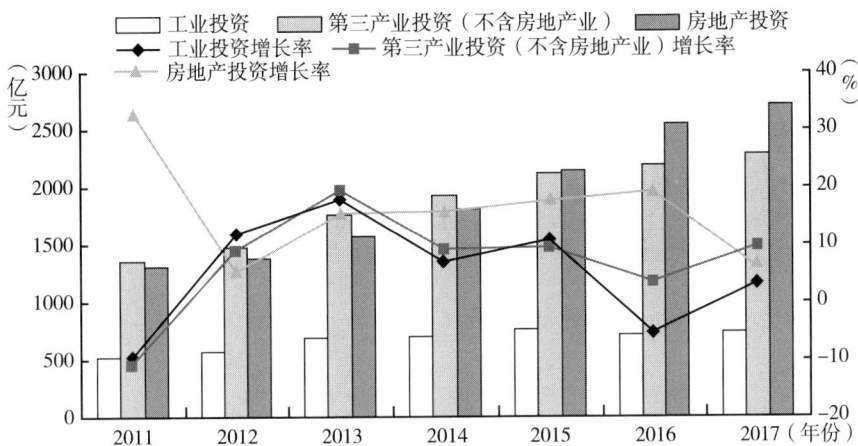

图17 2011～2017年广州工业和第三产业投资情况

房地产开发投资增长放缓。受房地产调控政策影响，2017年广州完成房地产开发投资2702.89亿元，增长6.4%，增速同比回落12.5个百分点；占全市固定资产投资的44.5%，比上年提高1.1个百分点。商品房施工量继续保持较高水平，2017年12月末施工面积达到1.07亿平方米，增长5.9%，住宅施工面积达到6399.47万平方米，增长4.8%。新开工面积出现负增长，全年新开工房屋面积1853.88万平方米，减少13.1%，其中住宅新开工面积1118.95万平方米，减少11.1%。受前期房地产市场销售活跃带动，全年竣工面积达到1320.66万平方米，增长9.9%（见图18）。

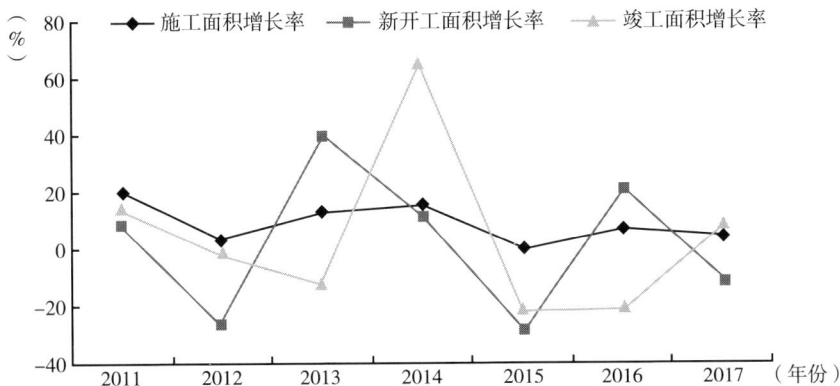

图18 2011～2017年广州房地产开发施工、新开工、竣工面积增长情况

（六）财政收支情况良好，国税地税增长出现分化

财政收支情况良好。2017年广州完成一般公共预算收入1533.06亿元，增长10.9%，增速同比提高5.7个百分点。主体税种实现较快增长，增值税、企业所得税和个人所得税收入分别达到408.76亿、190.75亿、91.21亿元，增长10.5%、18.1%、18.1%。全年一般公共预算支出2185.99亿元，增长12.5%，增速与上年持平（见图19）。民生支出增长较快，教育支出404.34亿元，增长25.6%；社会保障和就业236.59亿元，增长14.6%；医疗卫生与计划生育支出202.23亿元，增长16.3%。

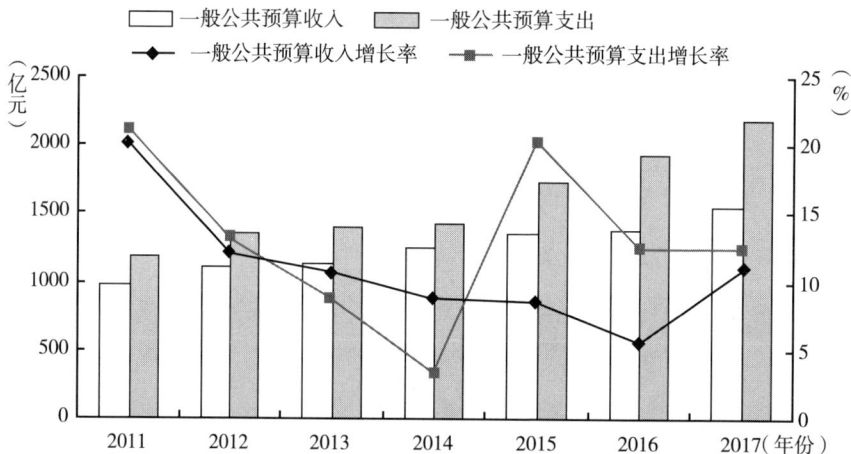

图19　2011～2017年广州财政收支情况

国税地税增长出现分化。国税收入实现较快增长，2017年广州国税部门共组织收入3807.82亿元，增长21.0%，增速同比提高13.2个百分点，其中，国内税收收入2867.07亿元，海关代征收入940.75亿元。三大主体税种收入实现较快增长，国内增值税收入1630.61亿元，增长26.7%；企业所得税收入874.37亿元，增长17.1%；国内消费税收入306.99亿元，增长4.2%。地税收入保持基本稳定。受全面"营改增"等因素影响，2017年广州地税部门组织收入1377.84亿元，减少0.3%，降幅同比收窄5.7个百分点（见图20）。

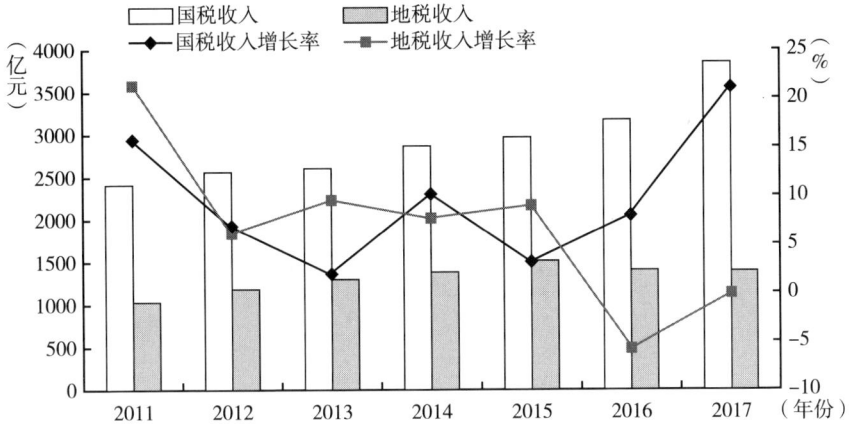

图20 2011～2017年广州国税和地税收入情况

（七）消费价格基本稳定，生产价格恢复性增长

消费价格基本稳定。2017年城市居民消费价格总指数（CPI）上升2.3%，增幅同比回落0.4个百分点，高于全国（1.6%）和全省（1.5%），走势与全国、全省有所分异（见图21）。在构成CPI的八大类价格中（见图22），医疗保健类（7.0%）、教育文化和娱乐类（3.6%）、居住类（3.3%）、交通和通信类（1.6%）、食品烟酒类（1.4%）、其他用品和服务类（2.4%）等六类涨幅较大；生活用品及服务类（0.6%）价格小幅上升；衣着类（0.0%）持平（见图22）。

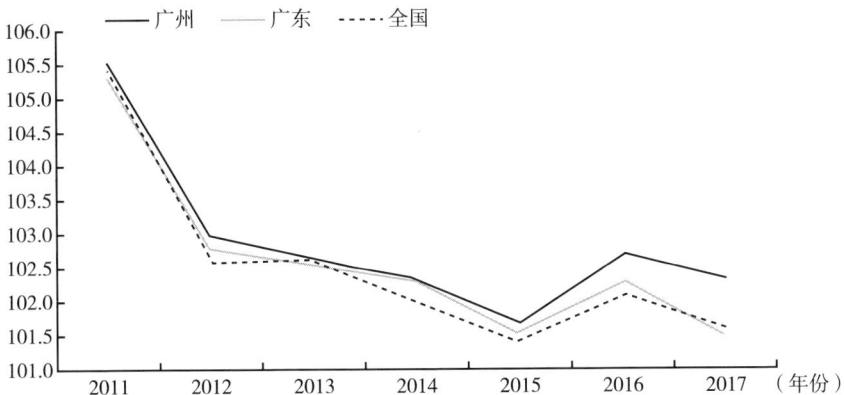

图21 2011～2017年全国、广东和广州居民消费价格指数情况

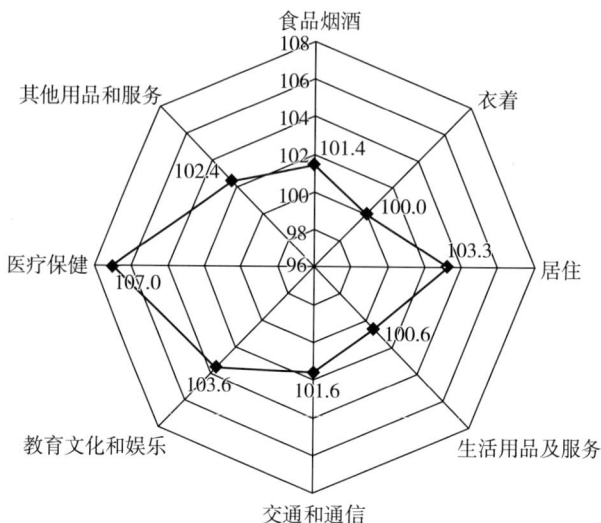

图22 2017年广州居民消费价格分类指数

生产者价格恢复性增长。2017年广州工业生产者出厂价格指数和购进价格指数分别上涨2.3%和8.8%，扭转了2012年以来的下跌走势，购进价格涨幅大于出厂价格6.5个百分点（见图23）。工业生产者出厂价格中，生产资料价格涨幅（3.8%）大于生活资料（0.6%），重工业价格涨幅

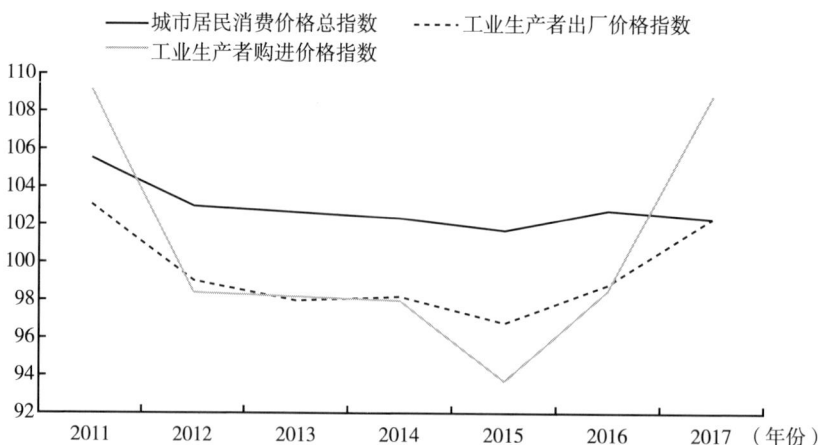

图23 2011年以来广州主要价格指数

（2.8%）大于轻工业（1.4%）。工业生产者购进价格中（见图24），上涨幅度较大的类别主要包括有色金属材料和电线类（16.5%）、燃料动力类（13.7%）、建筑材料及非金属矿类（13.2%）、黑色金属材料类（12.7%）、化工原料类（9.1%）等，涨幅相对温和的包括木材及纸浆类（4.1%）、纺织原料类（3.1%）、其他工业原材料及半成品类（2.3%）、农副产品类（1.6%）等（见图24）。

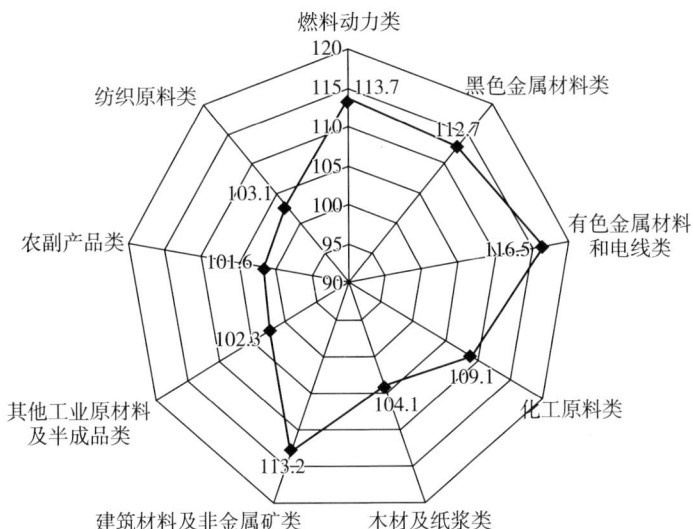

图24　2017年广州工业生产者购进价格分类指数

（八）提质增效仍存空间，转型升级任重道远

当前广州正处于从规模扩张转向质量提升和新旧动能转换的调整期和攻关期，受传统工业增长放缓、房地产交易和开发投资回落等因素影响，经济阶段性下行压力明显加大。广州经济社会发展仍存在不少短板和弱项，发展不平衡不充分的突出问题尚未解决，主要表现在：一是发展质量和效益有待提升。发展方式仍然比较粗放，绿色生产生活方式尚未形成，营商环境优势相对弱化，高端经济要素吸引力有所减弱。二是产业转型升级任务艰巨。高技术制造业、科技服务业、信息服务业规模仍然较小，新引进的IAB产业项目多数仍处在建设初期，纺织、石化、商贸等传统产业亟待转型升级。三

是创新驱动发展动力有待夯实。创新生态体系还不完善，缺乏创新型领军企业和人才，高新技术企业数量和质量有待提升，科技创新投入仍然不足，科技成果转化效率还有很大提升空间。四是要素制约有待破解，土地资源紧约束的形势日益严峻，城市空间布局有待优化。

二　2018年广州经济发展环境分析

（一）2018年国际发展环境

1.2017年全球经济发展情况

发达经济体增长有所加快。2017 年美国经济增速有所加快，三季度GDP 同比增长 2.3%，增速较二季度提高 0.1 个百分点，较上年同期提高0.8 个百分点。欧元区经济复苏动力有所增强，三季度 GDP 同比增长2.5%，增速较二季度提高 0.2 个百分点，较上年同期提高 0.8 个百分点。日本经济增长动力稳定恢复，三季度 GDP 同比增长 2.1%，增速较二季度提高了 0.5 个百分点，比上年同期提高 1.1 个百分点（见图25）。主要发达经

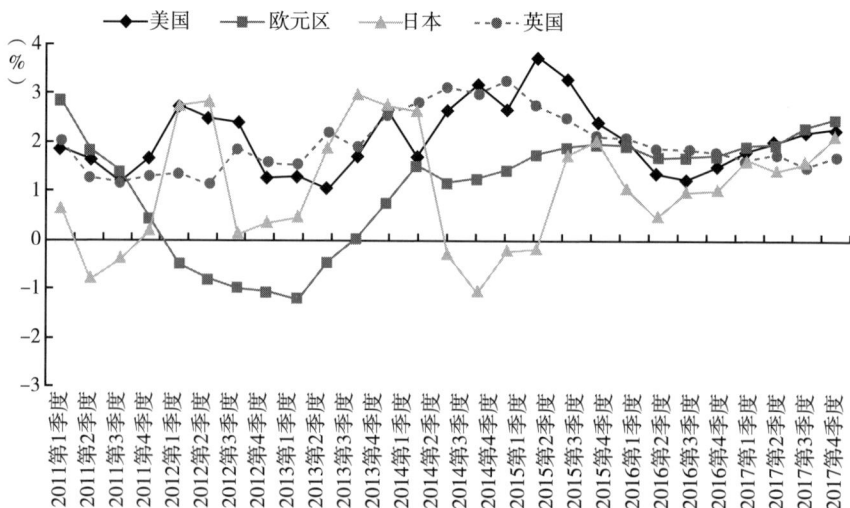

图 25　2011～2017 年主要发达国家 GDP 季度增长情况

济体劳动力市场持续改善，2017 年 12 月美国失业率降至 4.1%，为 2000 年以来新低；欧元区失业率降至 8.7%，为 2009 年初以来的低位，其中德国、法国分别降到 3.6% 和 9.2%；日本失业率降至 2.8%，为 1994 年以来新低（见图 26）。

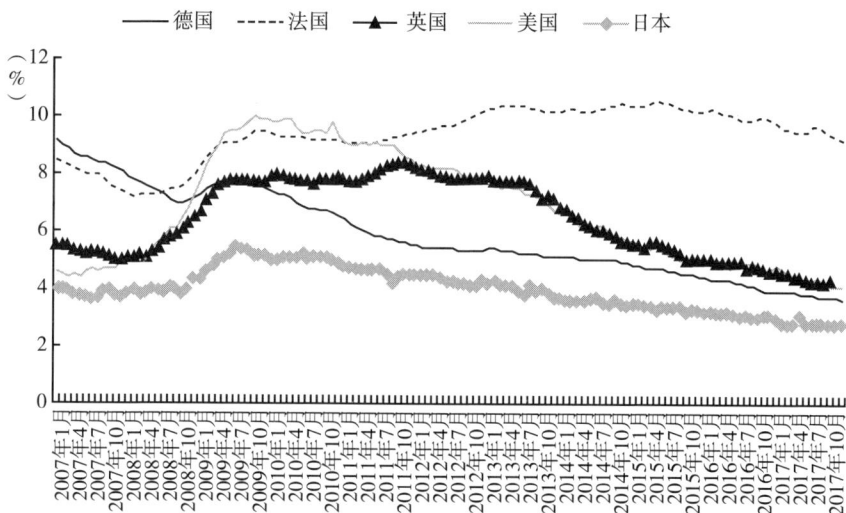

图 26　2007 年以来主要发达经济体失业率情况

新兴经济体增长总体提速。能源和原材料价格上涨使资源出口型经济体发展受益，2017 年俄罗斯经济增速保持回升，二、三季度 GDP 同比分别增长 2.3% 和 1.8%，较一季度增速提升了 1.7 个和 1.2 个百分点。巴西经济增速止跌回升，经济增速由一季度的 -0.4% 转变为二、三季度的 0.2% 和 1.4%。南非经济增速继续保持低位平稳，二、三季度 GDP 分别增长 0.5% 和 0.8%。印度经济结束了连续 5 个季度的增速回落，三季度 GDP 增长 6.3%，增速比二季度回升 0.4 个百分点（见图 27）。

全球贸易和投资持续回升。2017 年全球主要经济体贸易明显复苏，大多数国家都出现了两位数以上的增长，大宗商品价格上涨起到了重要作用。世贸组织发布的 2017 年第四季度全球贸易景气指数为 102.2，高于 100 的趋势水平。世界银行预测 2018 年全球贸易增长 4.0%，比 2016 年提升 1.7 个百分点。国际贸易改善、企业利润反弹促进了全球外商直接投资的回升，联

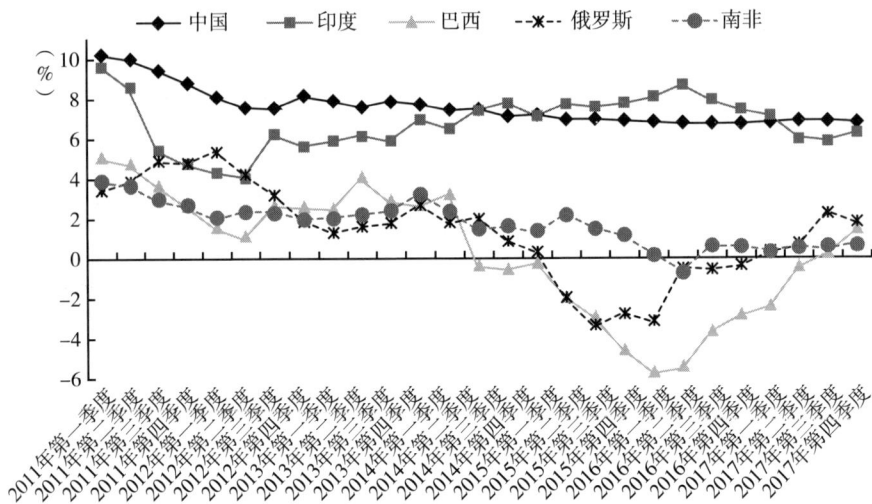

图27 2011年以来主要发展中国家GDP季度增长情况

合国贸发组织预计2017年全球外商直接投资规模将达到1.8万亿美元，增速由2016年的-2%升至5%。"一带一路"和新一轮科技革命正在掀起新的投资浪潮，国际投资合作机会不断显现。

全球金融市场总体稳定，大宗商品价格回升。2017年国际金融市场稳定性有所增强，表现为股市波动较小、市场利率温和回升（见图28）、主要

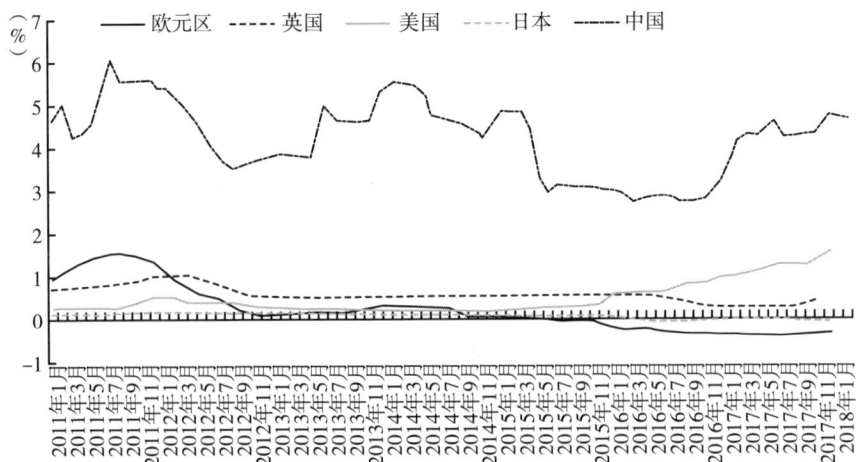

图28 2007年以来货币市场利率走势情况

非美货币汇率企稳回升、资本市场信用风险下降。展望2018年，世界经济正处于新一轮增长周期的初期，系统性风险较低，预计金融市场波动系数和风险系数仍较低，但仍存在发达经济体货币政策调整和全球债务积累等可能引起的风险。国际大宗商品价格在2016年触底回升以后，2017年继续震荡回升，原油、铁矿石、螺纹钢等工业品价格也有所上涨（见图29）。受全球贸易回暖和大宗商品价格回升影响，波罗的海干散货运指数波动上行趋势明显，2018年2月初为1095点，较2017年2月的低谷上升了400多点（见图30）。

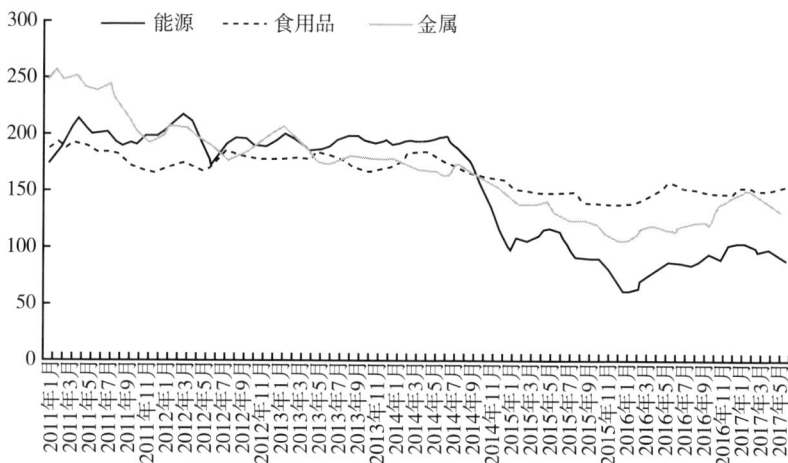

图29 2011～2017年全球初级产品价格指数走势情况

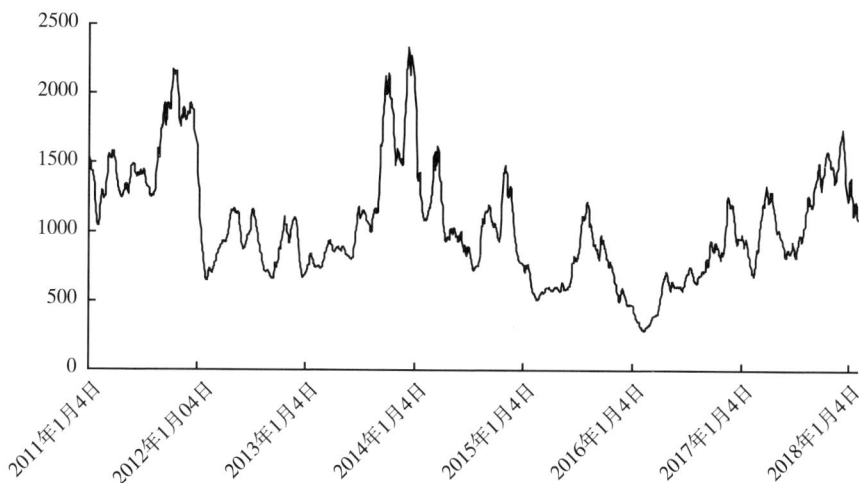

图30 2011年以来波罗的海干散货运指数走势情况

2. 2018年全球经济展望

展望2018年，主要机构对全球经济增长持谨慎乐观态度，根据IMF、世界银行、联合国经社理事会最新发布的经济预测，2018年全球经济增速将分别达到3.9%、3.1%和3.0%（见表1）。

表1 主要机构对2018年全球经济增长预测

单位：%

国家	国际货币基金组织	世界银行	联合国经社理事会
世界经济	3.9	3.1	3.0
发达国家	2.3	2.2	2.0
美国	2.7	2.5	2.1
欧元区	2.2	2.1	2.0
日本	1.2	1.3	1.2
发展中国家	4.9	4.5	4.6
中国	6.6	6.4	6.5
俄罗斯	1.7	1.7	1.9
印度	7.4	7.3	7.2
巴西	1.9	2.0	2.0
南非	0.9	1.1	2.3

资料来源：国际货币基金组织《世界经济展望》（2018年1月更新版）、世界银行《全球经济展望》（2018年1月）和联合国经社理事会《2018年世界经济形势与展望》（2017年12月）。

全球制造业保持向好势头。主要经济体制造业采购经理人指数总体处于回升态势，2017年12月欧元区和美国制造业PMI强劲回升，分别达60.6和59.7；日本为54.0，创2014年3月以来新高；中国为51.6，2018年1月为51.3，连续保持在枯荣线以上（见图31）。展望2018年，主要发达经济体失业率下降，消费需求逐步增加，为制造业增长提供了市场空间；全球范围内新一轮科技革命和产业变革正在兴起，以物联网、大数据、云计算、工业机器人、3D打印等为主的新技术加快应用，制造业的生产模式和组织形式正在发生深刻变革，为制造业新一轮发展提供了坚实的技术基础；世界主要国家已认识到保持制造业增速和加快制造业转型升级的重要性，纷纷出台支持本国制造业发展和争夺产业制高点的政策，制造业发展的政策环境进一步改善。

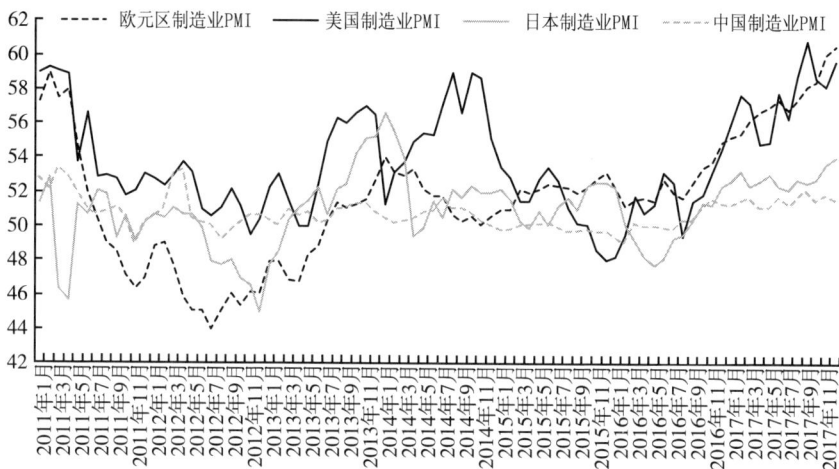

图31　2011～2017年主要经济体制造业PMI情况

全球经济增长仍存隐忧。主要隐忧包括：许多国家的经济增长依然偏弱，大多数发达经济体中期增长前景不佳，大宗商品出口国经济仍在调整中；逆全球化有所回潮，美欧等发达经济体转向保护主义，将减少贸易和跨境投资流动，加剧新兴市场的资本流出压力；美联储加息并缩表可能导致全球金融环境收紧，对国际金融市场和各国货币政策带来冲击；美国税改可能吸引美国跨国公司海外资金大规模回流美国，并可能对发展中经济体产生冲击，还可能引发各国竞相减税，导致部分政府债务风险上升；全球经济政治形势复杂，恐怖袭击、地缘冲突等突发事件频发；国际大宗商品价格震荡波动等。

（二）2018年国内发展环境

1. 2018年我国经济增长形势展望

在错综复杂的国内外形势下，2017年我国成功应对各种风险挑战，经济稳中向好态势得到稳固，呈现出生产和需求增速回稳且结构优化、企业效益回升、经济活力增强、市场预期改善、物价温和上涨、新旧动能转换加快、就业形势向好、国际收支改善等特征。全年实现国内生产总值82.7万亿元，增长6.9%，增速同比提高0.2个百分点，其中第一、第二、第三产业增加值分别增长3.9%、6.1%、8.0%（见图32）；全社会固定资产投资、社会消费品零售总额、外贸出口分别增长7.2%、10.2%、10.8%；CPI和PPI分别增长1.5%和6.3%。

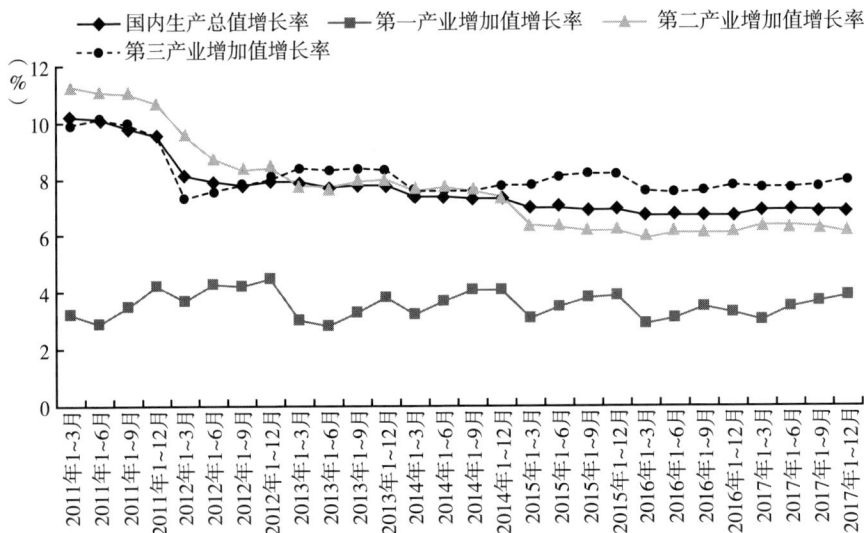

图32　2011年以来中国GDP及三次产业增加值增长情况

展望2018年，预计我国经济稳中有进、稳中向好的基本态势将持续，支撑经济保持中高速增长和迈向中高端水平的有利条件继续增多，但经济发展仍面临不少风险和挑战。

三大需求总体稳定。消费需求有望保持稳定增长，良好就业形势和居民收入水平的持续提高为消费需求平稳增长打下坚实基础，消费结构升级和新兴消费加快发展将增强消费需求发展后劲。投资需求增速预计将放缓，流动性趋紧将使融资成本上升，严厉的房地产调控政策将限制房地产投资过快增长，部分地方政府债务风险偏高影响政府投资能力，民间资本可投资领域有限影响民间投资意愿。外贸出口有望继续增长，主要受益于世界经济进入上升周期，全球总需求改善，我国出口企业和产品竞争力逐步提高，有利于企业抓住机会扩大出口。

经济发展仍面临挑战和风险。结构调整和转型升级任务依然紧迫，传统动力和产能趋弱的同时新动能新产业尚在孕育，结构性、体制性矛盾和顽疾加大了改革难度，投资增长乏力、降成本去杠杆任务重，这些因素可能制约2018年经济增长。IMF、世界银行、联合国经社理事会、OECD、亚洲开发银行以及国家信息中心对2018年中国经济增长预测处于6.4%～6.6%之间（见表2）。

表2　主要机构对2018年中国经济增长预测

单位：%

预测机构名称	2018年GDP增长预测	发布时间
国际货币基金组织（IMF）	6.6	2018年1月
世界银行	6.4	2018年1月
联合国经社理事会	6.5	2017年12月
OECD	6.6	2017年9月
亚洲开发银行	6.4	2017年12月
国家信息中心	6.6	2017年11月

资料来源：根据相关机构资料整理。

2. 2018年我国宏观调控政策展望

2018年我国将全面贯彻落实党的十九大和十九届二中、三中全会精神，坚持稳中求进总基调，实施积极的财政政策和稳健的货币政策，创新和完善宏观调控，加强政策协调性，保持经济运行在合理区间；适应我国经济已由高速增长阶段转向高质量发展的要求，扎实推进供给侧结构性改革，促进新动能持续快速成长，强化实体经济吸引力和竞争力；打好防范化解重大风险、精准脱贫、污染防治三大攻坚战，加强金融、环境、质量和安全监管；扎实推进重点领域改革开放，完善产权制度和要素市场化配置，大幅放宽市场准入；加快实施创新发展战略，促进有效投资特别是民间投资合理增长；实施乡村振兴战略，在发展中更好保障和改善民生。

（1）积极的财政政策取向不变

继续实施积极的财政政策，调整优化财政支出结构，压缩一般性支出，确保对重点领域和项目的支持力度。加强基本公共服务，提高基本公共服务均等化水平，解决突出民生问题。支持革命老区、民族地区、边疆地区、贫困地区改善生产生活条件，实现基础设施通达程度比较均衡、人民生活水平大体相当。加快财税制度改革，健全财政体制，完善预算管理制度，深化税制改革，推进政府购买服务改革，全面实施绩效管理，推进法治财政建设。加强地方政府债务管理，制止违法违规融资担保行为，严禁以政府投资基金、政府和社会资本合作（PPP）、政府购买服务等名义变相举债。

（2）货币政策保持稳健中性

稳健的货币政策保持中性，综合运用多种货币政策工具，管住货币供给总闸门，保持货币信贷和社会融资规模合理增长，维护流动性合理稳定。提升金融运行效率和服务实体经济能力，有效控制宏观杠杆率。加强和完善风险管理，深入整治金融乱象，加强股市、债市、期货市场风险监测和应对能力建设，守住不发生系统性金融风险的底线。保持人民币汇率在合理均衡水平上的基本稳定。按照深化供给侧结构性改革的要求，优化融资结构和信贷结构，促进多层次资本市场健康发展，提高直接融资比重。继续深化金融体制改革，健全货币政策和宏观审慎政策双支柱调控框架，深化利率和汇率市场化改革。

（3）供给侧结构性改革继续深化

深化要素市场化配置改革，重点在"破""立""降"上下功夫。一是大力破除无效供给，更多运用市场机制实现优胜劣汰，通过严格执行环保、能耗、质量、安全等相关法律法规和标准，处置"僵尸企业"，化解过剩产能。二是大力培育新动能，强化科技创新，推动传统产业优化升级，培育一批具有创新能力的排头兵企业，积极推进军民融合深度发展。三是大力降低实体经济成本，降低制度性交易成本，减少审批环节，继续清理涉企收费，加大对乱收费的查处和整治力度，降低各类中介评估费用，深化电力、石油天然气、铁路等行业改革，降低企业用能、物流成本。四是加快建立多主体供应、多渠道保障、租购并举的住房制度，大力发展住房租赁市场，保护相关方合法权益，支持住房租赁向专业化机构化方向发展，完善促进房地产市场平稳健康发展的长效机制，保持调控政策连续性和稳定性，实行差别化调控。五是从人民群众迫切需要解决的突出问题着手"补短板"，着力解决中小学和幼教突出问题，注重解决结构性就业矛盾，加快实现养老保险全国统筹，切实帮助困难群众解决生产生活中遇到的困难和问题。

（三）2018年粤港澳发展环境

1. 2018年广东发展环境

2017年广东经济社会保持平稳健康发展，实现GDP 8.99万亿元，增长7.5%。经济结构继续优化，三大需求更趋均衡，社会消费品零售总额、固定资产投资、进出口总额分别增长10%、13.5%和8.0%；服务业占比提高0.8个百分点；珠江西岸装备制造业增加值增长12.5%；先进制造业、高技术制造业增加值占规模以上工业比重分别提高1.6个、1.2个百分点。质量效益稳步提升，地方一般公共预算收入增长10.9%，规模以上工业企业实现利润总额增长16%。

展望2018年，广东将深化供给侧结构性改革，着力发展实体经济，大力实施创新驱动发展战略，促进产业迈向中高端，推进现代化经济体系建设，加快推进粤港澳大湾区建设，携手港澳打造国际一流湾区和世界级城市群，预计全年地区生产总值增长7%左右，社会消费品零售总额、固定资产投资、进出口总额分别增长10%、10%和3%左右。

2. 2018年港澳发展环境

香港经济保持较快增长。2017年香港实现GDP 2.66万亿港元，实际增长3.8%，增速同比提高1.7个百分点。其中，私人和政府消费分别增长5.4%和3.4%，固定资本形成总额增长4.2%，货物出口和服务输出分别增长5.9和3.5%。制造业基本持平，建造业、服务业增长较快。服务业中，增速较快的是金融及保险业、运输仓库邮政及速递服务业、资讯及通信业、进出口服务和批发及零售业，分别增长5.1%、4.9%、3.9%、3.8%。展望2018年，香港政府将在土地供应、人才、政府间事务、政策方向、营商环境、税收等方面提升经济动力，包括巩固会展业国际地位，活化旧式工业大厦资源，推动产业多元化，成立人力资源规划委员会，检讨修订不利于创新的法规，提升信息基础设施，降低中小企业税负，加强与内地各级政府联系，积极参与推进粤港澳大湾区建设，寻求与其他经济体特别是"一带一路"沿线经济体签订自贸协定等。香港经济有望实现稳步发展，根据香港财政司预计2018年经济增速将达到3%~4%。

澳门经济快速增长态势明显。2017年澳门实现GDP 4041亿澳门元，实际增长9.1%，增速同比提高10个百分点。其中，私人和政府消费分别增长1.6%和1.7%，固定资本形成总额下降10.0%，货物出口和服务输出分别增长12.3%和15.4%。全年入境旅客3261万人次，增长5.4%，增速同比提高4.6个百分点。展望2018年，澳门将巩固经济基础、增强发展动能、促进营商发展、力保就业民生，着力发展会展业、中医药产业、特色金融业等新兴产业，加强与内地省区联通，积极参与中国与葡语国家商贸合作和"一带一路"建设，经济有望持续稳定发展，2017年10月IMF将澳门2018年经济增长预测从1.7%上调至7.0%。

三　广州经济景气分析与趋势判断

（一）广州经济景气分析及走势判断

根据本课题最新修正的广州宏观经济景气监测预警系统的监测结果，2017年12月广州经济景气综合预警指数为72.22，总体处于偏冷区间中部。2017年12月，在综合预警指数的10个构成指标[①]（经季节调整去除季节因素和随机因素影响）与上月相比有4个指标上升，6个指标下降；这些指标中，有1个指标处于偏热区间（货物周转量），有3个指标处于稳定区间（商品进出口总值、规模以上工业企业利润总额、城市居民消费价格总指数），有3个指标处于偏冷区间（房屋交易面积、银行业机构人民币各项存贷款余额、一般公共预算收入），有3个指标处于过冷区间（规模以上工业总产值、批发零售业商品销售总额、全社会固定资产投资额）（见表3）。

[①]　由于市统计局尚未公布2017年12月的"规模以上工业总产值"，课题组根据该指标趋势估计数进行景气分析。

表3　2017年11月~2017年12月广州宏观经济景气监测信号灯

指标	2017年1月	2017年2月	2017年3月	2017年4月	2017年5月	2017年6月	2017年7月	2017年8月	2017年9月	2017年10月	2017年11月	2017年12月
规模以上工业总产值	◎	◎	◎	⊗	⊗	⊗	⊗	⊗	⊗	⊗	⊗	⊗
批发零售业商品销售总额	○	○	○	○	○	○	◎	◎	◎	◎	⊗	⊗
货物周转量	●	●	●	●	●	●	●	●	●	◉	◉	◉
房屋交易面积	◉	○	○	○	○	○	○	⊗	○	○	◎	◎
全社会固定资产投资额	◎	◎	⊗	⊗	○	⊗	○	⊗	○	○	○	○
银行业机构人民币各项存贷款余额	⊗	◎	◎	○	⊗	⊗	○	◎	○	◎	◎	◎
商品进出口总值	○	◉	●	●	◉	○	○	○	○	○	◎	◎
一般公共预算收入	⊗	◎	○	○	○	○	○	◎	○	○	○	◎
规模以上工业企业利润总额	○	○	○	○	○	○	○	○	○	○		
城市居民消费价格总指数	○	○	○	○	○	○	○	○	○	○		
综合预警指数	◎	○	○	○	○	◎	◎	○	◎	◎	◎	◎
	80.45	94.33	103.39	97.37	89.37	83.49	80.68	80.68	82.11	73.65	78.10	72.22

说明：●过热；◉偏热；○稳定；◎偏冷；⊗过冷。

　　根据预警指数变化趋势及经济发展环境判断，预计未来3~6个月，广州经济景气状况继续盘整的可能性较大，综合预警指数可能继续保持在偏冷区间运行（见图33）。主要理由包括：一是从综合预警指数走势来看，景气快速下探的趋势有所缓解，波动盘整态势增强；二是国内外发展环境和政策总体基本稳定，景气指数难有大的改观；三是从广州经济工作情况看，政府把高质量增长作为突出目标，有利于经济逐步回暖。

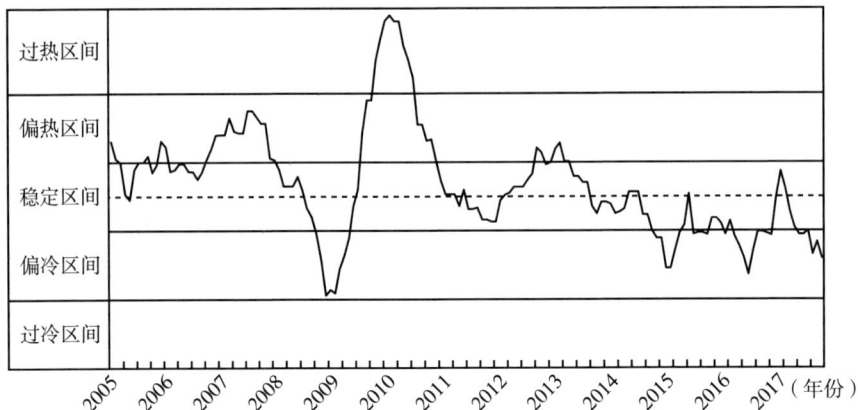

图33 2005年以来广州经济景气综合预警指数走势

（二）2018年广州经济增长主要指标预测

本课题研制了广州宏观经济计量模型（GMEAM）进行经济增长预测。该模型为年度经济计量模型，分为总体经济、需求、生产、价格、要素、收入等6大模块，具体包括22个联立方程、16个内生变量、11个外生变量。模型外生变量既包括全球环境方面的变量，如全球经济增长、贸易增长、价格等，也包括国内环境方面的变量，如全国经济增长、投资、消费、价格、货币供应等。

根据前述国内外发展环境和广州宏观经济景气状况分析，本课题将2018年广州经济运行条件分为高、中、低三种方案情景，不同方案情景设定如下。

高方案情景：假定全球经济增长好于预期，全球贸易持续较快增长，大宗商品价格继续上升；国内经济增速稳中有升，民间固定资产投资需求转旺，消费增速加快，价格总水平稳步回升，货币供应保持较快增速。

中方案情景：假定全球经济增长符合预期，全球贸易稳定增长，大宗商品价格温和回升；国内经济保持稳定增长，固定资产投资强度不减，消费作用继续增强，价格总水平保持基本稳定，货币供应总体稳健中性。

低方案情景：假定全球经济增长弱于预期，全球贸易进入低迷阶段，大宗商品价格低位运行；国内经济增速回落，固定资产投资增长乏力，消费增速有所回落，价格水平低位运行，货币供应虽有增加但政策效应减弱。

在以上高、中、低三种方案情景下，利用广州宏观经济计量模型（GMEAM）进行测算，得到2018年广州经济增长高、中、低3个预测方案（见表4）。2018年广州经济增长有望保持基本稳定，预计全年经济增长7.0%左右，增速与2017年基本持平；从产业来看，服务业增速将有所放缓，第二产业增长有所加快；从需求来看，投资增速有所加快，消费增速有所回升，出口保持正增长；一般公共预算收入稳定增长，价格保持基本稳定。但是，广州经济仍面临一定风险和挑战，具体包括：新旧动能接续不足，工业增长动力还不够强劲，创新龙头带动偏弱，民间投资不足，城市更新任重道远等。

表4 2018年广州主要经济指标初步预测

单位：亿元，%

项目	2017年		2018年					
			低方案		中方案		高方案	
	实际数	增长率	预测数	增长率	预测数	增长率	预测数	增长率
地区生产总值	21503	7.0	23140	6.5	23282	7.0	23421	7.5
第一产业	233	−1.0	238	−1.0	240	−0.5	242	0.0
第二产业	6015	4.7	6239	6.2	6273	6.6	6306	7.0
第三产业	15254	8.2	16663	6.8	16769	7.3	16873	7.8
一般公共预算收入	1533	10.9	1679	9.6	1689	10.2	1699	10.9
全社会固定资产投资	5920	5.7	6323	6.0	6442	8.0	6561	10.0
社会消费品零售总额	9403	8.0	11030	7.9	11073	8.3	11116	8.7
城镇居民消费价格指数	102.3	2.3	102.6	2.6	102.9	2.9	103.2	3.2
海关出口总额	5792	12.3	5966	3.0	6082	5.0	6198	7.0

说明：地区生产总值和三次产业增加值增长率按可比价计算。

四 对策建议

深入贯彻落实党的十九大和十九届二中、三中全会精神，以习近平新时代中国特色社会主义思想引领广州经济发展。增强推动高质量发展的自觉性和坚定性，抓住迈向高质量发展的黄金期、窗口期、机遇期，在稳定合理增速的同时，全力推动经济发展质量变革、效率变革、动力变革。加强重点领域风险防控工作，增强应对风险因素的感知、预测、识别、防范、化解处置能力，推动广州经济在质的大幅提升中保持量的有效增长。继续深化供给侧结构性改革，满足人民日益增长的美好生活需要。以新的更大作为开创工作新局面，为广东在构建推动经济高质量发展体制机制、建设现代化经济体系、形成全面开放新格局、营造共建共治共享社会治理格局上走在全国前列做出突出贡献。

（一）着力建设现代化经济体系

把发展经济的着力点放在实体经济上。推动先进制造业集聚发展，开展"中国制造2025"试点示范城市建设，制定实施 IAB 产业发展五年行动计划，聚焦 NEM 产业发展，高质量建设一批价值创新园区，培育一批"两高四新"企业。发展壮大大数据、云计算、移动互联网、量子信息、石墨烯、3D 打印、分享经济、平台经济、跨境电商、新零售等新技术新产业新业态新模式，加快形成新的增长点。推动现代服务业提质增效，大力发展信息、金融、商务、中介、节能环保等生产性服务业，发展教育培训、健康养老、法律服务等生活性服务业，推动设计产业发展，引导专业市场转型升级，建立完善现代物流服务体系，打造世界旅游名城和国际旅游目的地集散地。大力发展都市现代农业，培育壮大专业合作社和农业龙头企业，新建一批特色农产品生产基地，发展乡村旅游、农村电子商务、休闲农业等新业态，促进农村第一、第二、第三产业融合。

（二）加快推进创新驱动发展

系统谋划建设一批国家重大科技基础设施和国家级重点实验室，加强前瞻性基础研究和应用基础研究，推动自主创新和原始创新，突出关键共性技术、前沿引领技术、现代工程技术、颠覆性技术创新，在若干重点领域取得突破，为发挥国家创新中心城市功能奠定坚实基础。完善创新型企业孵化体系，壮大创新企业集群，培育一批具有较强影响力的创新型企业。完善和落实人才激励政策，优化人才创业与生活环境，培育引进大批科技创新和高技能人才。积极参加粤港澳大湾区和广深科技创新走廊规划建设，对接国家自主创新示范区建设，发挥广州的引领带动作用。加快建设科学城、生物岛、大学城—国际创新城、南沙庆盛科技创新创业基地等重大创新平台，深化中新（广州）知识城建设，打造知识密集型产业集聚区、创新要素集聚区和国际创新合作平台，推进琶洲互联网创新集聚区项目建设。

（三）努力确保投资较快增长

继续实施攻城拔寨行动，大力推进基础设施、现代产业、生态环保、社会民生等领域重点项目建设。加快推进国际航运枢纽、国际航空枢纽、铁路客货运枢纽及其集疏运体系、城市快速轨道交通和快速路"双快"交通系统、城际轨道交通、高速公路网建设建设。加强文教体卫设施建设，实施"优质公办中小学增量工程"，加快推进高水平大学及一流高职院校项目建设，引导医疗资源向薄弱地区合理分布，完善文化体育基础设施网络。出台招商引资优惠政策，举办国际投资年会等高端招商活动，引进一批世界500强、大型跨国公司和行业领军企业项目。推进建设工程项目审批制度改革，整合简化政府投资项目报建手续，加快PPP试点项目建设，设立城市建设和转型升级基金和项目库，以股权投资方式缓解项目资金压力。通过市招商工作联席会议机制，协调推动解决一批重点企业在准入手续、投产开工、增资扩股过程中遇到的困难和问题，推动项目加快落户落地。

（四）有序推进城市更新改造

坚持成片连片更新和微改造协同并进，以提升地区功能作为导向，合理制定城市更新空间分区政策。制定实施老旧小区改造行动计划，完成200个老旧小区改造，加快"三线"整治，推进旧楼宇加装电梯，建设城市慢行系统，推动老城区废旧空间改造利用，重点促进越秀、荔湾等老城区控量提质。建立健全市区联动、以区为主的城市更新工作机制，调动区政府、街镇、社区等基层力量的主动性和能动性，充分发挥区统筹机构在牵头实施、项目推进、决策参谋、督察考核方面的作用，加快推进项目实施。加快推进城市更新立法工作，明确城市更新中多方利益攸关者的权利和责任，落实相关部门在城市更新规划、组织、协调、设计等方面的职责权限、政策体系及工作机制，确保城市更新工作的合法性、权威性、公平性。充分发挥广州城市更新基金的龙头作用，利用基金运作撬动更多的社会资本参与城市更新，打造"基金＋土地＋运营"的创新城市更新模式。

（五）推动形成全面开放新格局

积极参与"一带一路"建设，推动广州相关优质项目纳入国家项目库，争取国家"一带一路"平台布点广州，大力吸引央企、大型民企等"一带一路"相关对外投资企业总部落户广州，加强与沿线国家建设对接、务实合作。加快推进国际航运枢纽、国际航空枢纽、国际科技创新枢纽和国际商贸中心建设，着力增强国际服务枢纽和文化交流门户功能，加快建设具有全球影响力的现代服务经济中心。充分发挥省会城市引领作用，推进广佛同城化和广佛肇经济圈建设，加快与深莞惠、珠中江协同发展，积极参与粤港澳大湾区规划建设。充分发挥南沙国家新区与自贸试验区"双区"叠加、自贸试验区与国家自主创新示范区"双自"联动的优势，加快建设南沙高水平对外开放门户枢纽。大力推进服务贸易创新发展试点，落实试点税收优惠政策，引导企业扩大高技术、高附加值的服务贸易出口，加快运输、旅游、金融、文化服务等重点领域的服务贸易发展。

（六）大力营造良好营商环境

加大营商环境改革力度，出台实施优化营商环境政策，创建营商环境建设示范城市。对接国际投资贸易规则，推行外商投资准入前国民待遇加负面清单管理模式，深入推进通关一体化改革，优化整合海关特殊监管区域，高标准建立全球质量溯源中心。出台促进国资国企改革创新发展实施意见，建立以管资本为主的国资监管模式，改组组建国有资本投资公司，加快战略性重组整合，推动国有资本做强做优做大。开展上市企业"二次混改"和职业经理人试点。支持民营企业发展，落实促进民营经济发展20条，强化产权保护，放宽民间资本市场准入，畅通民间资本进入渠道。激发和保护企业家精神，构建"亲""清"新型政商关系，着力解决制约企业发展的人才、用地等瓶颈问题。强化金融服务实体经济功能，常态化办好重大项目融资对接会，引导金融机构加大对实体经济的支持力度，发展普惠金融，加大对小微企业、创新创业、"三农"等薄弱领域的金融支持。

参考文献

国家统计局：《2017年国民经济和社会发展统计公报》，http：//www. stats. gov. cn/，2018年2月28日。

广州市统计局：《2017年广州市国民经济和社会发展统计公报》，http：//www. gzstats. gov. cn/tjgb/qstjgb/，2018年4月1日。

《2018年政府工作报告》，中央政府网站，http：//www. gov. cn/，2018年3月5日。

《2018年广东省政府工作报告》，中国广东政府网站，http：//www. gd. gov. cn/，2018年1月25日。

《2018年广州市政府工作报告》，中国广州政府网站，http：//www. gz. gov. cn/，2018年1月11日。

World Bank. Global Economic Prospects – Broad – Based Upturn, but for How Long?

http：//www. worldbank. org/，2018 年 1 月。

International Monetary Fund. World Economic Outlook Update，January 2018：Brighter Prospects，Optimistic Markets，Challenges Ahead. http：//www. imf. org/en/publications/weo，2018 年 1 月 11 日。

The United Nations Department of Economic and Social Affairs（UN/DESA）. World Economic Situation and Prospects 2018. https：//www. un. org/development/desa/，2017 年 12 月 11 日。

专项分析

Special Analysis

B.2

2017年广州工业和信息化
发展情况及2018年展望

肖泽军　阳利群*

摘　要：　2017年广州工业和信息产业效益稳步提升，工业税收增长11%，规模以上工业利润增长11.8%，软件与信息服务业营业收入首次突破3000亿元，增长18%左右，先进制造业增加值占规模以上制造业增加值比重达65.6%，规模以上工业单位增加值能耗下降4.9%。2018年广州将坚持稳中求进工作总基调，坚持新发展理念，立足于国家和省、市重大战略，着力振兴实体经济，大力发展先进制造业，推动质量变革、效率变革、动力变革，努力推动工业和信息化实现高质

*　肖泽军，广州市工业和信息化委员会综合处，研究方向为工业经济、信息产业；阳利群，广州市工业和信息化委员会综合处，研究方向为两化融合、智慧城市。

量发展。

关键词: 工业发展 信息化 广州

一 2017年工业和信息化主要发展情况

2017年，面对错综复杂的国内外经济形势，广州工业和信息化系统统筹推进稳增长、调结构、促转型、增动力、惠民生各项工作，较好完成全年目标任务。广州工业和信息产业效益稳步提升，工业税收总额增长11%，规模以上工业利润总额增长11.8%，软件与信息服务业营业收入首次突破3000亿元，增长18%左右，先进制造业增加值占规模以上制造业增加值比重为65.6%，规模以上工业单位增加值能耗下降4.9%。广州汽车产量310.8万辆，增长16.9%，产量居全国城市之首。广州在全国一线城市中首个获批"中国制造2025"试点示范城市，创建了广东省首个国家制造业创新中心，入围全国数字经济"五大引领型城市"。

（一）强化战略研究和顶层设计

一是制定出台系列政策与规划。出台实施建设"中国制造2025"试点示范城市、加快IAB产业发展、促进民营经济发展、降低制造业企业成本等12份政策与规划，研究制订价值创新园区、新一轮技术改造和新型显示、集成电路、工业互联网、数字政府等29份政策文件。

二是谋划园区集聚集约发展。规划建设10个价值创新园区，推动一批产业园区提质增效，成立园区产业招商投资基金，打造广州开发区、增城开发区两大省级大数据产业园。广州国家级、省级园区规模以上工业总产值约占全市规模以上工业的65%，同比提高5个百分点。

三是布局发展重点产业。启动IAB、NEM等新兴产业发展计划，安排超5000亩工业用地指标，整合设立20亿元规模的"广州'中国制造2025'

产业发展资金"，引导社会资本设立"新一代信息技术、人工智能、工业互联网、物联网、生物医药"产业基金，围绕重点产业集中打造6个千亿级产业集群。

（二）大力引进新动能

一是引进一批重大项目。成功引进宝能新能源汽车产业园、中电科华南电子信息产业园、粤芯芯片等项目138个，预计投产后新增产值约3500亿元。其中，产值超百亿元的先进制造业项目9个。

二是吸聚一批总部项目落地。引进新松机器人南方总部基地及广州国际机器人产业园、TCL集团华南总部、中国汽车技术研究中心华南总部基地、三一重工集团广州基地、树根互联全国总部、科大讯飞华南总部、阿里工业互联网总部等10多个总部项目。此外，推动思科总部合作伙伴的招商引商工作，大同股份等20家思科合作伙伴企业已注册落户。

三是开工建设一批重大项目。建立重大投资项目台账，制定工作进展方案，推动富士康超视堺10.5代显示器、乐金8.5代OLED面板、广汽智能网联产业园等重大项目开工建设。

四是搭建招商引资平台。与中国机械工业集团合作举办系列专业展会，推动成立广州市产业招商投资促进会，参与组织2017广州国际投资年会，举办2017广州人工智能圆桌会议，协办《财富》论坛并承办"智能制造和万物互联"分论坛。

（三）加快优化升级步伐

一是打造创新平台。广州国际人工智能产业研究院、广州再生医学与健康实验室等重点创新平台加快建设，广东聚华印刷及柔性显示创新中心成为5个国家制造业创新中心之一，打造广东省轻量化高分子材料创新中心、广东省机器人创新中心、广汽智能网联汽车创新中心等4个省级制造业创新中心，占全省的2/3。奥翼电子研制出全球首款石墨烯电子显示屏、广船国际研制生产世界首艘2000吨级新能源电动船。

二是加大技术改造力度。鼓励优势企业运用新技术、新生产模式对传统产品升级换代，向智能制造、绿色制造、定制化制造、成套型制造和服务型制造转型，安排 3.1 亿元资金扶持 165 个技术改造项目，统筹超 10 亿元各级财政资金事后奖补 139 家工业企业。实施增品种、提品质、创品牌"三品"计划，建设质量品牌技术创新和企业技术中心，截至 2018 年 3 月广州拥有中国驰名商标 131 个、省级工业名牌 296 个，居全国前列。

三是支持绿色发展。落实广东省"百园"循环化改造行动，推动 4 个工业园区成功列入省级循环化改造试点园区，完成 493 家企业清洁生产审核工作，累计节约能源 4.86 万吨标煤。开展绿色制造试点示范，成功创建 14 家绿色工厂、48 项绿色产品、7 家工业节能与绿色发展评价中心、4 家绿色制造系统集成项目，数量均居全国第一。

（四）推动跨界融合应用

一是推动工业化与信息化深度融合。支持制造企业面向产业链关联配套企业建设智能互联工厂，开展智能制造、工业大数据等应用示范，36 家企业通过国家两化融合贯标评定，广州两化融合发展水平位居全国重点城市（不含直辖市）第一名。省、市共建工业互联网产业示范基地，支持举办天翼智能生态博览会、物联网生态大会、工业互联网大会等重大活动，36 家企业入选省首批工业互联网产业生态供给资源池，居广东省首位，6 家企业入选"中国互联网企业 100 强"。

二是促进制造业与服务业融合发展。成功承办首届中国服务型制造大会，支持广电运通、嘉诚物流成功创建首批国家级服务型制造示范单位，培育出 3 家国家级工业设计中心、16 家省级工业设计中心、21 家省级工业电子商务试点企业、34 家省级供应链管理试点示范企业，数量均居广东省第一。

三是推进军民融合。编制《广州市民参军技术与产品推荐目录》，推动军民优势技术和产品双向转化。组织 11 家企业参加第三届军民融合发展高技术成果展，参展企业数量位居全国第一。引导 50 家民营企业进入军工生产领域，广州 10 家民营企业获得军工保密资质。

四是推进智慧城市建设。打造琶洲互联网创新集聚区，与腾讯、阿里巴巴签订合作协议，广州获第七届中国智慧城市建设领先奖。促成4K花园落户，打造全国最大的4K内容服务平台。开展"互联网＋"创建小镇工作，获评5个省级"互联网＋"创建小镇，居广东省首位。

五是强化政府数据共建共享。建立广州统一的自然人、法人基础信息档案，优化跨部门业务协同和政务服务流程，累计交换数据192.2亿条，汇集数据超68亿条。以政府投资信息化项目资金为引导，加快经济运行决策、公共信用体系、市场监管、林业和园林、城市规划等领域大数据应用共享，提升政府决策、风险防控水平及社会治理能力。

（五）优化营商环境

一是加大扶持服务力度。实施拓展民间投资领域、完善中小企业公共服务体系等20条针对性措施，争取3.5亿元省、市财政资金支持近800个中小（民营）项目。完善市区两级中小服务体系，11个区实现中小企业服务中心全覆盖，服务体系向纵深化延伸到园区（街镇）。民营经济增加值占广州GDP比重39.8%，民营企业占广州高新技术企业的97%、科技型企业的91%、企业发明专利申请量的98%、新三板企业的95%。

二是拓宽中小微企业投融资渠道。落实中小微企业投融资"十条措施"，市融资再担保公司为中小企业提供超50亿元授信额度，工业转型升级基金和中小企业发展基金累计撬动超30亿元社会资本助力中小企业发展，推动1000家以上中小微企业利用"小额票据贴现中心"实现低成本融资。

三是培育"小升规"企业。完善"小升规"培育企业库，筛选2026家小微企业列为重点培育对象，支持638家企业升级为规模以上企业，新增工业产值超百亿元。

四是推进中小企业中外合作区建设。承办第八次中欧中小企业政策对话会，举办2017中国（广州）国际创新创业大赛，首创龙头企业技术悬赏模式，吸引来自22个国家和地区的832个团队参赛，促成以色列微型人造胰腺等8个项目签约。

（六）扎实推进惠企便民实事

一是帮扶企业减负。出台降低制造业企业成本的实施意见，落实广东省输配电价改革，降低企业用电、用地成本等近40亿元。开展百场"暖企"行动，召开政策宣讲、服务对接等系列活动100余场，统筹约20亿元财政资金扶持近1000家企业（项目）。

二是做好电力市场保障。强化电力运行监测和调控，开展大面积停电事件应急演练，成功应对供电负荷历史新高（1771万千瓦）。完成三年城中村用电改造任务，基本解决城中村频繁停电问题。推进"一户一表"用电改造，完成率超99%。电力行政执法支队挂牌成立，解决29宗涉嫌电力违法事件。

三是加快充电设施建设。广州累计建成充电桩1.35万个、公交充电站62座、换电站4座。完善"广州充电设施智能管理平台"，提供便民服务。

四是推动信息基础设施和网络安全建设。加快实施全光网城市和村村通光纤工程，推进4G无线通信网络信号覆盖，全年新增光纤用户129.1万户，光纤入户率达106.8%，新增4G基站3.9万座。开展广州网络安全双盲实战演练，成功消除涉及102家单位的183个安全漏洞隐患。

五是强化无线电管理。全年共审批设置无线电台5万多个，开展打击"黑广播""伪基站"专项行动，查处"黑广播"案件91起，检测鉴定"伪基站"设备11套。顺利完成党的十九大、《财富》全球论坛、广州马拉松等重大活动的信息通信及无线电安全保障任务。

六是提升政务服务效能。加快电子证照系统建设和应用步伐，顺利承接省委托实施的5项行政许可事项和下放实施的1项行政检查事项，全年政务窗口累计受理事项800项，群众满意率100%。

二 2018年广州工业和信息化发展面临的形势

2018年是贯彻党的十九大精神的开局之年，是决胜全面建成小康社会、实施"十三五"规划承上启下的关键一年。当前,我国经济发展进入了新时代,经济已由高速增长阶段转向高质量发展阶段,经济韧性好、潜力足、回旋空间大,经济基本面持续向好。作为国家重要中心城市,广州经济发展也进入新阶段,地区生产总值跨上2万亿元的新台阶,工业总产值近2万亿元,工业规模稳居我国城市第一方阵,广州工业门类齐全、配套能力强、综合实力雄厚,是我国一线城市中首个"中国制造2025"试点示范城市和重要的先进制造业基地。广州营商环境优良,企业经营成本合理,创新创业氛围浓厚,近年引进的富士康、思科、乐金显示、宝能新能源汽车等一批百亿级项目将陆续建设投产,新的增长极正加快形成,为工业经济高质量发展注入新动能。

与此同时,目前广州工业发展不平衡不充分的一些突出问题尚未解决,低端过剩与高端供给不足并存,发展质量和效益不高;工业投资低位徘徊,新旧产业发展动能尚未转换到位,发展新动能尚在集聚,增长动力仍然不足;广州产业园区普遍规模较小、布局分散、产值较低,发展水平有待提高。

三 2018年工业和信息化发展重点

全面贯彻党的十九大精神,认真落实广州市委十一届四次全会工作部署,坚持稳中求进工作总基调,坚持新发展理念,坚持高质量发展,立足于国家和省、市重大战略,着力振兴实体经济,大力发展先进制造业,推动质量变革、效率变革、动力变革,努力实现工业和信息经济质量效益双提升。

主要目标是实现"四增一降":

——工业增加值增长6.5%左右;

——工业投资增长100%左右;

——软件和信息服务业营业收入增长15%左右;

——先进制造业增加值占规模以上制造业增加值比重增至66%以上;

——规模以上工业单位增加值能耗下降4%左右。

（一）加快动能转换

一是加大引进力度。瞄准世界 500 强、大型跨国企业和行业领军企业，扩大《财富》全球论坛效应，开展靶向招商、以商招商和补链招商，编制重点招商项目库，力争签约重点项目超 100 个。加快一批新引进项目落地建设，重点推动富士康超视堺 10.5 代显示器、思科智慧城、GE 生物科技园、广汽智能网联产业园、粤芯芯片、新松南方总部基地等重大项目早投产、早见效。

二是打造十大价值创新园区。制订《广州市价值创新园区建设三年行动方案》，围绕新能源汽车、智能装备、新型显示、人工智能、生物医药等产业打造 10 个价值创新园区。重点培育增城新型显示价值创新园、番禺智慧城市价值创新园等 6 个千亿级 IAB 产业集群，引导形成 1~2 个世界级先进制造业集群。

三是谋划发展未来引领产业。培育发展 IAB、NEM 产业，力争 IAB 产业规模增长 15% 以上。布局发展新型显示、集成电路、石墨烯、区块链、量子通信、太赫兹、再生医学与健康等未来新兴产业。

四是打通创新成果产业化通道。联合广州有关部门，用好财政资金，支持高等院校、科研院所对创新成果通过合作、技术转让、作价入股等形式实现产业化，打造黄埔区国家新型工业化产业示范基地、广州国际人工智能产业研究院等一批创新平台。落实首台（套）政策，推动一批核心技术、领先装备的示范应用。

五是推动"两高四新"企业快速发展。建立完善"两高四新"企业培育库，入库企业优先列入"白名单"予以支持，通过贴息补助等方式降低融资成本。整合基金、创投、上市中介等金融资源，推动一批"两高四新"企业快速进入资本市场。

（二）推动提质增效

一是实施新一轮工业企业技术改造行动。制订《广州市工业企业技术改造三年行动计划》，降低技术改造事后奖补门槛，鼓励企业开展以高端化、集约化、智能化、绿色化为重点的技术改造，实现技改投资超300亿元，增长20%以上。对规模以上工业企业、重点投资项目、重点技改项目、备案技改项目等实施动态管理，实现企业技改监测统计全覆盖。

二是促进老旧工业园区升级改造。制订《广州市产业园区提质增效试点工作实施方案》，启动实施老旧工业园区升级改造三年行动计划，选取一批园区进行试点示范，通过淘汰退出、重组盘活、引入置换等多种方式，优化园区布局和产业结构，力争低效园区单位面积产出实现倍增。

三是实施"增品种、提品质、创品牌"战略。在汽车、电子信息等重点领域完善质量管理体系、标准管理体系和品牌管理体系，打造一批具有国际竞争力的企业和产品。组织汇桔网、品牌质量创新促进会等平台与企业开展知识产权对接，举办"2018年中国国际消费品工业博览会"。

四是实施绿色制造工程。做好"创建国家循环经济示范城市"验收工作，落实国家重点用能单位"百千万"行动，将能源"双控"目标分解到综合能耗5000吨标煤以上的工业企业。制订《广州市绿色制造体系建设实施方案》，创建一批绿色制造示范项目。

（三）推动深度融合发展

一是发展工业互联网。实施智能制造工程，加快黄埔区、广州开发区工业互联网产业示范基地建设，推动国家工业互联网创新中心（广东）投入运营，打造工业互联网体验展示中心，建立健全广州工业互联网标识解析体系，完善各级标识解析节点。推动设立工业互联网产业发展基金，打造云服务平台，开展万家企业"上云用平台"行动。推动互联网、大数据、人工智能等与实体经济深度融合，培育一批两化融合管理体系国家级、省级贯标试点示范企业。

二是促进服务型制造。发展供应链管理、定制化服务、总集成总承包、信息增值服务等服务型制造新业态，打造一批国家级、省级服务型制造示范企业、示范平台，推进生产服务功能区建设。加快发展工业设计，培育工业设计小镇,创建1～2家省级工业设计研究院,举办第九届广东省长杯工业设计大赛(广州赛区)和广州设计周,打造"设计之都"。制定工业电子商务发展政策,推广一批省级工业电子商务试点示范。

三是推进智慧城市建设。落实与腾讯、阿里巴巴等互联网企业的智慧城市合作项目。制订《广州市"数字政府"改革建设方案》,推进政府信息化体制改革,实施新一轮信息基础设施三年行动计划,打造政务服务平台、政府综合管理平台、数据资源平台。开展新数字家庭行动,加快4K电视网络应用与产业发展。

四是促进军民融合。制定《广州市军民融合产业发展实施意见》,探索搭建军民融合(公共)服务平台,举办军民两用技术与产品展示和军民融合院士论坛。加快中电科华南产业园建设,推动太赫兹安检安防产业、电波观测与应用服务中心等一批项目落地,积极打造国家级军民融合示范区,力争"军转民"、"民参军"、获取"军工四证"单位数量增加10%以上。

参考文献

习近平:《决胜全面建成小康社会 夺取新时代中国特色社会主义伟大胜利——在中国共产党第十九次全国代表大会上的报告》,《人民日报》2017年10月28日第1版。

林兆木:《关于我国经济高质量发展的几点认识》,《人民日报》2018年1月17日。

《2018年广州市政府工作报告》,中国广州政府网站,http://www.gz.gov.cn/,2018年1月11日。

B.3
2017年广州商贸流通业发展情况及2018年展望

欧江波　伍晶*

摘　要： 2017年广州批发零售业总体平稳，交通运输业稳步增长，商贸新动能发展势头良好，进出口增长较快，招商引资成效明显。展望2018年，随着改革开放不断深化、科技革命和产业变革加速推进、实体商业复苏态势进一步夯实，以及广州加快建设全球引领型、枢纽型中心城市，商贸流通业面临良好发展环境，建议从枢纽能级提升、核心增长极作用发挥、大消费产业和新业态发展等方面促进广州商贸流通业进一步发展。

关键词： 商贸流通　发展展望　广州

一　2017年广州商贸流通业发展状况

2017年广州聚焦着力打造枢纽型网络城市，国际航运、航空和科技创新三大战略枢纽建设加快推进，市场化、国际化、法治化、便利化营商环境不断优化，商贸流通业稳步发展，消费增长稳定，进出口增长较快，客货运

---

* 欧江波，广州市社会科学院数量经济研究所（经济决策仿真实验室）所长、副研究员、博士，研究方向为宏观经济、城市经济、房地产经济；伍晶，广州市社会科学院数量经济研究所（经济决策仿真实验室）副研究员。

输增势良好。全年商贸流通业实现增加值5114.32亿元,占GDP的23.8%,与上年持平;占第三产业增加值的33.5%,占比较上年回落1.1个百分点。批发和零售业增长与上年基本持平;住宿和餐饮业总体延续近年来低速增长态势;物流业受基数影响,中远散货新增量所带来的快速增长逐步消化,增长势头有所放缓。全年批发和零售业实现增加值3143.71亿元,增长5.0%,增速较上年(5.1%)略有回落;住宿和餐饮业、物流业实现增加值446.95亿元、1523.67亿元,分别增长0.8%、11.5%,增速较上年分别回落1.4个、1.1个百分点。

(一)批发零售总体平稳

2017年广州实现社会消费品零售总额9402.59亿元,增长8.0%,增速比上年(9.0%)回落1个百分点,增速低于深圳(9.1%)、上海(8.1%),高于北京(5.2%)、天津(1.7%)。实现商品销售总额62164.66亿元,增长12.0%,增速比上年(10.0%)提高2个百分点,增速高于北京(10.5%)、天津(7.1%)、深圳(10.1%),与上海(12%)持平。

从行业来看,批发业、住宿业增速同比提高,零售业、餐饮业增速同比回落。批发业零售额增长17.0%,增速同比提高19.8个百分点;零售业零售额增长7.1%,增速同比回落3.9个百分点;住宿业零售额增长10.0%,增速同比提高7.0个百分点;餐饮业零售额增长5.4%,增速同比回落2.7个百分点。

从零售业态看,百货店增速仍下降、大型超市逐步回暖,网上消费保持较快增长。百货店增速下降2.6%;大型超市自8月份起逐步回暖,全年增长3.2%,增幅同比提高4.7个百分点;专业店增长1.5%;网上商店消费786.68亿元,增长19.3%;满足市民日常生活需求的便利店零售额增长8.9%。

从商品结构看,与居民消费质量提升和品质改善相关的行业品类零售额增长较快。限额以上金银珠宝类、中西药品类和体育、娱乐用品类零售额分别增长 29.3%、18.6% 和 15.5%，石油及制品类、日用品类、汽车类、文化办公用品类商品零售额分别下降 15.4%、9.3%、7.4%、4.0%。

（二）交通运输稳步增长

2017 年广州完成货物吞吐量达 5.89 亿吨，集装箱吞吐量达 2035.61 万标箱，位居全球前列。货物周转量、货运量、旅客周转量、客运量分别增长 39.2%、11.9%、8.5% 和 7.7%。南沙口岸成为全国第二大汽车平行进口口岸，商品汽车吞吐量 111 万辆。丽星等邮轮公司选择南沙作为母港，2017 年广州邮轮旅客吞吐量突破 40 万人次，规模居全国第三。

国际交通枢纽功能日益完善。国际航空枢纽工程完成投资 205.7 亿元，广州临空经济示范区获批建设，商务航空服务基地（FBO）投入使用，白云机场第三跑道正式启用，二号航站楼和商务航空服务基地建成，全年新增国际国内通航点 10 个、国际航线 23 条，机场旅客吞吐量达 6583.69 万人次，居全国第三位。国际航运枢纽项目完成投资 158.1 亿元，广州港深水航道拓宽工程（一期）建成使用，南沙国际邮轮码头、南沙近洋码头开工建设，全年广州港新开通国内外集装箱航线 31 条、累计 197 条，外贸集装箱航线 12 条、累计 91 条。自 2015 年自贸区挂牌以来，南沙注册航运物流企业总数达 4770 家，南沙先后建成 16 个 10 万～15 万吨级的集装箱泊位，能满足世界最大、最先进的集装箱船靠泊；马士基、地中海、达飞、中远海运、长荣、泛亚、安通、中谷等班轮公司均在南沙开辟航线，中远海运散货全球总部、中远航运风电总部、唯品会区域总部等落户广州。广州成功获得 2019 年（第 31 届）世界港口大会举办权，与世界 41 个港口建立友好合作关系。

（三）商贸新动能发展势头良好

新消费习惯、新商业模式引领发展，2017 年，广州限额以上网上商店零售额增长 19.3%，增速高于社会消费品零售总额 11.3 个百分点。新经营模式跨境电子商务进出口 227.7 亿元，增长 55.1%，继续位居全国第一。网络消费火爆带动快递业快速发展，全年快递业务量 39.33 亿件，增长

37.2%。限额以上住宿餐饮业通过公共网络实现的餐费收入增长 50.4%，占限额以上住宿餐饮业餐费收入比重为 2.48%，同比提高 1.12 个百分点。快捷便利的餐饮消费增长较快，快餐服务、饮料及冷饮服务、其他餐饮服务三类营业额合计占广州限额以上餐饮业法人企业营业额比重为 51.9%，超过正餐份额（占比 48.1%）。

启动市场采购贸易方式试点，全年出口 618.3 亿元，占广州出口的 10.7%。完成飞机融资租赁 26 架，进口额 16.8 亿美元，增长 1.2 倍。平行进口汽车 1.4 万辆，增长 60%。邮轮经济保持快速发展态势，全年共接待邮轮 122 艘次，进出港旅客 40.4 万人次，分别增长 17.3% 和 23.8%。

（四）进出口增长较快

2017 年广州实现商品进出口总值 9714.36 亿元，占广东省进出口的 14.3%，增长 13.7%，增速同比提高 10.6 个百分点。其中出口 5792.15 亿元，增长 12.2%，进口 3922.21 亿元，增长 16.0%，增速同比分别提高 9.3 个和 12.7 个百分点。2017 年广州实现服务贸易进出口总额 457.5 亿美元，增长 21%。

从贸易方式看，一般贸易进出口增长良好，跨境电商增长迅猛。一般贸易进出口 4390.52 亿元，增长 17.0%，占广州进出口的 45.2%，比重同比提高 1.4 个百分点。加工贸易进出口 2738.34 亿元，下降 0.8%，占广州进出口的 28.2%，比重同比下降 4.0 个百分点。保税物流进出口 791.92 亿元，增长 14.2%。旅游购物和市场采购出口合计增量 404 亿元，拉动广州出口增长 8.2 个百分点。跨境电子商务进出口 227.7 亿元，规模位居全国第一，增长 55.1%。

从市场结构看，对美国、日本、欧盟和东盟进出口保持较快增长，与"一带一路"沿线国家贸易往来日益活跃。对欧盟、东盟、美国、日本进出口分别增长 22.8%、20.1%、11.1% 和 10.7%，合计进出口额占广州的 50.1%。对"一带一路"沿线国家合计进出口 2579.05 亿元，增长 19.7%，其中出口 1810.52 亿元、增长 23.2%，进口 768.53 亿元、增长 12.1%。

从商品结构看，机电产品、高新技术产品进出口快速增长，进口整车、飞机大幅增长。机电产品出口2982.97亿元，增长11.1%，占广州出口总值的51.5%，进口1720.64亿元，增长17.0%，占广州进口总值的43.9%。高新技术产品出口993.21亿元，增长7.2%，占广州出口总值的17.2%，进口1073.91亿元，增长17.7%，占广州进口总值的27.4%。进口汽车整车5963辆，增长14.2%，价值17.48亿元，增长40.8%；进口飞机37架，比去年增加15架，价值161.6亿元，增长1.3倍。

（五）招商引资成效明显

广州在《财富》全球论坛承办城市中首创开展全球路演推介，先后在纽约、伦敦、巴黎、东京以及中国香港等地举办《财富》论坛全球路演招商推介活动13场；组织114家企业与10位市领导以"一对一""全覆盖"的形式密集会见，达成了一批合作意向。152家世界500强企业、1100多名嘉宾出席《财富》论坛，论坛参会500强企业数、参会嘉宾数均创历史最高纪录。此外，举办中国广州国际投资年会、夏季达沃斯"广州之夜"、广州-奥克兰-洛杉矶三城企业经贸交流会等，参加冬季和夏季达沃斯论坛、中国发展高层论坛、博鳌亚洲论坛等高端会议，通过这些重大国际会议论坛，洽谈了一批投资和合作项目。

富士康第10.5代显示器全生态产业园、思科智慧城、国新央企运营投资基金等百亿级大项目先后落户落地。乐金显示、广汽丰田、百济神州等394家外商投资企业增资，涉及合同外资57.5亿美元，增长1.6倍，占广州合同外资的42.9%。截至2018年3月，在穗投资的世界500强企业累计已达297家，投资项目921个。

（六）体制机制不断创新

以点带面，在广州商贸流通领域全面复制推广"政商企三方共治共管商圈"的试点经验模式。推进专业市场转型升级，上线广州专业市场公共服务平台2.0版，指导平台与广货宝、代叔仓配、凯翔物流等平台实现数据互通、业务整合，支持平台在中心城区特别是中大布匹市场、一德路海味干果市场等的推广应用，逐步形成面向市场商户应用的产业服务协同。加快餐饮业转型升级，广州成为米其林指南中国大陆第二城。出台《广州市电子商务示范基地认定办法（试行）》等政策，推进线上O2O商业街区建设，加速农产品流通与"互联网＋"的融合。全国首条O2O商业街落户北京路，完成广东自贸区首单离岸飞机租赁业务和全国首单跨境美元船舶租赁资产交易，为机构境外船舶租赁美元回流境内首开先河。

南沙自贸区新增101项制度创新成果，有23项在全国、全省复制推广。出台《广州南沙新区片区深化商事制度改革先行先试若干规定》，完善"一站式"市场准入平台，一口受理平台实现"二十证六章"联办，市场准入联办证件数量、效率全国领先。推进国际贸易"单一窗口"建设，升级"智检口岸"平台，完善进出口商品全球质量溯源体系。实施2017年版外商投资负面清单，放宽外资准入限制。服务贸易创新发展试点任务全面完成，形成了率先将服务贸易领域纳入国际贸易"单一窗口"建设、进出境生物材料便捷通关、优化航运监管模式、创新融资租赁模式等多项创新经验。2017年，广州跨境电子商务综合试验区快速发展，跨境电子商务规模继续领跑全国。在全国率先实施"清单核放、汇总申报"跨境出口监管模式创新，率先应用"跨境电商进口统一版信息化管理系统"，顺利完成12项综合试验区创新举措，积极支持打造以南沙保税港区、机场综保区为核心区域的跨境电商产业集聚区建设，唯品会、京东、亚马逊等大型电商平台运作顺畅。广州海关全力推动市场采购试点健康发展和复制推广，优化"线上海关"建设，企业足不出户就能完成申报手续，打破接单地域局限，在市场采购"互联互通"通关模式下，企业可根据实际情况自行选择最近的海关现场递交报关单证，建立市场采购贸易方式出口商品价格多部门联合监管机制，实现对贸易全流程监管，推动试点健康稳定发展。

二 2017年广州商贸流通业发展环境分析和趋势展望

（一）行业发展环境

改革开放力度进一步加大。尽管国际贸易环境纷繁复杂，美国对华贸易战可能对未来投资和贸易产生后续影响，但中国进一步推进改革开放的决心和力度不减。2018年是中国改革开放40周年，新的改革开放举措将不断推出，通过加强与国际经贸规则对接，大幅度放宽市场准入，扩大服务业对外开放，中国致力于打造全球最佳的营商环境、加大知识产权保护力度、建立公正公开透明的法治化环境、探索建立自由贸易港，向全球释放出"下一步中国继续坚定开放"的重要信号。自由贸易港将成为全面开放新高地。对于自贸港的探索，是未来5~10年全球营商环境最好的开放高地，也是未来20~50年中国改革开放的新领域，作为全球开放水平最高的区域，将在市场准入、金融制度、税收等方面做出一系列特殊的政策安排。供给侧结构性改革进一步深化，社会主要矛盾转化为美好生活需要和不平衡不充分发展之间的矛盾，技术、制度创新推动消费不断升级。

新一轮科技革命和产业变革加速推进。以互联网、大数据、云计算为代表的数字经济不仅成为带动经济增长的重要新引擎，更成为改造传统产业、促进企业创新和技术进步的重要途径，数字经济的快速发展高度契合了供给侧结构性改革的政策要求。在技术变革推动下，新零售业竞争格局正在形成。新零售、新制造、新金融、新技术和新能源已经在逐步地、深刻地影响中国、世界和所有人。2016年以来，基于大数据与线上线下融合的新零售概念如火如荼，一时间，电商、新零售行业跑马圈地，阿里、腾讯及其他零售巨头都已参与进来。阿里投资的银泰、苏宁、百联、三江，以及高鑫零售、盒马鲜生超市等多个平台，涵盖了从百货电器商超到生鲜便利店、无人店等各大业态。腾讯巨大的线上流量和微信支付、小程序、QQ钱包等各种应用工具，可以和传统商业进行更好嫁接。

行业发展规范有序。2017年已审议的《快递暂行条例（草案）》在促进快递行业健康发展、保障快递安全、保护各方合法权益的基础上，立足包容审慎监管和管理创新，对快递服务车辆、包装材料等相关强制性规定做了调整，增加了推动相关基础设施建设、鼓励共享末端服务设施等规定，完善了无法投递快件的处理程序，补充了快递业诚信体系建设的内容，促进快递行业在法治轨道上提质升级。同时，为贯彻落实《国务院办公厅关于推动实体零售创新转型的意见》，商务部办公厅2017年发布《关于做好〈国务院办公厅关于推动实体零售创新转型的意见〉贯彻落实工作的通知》，统筹推动零售业创新转型、融合发展。国务院办公厅2018年1月印发《关于推进电子商务与快递物流协同发展的意见》，首次从国家层面明确智能快件箱、快递末端综合服务场所的公共属性，能够切实解决快递网点安家难、智能快件箱部署难等问题，为加快完善快递末端服务网络提供了有力支撑，并将绿色发展理念植入到电商和物流行业的发展中，引领快递物流企业由劳动密集型向技术密集型企业转变，由单一的快递服务提供商向综合供应链服务商转变，也有利于企业更好地获取政策支持，从而更好促进行业发展。

实体商业复苏态势进一步夯实。2017年以来我国相关行业景气指数、销售额、客流量等核心指标全面回升，实体零售五年来首次回暖，社会零售进入黄金期。2017年第四季度中国购物中心发展指数为67.2，高出荣枯线17.2，其中，现状指数为64.7，环比第三季度提升1.2，特别是租赁活跃度和运营表现指标明显向好；预期指数为70.9，高出现状指数6.2，市场对未来6个月的销售和租赁预期表现出乐观态势。2017年第四季度全国网络零售发展指数为135.4，网络零售整体发展呈季节性回升；便利店行业总体景气指数为71.28，环比第三季度上升2.03，2017年便利店季度景气指数保持在较高水平，变化较小，便利店行业从业者对行业发展始终保持着较高的信心。消费对经济的拉动作用在2017年进一步显现并持续延伸至2018年。在消费总量逐渐增加的同时，消费质量亦在不断提升，消费者从生存型购买到改善型购买，从商品到体验的进阶现象更为显著，购物中心越来越受到消费者青睐。随着居民收入稳步增长，就业形势稳定向好，我国居民消费信心持续提升。消费体验、线上线下的融合成为未来零售发展的必然趋势，预计2018年购物中心市场将继续保持较高发展水平。

广州加快建设全球引领型、枢纽型中心城市。全球城市形象宣传力度加大，粤港澳大湾区建设提速，吸引力集聚力不断加强。《广州市城市总体规划（2017~2035年）（草案）》赋予广州在新时代的新使命、新担当——到2035年，广州要建设成为"美丽宜居花城""活力全球城市"。"全球城市"的定位，将引领广州进一步走向国际化，提升城市能级和影响力。广州正在由通过达沃斯观察世界经济走向转变为"全球化未来"的积极参与者。站在达沃斯舞台上，广州不仅展示了开放创新的环境，同时对接全球高效资源，通过达沃斯的舞台，广州发出了自己的声音，传递了广州社会经济平稳发展的积极信号，激发了跨国企业投资广州的意愿，有力提升了广州的知名度和影响力，构成广州建设枢纽型网络城市和开放型经济新体制的长久支撑。2018年世界航线发展大会将于9月在广州举行，届时将有来自300多家航空公司、700多个机场和130多个旅游部门逾3500名代表参加会议。广州将延续2017《财富》全球论坛13场国际路演的成功经验，在法国巴黎、英国伦敦、美国纽约等多个海外城市，进行全新一轮的全球路演推介活动。这些都将为广州商贸流通繁荣带来良好的发展环境。"一带一路"、粤港澳大湾区建设，也为地处珠三角经济圈核心地带的广州，带来了发展新机遇。广州成为中国与"21世纪海上丝绸之路"沿线国家和地区之间的重要纽带。广州拥有世界级的海港、空港、铁路港和信息港，正依托高水平的开放优势，打造与世界深度互联互通的全球资源配置中枢，加快从千年商都向国际枢纽升级，成为广东乃至国家新一轮发展的动力源和增长极之一。作为粤港澳大湾区的核心城市，广州正紧抓政策机遇，打造核心优势，成功获得2019年（第31届）世界港口大会举办权，将有力推动航运物流产业链发展。

（二）行业发展预测

从内贸来看，金属材料类、化工材料及制品类、石油及制品类等商品销售额受国际大宗商品价格影响较大，由于未来国际大宗商品价格存在较大不确定性，预测国际大宗商品价格对商品销售总额的贡献逐步减弱。受制于本地限购政策，汽车消费增速逐年回落。网上销售竞争激烈，网上商店零售额增长较快，但速度放缓。百货业持续疲软，百货店、大商场及专业店等传统消费业态除了面临租金、人工等经营成本不断上涨压力，还面临电商消费分流竞争压力。天河路商圈成为国内首个万亿级商圈，正佳广场、天河城、太古汇3家综合体销售额位列全国购物中心前十。琶洲互联网创新集聚区辐射效应进一步扩大，成功引进阿里巴巴华南技术有限公司、振华船务、品骏生活等优质企业。与重点商贸城市对比，住宿餐饮业增长较慢，2018年1~2月增长4.1%，低于北京、上海。预计社会消费品零售总额全年增速运行呈平稳增长态势，增长7.5%左右；商品销售总额全年增速运行呈"前高后低"态势，增长8.5%左右。预计全年批发零售业增加值、住宿餐饮业增加值均增长5%左右。

从外贸来看，由于上年快速增长，基数较大，加上人民币升值因素影响，预计2018年增长有所放缓。2018年一季度重点企业外贸运行监测显示订单量有所减少，加工贸易、国有企业和机电、高新类产品均出现下降，一定程度上拖累了外贸进出口，而美国对华发起贸易战，贸易摩擦升级未来可能对投资和贸易形成较大影响。预计下半年市场采购出口会逐步回升，全年增长7%左右。预计全年出口增长4%左右；进口增长6%左右；进出口增长5%左右。

从物流领域来看，一批重大交通枢纽工程已建成使用，2018年还将继续建设系列交通枢纽项目。受钢铁去产能影响，企业进口铁矿石及煤炭需求有所减少，加上中远海运散货进驻带来的新增量效应逐渐减弱，交通运输业增长将有所放缓。快递等邮政业务仍然快速增长，广州快递收寄量均稳居全国前列，预计2018年邮政业务总量仍将保持高速增长。2018年一季度广州地区全社会用电量同比增长7.9%，显示经济运行稳中有进，开局良好。其中，物流业用电量同比增长23.5%，高于第三产业用电量平均水平13.4个百分点。

三 广州商贸流通业发展建议

（一）提升国际航运航空战略枢纽能级

继续推进枢纽型网络城市建设，在推动建设全球城市上迈出更加坚实有力的步伐。推进广州港深水航道拓宽工程、南沙港区四期工程、南沙国际邮轮码头等6个港口工程项目建设，打造世界级枢纽港区。推进白云机场三期扩建等11个国际航空枢纽工程建设，加快推进白云机场第四、第五跑道和第三航站楼报批。推动航空总部、航空物流、航空维修、航空制造和航空金融等临空产业集聚发展。依托南沙粤港澳全面合作示范区，建设粤港产业深度合作园等重大产业合作平台。落实粤港澳大湾区发展规划，争取一批重大项目纳入国家粤港澳大湾区规划年度计划。加快推进一批跨区域交通基础设施建设。推进穗港澳服务贸易自由化，促进穗港澳人流、物流、信息流、资金流的互联互通，深化医疗、高等教育、科技创新、法律服务、会计服务、知识产权保护等领域政策对接，吸引港澳现代服务业企业落户。提升航运软实力，积极探索与港澳在航运支付结算、融资、租赁、保险、法律服务等方面的服务规则对接，提升国际化服务水平。积极申报设立广州国际航运研究中心智库，推动建设博士后工作站，探索与境内外著名高校或机构在广州合作建设高素质复合型航运人才培训基地。积极鼓励粤港澳大湾区水上休闲旅游一体化发展，开发大湾区邮轮游艇游船以及岸上旅游相结合的综合旅游服务产品。

（二）发挥粤港澳大湾区核心增长极作用

加快构建开放型经济新体制。弘扬敢为人先的改革精神，深度参与"一带一路"建设，借鉴吸收国内外先进经验，放大《财富》全球论坛效应，以开放促改革，推动形成全面开放新格局。推进粤港澳大湾区建设，以落实《粤港合作框架协议》《粤澳合作框架协议》两个协议为主线，积极推进务实合作,在科技、金融、文化、卫生、教育、体育等多个领域开展合作。2017 年香港、澳门在广州投资的项目超过 2 万个,实际使用外资超过 550 亿美元。广州在港澳投资设立了 560 多家企业或者机构,广州与香港的服务贸易总额达 134 亿美元,增长 45.6%;与澳门的服务贸易总额达 3.3 亿美元,增长 79.1%。粤港澳三地政府 2017 年签署了《深化粤港澳合作,推进大湾区建设框架协议》,国家层面主导编制《粤港澳大湾区发展规划纲要》也即将出台。广州在共建粤港澳大湾区中要提高高端资源要素集聚配置的能力,着力建设引领型全球城市,与香港、澳门共同打造世界级的城市群,联合粤港澳乃至泛珠三角经济腹地各大城市,共同参与国际合作与竞争,携手参与"一带一路"建设。

(三)大力发展大消费产业

充分发挥消费对经济增长的基础性作用,积极引导企业加快新产品研发、新技术应用和新模式探索步伐,努力壮大高端消费规模,扩大品牌、服务和信息等新兴消费空间。打造三大国际化中心促消费。加快推进环市东、海珠广场、海印商圈等大型商贸综合体改造升级,引入高端国家化新零售业态在重点商圈集聚发展,打造国际消费中心核心区;结合商圈转型升级,引入高端免税品牌,打造国际免税中心;联合跨境电商龙头企业,进一步破解海关壁垒,强化线下体验,实现扫码下单当场提货,打造国际跨境电商体验中心。及时协调解决商圈发展难题,推动商圈软硬件提升,支持商会实行行业自治、营销宣传、国际交流等工作,着力提升商圈影响力。高起点规划、高品位培育、高速度发展,打造一流精品商圈、一流品牌商圈、一流效益商圈。依托太古汇、K11 等大型商贸载体,大力发展高端化、定制化、体验化的商贸业态。重点抓好传统商贸企业及消费业态的转型升级,抓好网络消费、信用消费和会展消费,做好 2018 年广州米其林消费指南发布及后续宣传推广工作,扩大餐饮市场消费。在餐饮、住宿等方面进行规划,树立乡村旅游品牌,借助购物节活动多方促进线上及线下方式购物,推出更多高科技产品如智能电器等,以满足人民群众不断提升的美好生活需求。抓好国家新能源汽车车辆购置税优惠政策再延长三年、全面取消二手车限迁政策的宣传，出台汽车销售配套管理方法，全力挖掘汽车消费潜力。推进阿里盒马鲜生等企业在广州加快发展。

（四）推进外贸加快发展

做大做强市场采购贸易试点业务，继续推广市场采购业务，通过市场采购拉动外贸出口增长。大力发展平行进口汽车、融资租赁、跨境电商、保税物流、外贸综合服务等外贸新业态，提高外贸竞争新优势。主动对接国家战略，积极探索推进广州自由贸易港建设。加强政策研究力度，对标国际先进水平，形成以服务"一带一路"和粤港澳大湾区为特色的广州自由贸易港建设方案。继续推动贸易便利化建设。进一步完善单一窗口功能模块，通过单一窗口建设推动信息互换、监管互认、执法互助。拓展和优化外贸发展载体。推动花都皮革皮具、番禺珠宝、增城牛仔等外贸转型升级基地的发展步伐，提高基地的产业集聚规模和水平。引导和扶持白云机场综合保税区、南沙保税港区、广州保税区等海关特殊监管区产业布局和规划，促进保税业务转型升级。应对贸易战，跟踪对美出口、对美投资重点高新技术企业，为企业做好预警工作。加强与企业的政策和业务沟通，积极加强与海关、税务、工商、外管、检验检疫等部门联系，为受影响较大的企业解决一系列通关、外汇等具体问题。积极培育企业核心竞争力，推动出口市场多元化。鼓励企业加强产品研发能力，提高产品技术含量和核心竞争力，同时提升知识产权意识，防止侵犯知识产权。鼓励企业优化出口布局，积极开拓美国以外的国际市场，降低对美贸易依赖。鼓励企业开拓"一带一路"沿线国家和地区市场，积极"走出去"设立生产基地、销售网络，绕过贸易壁垒。

（五）以创新驱动引领新业态发展

围绕"一带一路"倡议，建设"一带一路"枢纽城市，加强与"一带一路"沿线国家和地区开展双向投资贸易。结合"中国制造2025"宏图，提高制造业国际化发展水平，促进广州优势产业的商业模式创新和业态创新，推动广州高端装备、智能制造、绿色制造和服务型制造产品及其增值性服务走向新兴市场。加快集聚高端创新要素，同时坚持引育并重、高端引领，加大对"互联网＋"、跨境电子商务、互联网金融等高端人才的引进力度。创新投融资方式，吸引更多社会资本参与创新平台建设。引导传统优势制造业供应链对接电子商务，积极培育覆盖产业链上下游的行业垂直自营电商平台。支持企业探索设立境外交易平台、展示中心、海外仓、服务网点等仓储和服务新模式，深度开拓国际市场。将跨境电商业务流程、业务数据纳入跨境电商综合管理系统，通过大数据采集为政策制定和产业规划提供精确的数据支撑，提高政府对跨境电子商务的管理水平。

（六）加大政策扶持力度

突出创新驱动，继续做好各项试点工作，促进发展动力转换，进一步激发市场主体活力。加强政策协调配合，提升行政服务便利化水平，加强商务领域信用体系建设，形成有利于消费升级和产业升级协同发展的政策支撑体系。落实《关于鼓励和规范广州市互联网租赁自行车发展的指导意见》《关于促进广州市小微型客车分时租赁行业规范健康发展的指导意见》，鼓励和规范交通新业态保持健康发展。出台促进飞机租赁、船舶租赁、大型海空设备租赁、医疗设备租赁等在南沙自贸试验区集聚发展的扶持政策；对外贸综合服务试点企业给予优先办理退税、海关通关便利、检验检疫通关便利等扶持政策，支持新业态企业集聚发展、做大做强。优化通关环境，为飞机及发动机、船舶等租赁，以及保税维修、转口贸易、全球配送等新业务拓展提供便捷高效的通关政策和环境，为融资租赁和保税物流企业提供个性化指导和通关服务。支持外贸综合服务企业利用自贸试验区金融创新政策优势，加强与金融机构合作，为中小微生产型外贸企业打造融资平台，解决企业融资难问题。

参考文献

肖乃慎、孔德诗、李博：《商贸流通统计监测评价体系构建探索》，《商业经济研究》2015年第10期。

刘宗连、罗雄：《新常态下我国商贸流通业多业态发展的优化路径》，《商业经济研究》2016年第6期。

赵萍：《2016年实体流通业发展呈现三大特点》，《国际商报》2017年1月19日，第2版。

依绍华：《内贸流通形势分析与展望》，《中国国情国力》2017年第10期。

邹蕴涵：《2017年消费形势分析与2018年展望》，《中国物价》2018年第1期。

B.4
2017年广州房地产市场情况
分析及2018年展望

欧江波 范宝珠 唐碧海*

摘　要： 在"房子是用来住的、不是用来炒的"的指引下，2017年广州积极深化房地产调控政策，市场运行基本平稳，一手房成交量有所减少，二手房市场保持活跃。展望2018年，广州房地产调控政策将保持连续性和稳定性，金融风险防控将进一步加强，房地产市场有望保持平稳健康发展，预计一手住宅市场供应较为充足，成交量将保持基本稳定，但二手住宅市场受前期市场活跃、消化大量需求影响，市场成交可能有所减少。

关键词： 房地产市场　分析预测　广州

一　2017年房地产发展环境

2017年宏观经济运行基本平稳。从全球看，世界经济逐步走出金融危机以来的"低增长、低通胀、低利率"状态，主要经济体实现同步增长，国际货币基金组织指出2017年全球经济增长3.7%，比2016年提高0.5个百分点；

＊ 欧江波，广州市社会科学院数量经济研究所（经济决策仿真实验室）所长、副研究员、博士，研究方向为宏观经济、城市经济、房地产经济；范宝珠，广州市社会科学院数量经济研究所（经济决策仿真实验室）副研究员；唐碧海，广州市社会科学院数量经济研究所（经济决策仿真实验室）副所长、副研究员、博士。

从国内看，我国成功应对各种风险挑战，经济稳中向好的态势得到稳固，呈现出生产和需求结构优化、企业活力增强、市场预期改善、新旧动能转换加快、就业形势向好、国际收支改善等特征，全年完成国内生产总值82.7万亿元，比上年增长6.9%；从本地看，广州经济运行总体平稳，质量效益稳步提高，新动能发展迅速，全年完成地区生产总值2.15万亿元，增长7.0%。

2017年我国房地产市场活跃。房地产市场成交情况良好，全年商品房销售面积16.94亿平方米，销售金额13.37万亿元，比上年分别增长7.7%和13.7%。房地产开发投资实现平稳增长，全年完成投资10.98万亿元，增长7.0%，其中住宅投资7.51万亿元，增长9.4%。房地产新开工量增长较快，全年房屋和住宅新开工面积分别达到17.87亿平方米和12.81亿平方米，增长7.0%和10.5%。开发商拿地热情较高，全年购置土地面积2.55亿平方米，增长15.8%，土地成交价款1.36万亿元，增长49.4%。市场库存量持续减少，年末商品房待售面积5.89亿平方米，同比减少15.3%，其中住宅待售面积3.02亿平方米，同比减少25.1%。房地产调控成效显现，三、四线城市商品住宅去库存取得明显成效，热点城市房价涨势得到控制，国家统计局数据显示，15个热点城市中，2017年12月有9个城市新建商品住宅价格同比出现下降，有4个城市价格同比升幅在1%以内。

2017年是房地产政策出台最为密集的一年。在"分类调控、因城施策"的指引下，热点城市积极深化房地产政策调控，实施调控的城市个数持续增加，调控力度不断提高，政策的区域联动性和创新性不断增强，调控范围从传统的需求端抑制向供给侧增加转变，调控方式包括收紧限购限贷政策、出台限售措施、加强市场监管、强化金融风险防控、增加土地供应、加快推进租赁住房市场发展等。就广州而言，房地产调控政策持续偏紧，2017年3月收紧限购限贷政策，开始实施限售措施，加强商服类房地产项目管理；7月出台加快推进广州住房租赁市场发展的工作方案，提出"租购同权"等多项措施；8月发布《广州市2017~2021年住宅用地供应计划》，提出今后5年广州年平均计划供应住宅用地640公顷；8月广州市住建委等10部门联合发布通知，提出进一步强化商品房价格监管等6项措施；9月人民银行广州分行、广东监管局联合发布通知，强化房地产金融领域监管，要求个人综合消费贷款最高额度不准超过 100 万元，最长贷款期限不得超过 10 年。

二 2017年广州房地产市场发展情况

2017 年广州房地产市场平稳运行。一手房销售有所减少，全年网上签约（以下简称"签约"）面积 1313.50 万平方米，比上年减少 25.9%，签约金额 2317.22 亿元，减少 23.8%；其中，一手住宅市场量降价稳，签约面积 981.79 万平方米，减少 30.7%，签约均价 16450 元/平方米，下降1.1%；一手商服物业成交有所减少，签约面积 234.19 万平方米，减少20.9%。二手房市场保持活跃，交易登记（以下简称"登记"）面积1370.56 万平方米，增长 4.0%，登记金额 2247.65 亿元，增长 15.1%；其中，二手住宅成交量创历史新高，登记面积 1168.02 万平方米，增长1.3%，登记均价 17432 元/平方米，上升 13.0%。房地产开发投资增长放缓，全年完成投资 2702.89 亿元，增长 6.4%，增速比 2016 年回落 12.5 个百分点，房屋新开工面积 1853.88 万平方米，减少 13.1%。

（一）一手住宅市场情况

1. 总体情况

市场供应有所减少。2017 年广州一手住宅批准预售 7.61 万套，比上年减少 22.2%，预售面积 816.25 万平方米，减少 17.7%。平均每套住宅预售面积为 107.24 平方米，较 2016 年（101.4 平方米/套）增长 5.8%，中小户型住宅供应占比有所减少。

市场成交量出现下降。受房地产调控政策影响，2017 年广州一手住宅市场成交量有所减少，全年签约面积 981.79 万平方米，比上年减少 30.7%，供需缺口达到 165.54 万平方米，新增供应未能满足需求。从各季度成交情况看，1 季度市场成交活跃，签约面积 293.78 万平方米，同比增长 18.4%；4 月以来受新一轮调控影响，第 2、第 3 季度成交量持续减少，其中 2 季度签约面积

274.39万平方米，同比减少29.4%，3季度签约面积175.88万平方米，环比2季度减少35.9%，同比大幅减少52.2%，为2014年4季度以来最低水平；在开发企业年末促销的带动下，4季度成交量有所回升，签约面积237.75万平方米，环比3季度上升35.2%，但同比仍减少42.2%（见图1）。

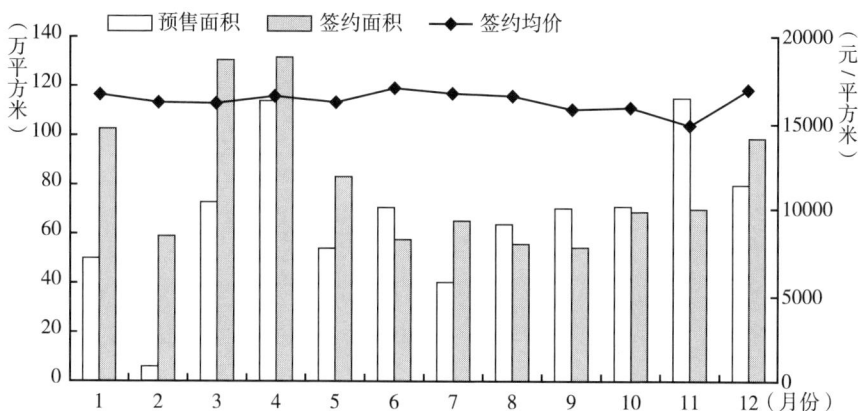

图1 2017年各月广州一手住宅市场情况

资料来源：广州市住房和城乡建设委员会。

整体均价保持稳定。2017年广州一手住宅签约均价16450元/平方米，比上年下降1.1%。均价同比出现下降是结构性因素所致，价格水平较高的中心5区成交量占全市总成交量的比重由2016年的17.8%下降到2017年的9.5%，剔除该因素影响，签约均价同比上升10.6%。各区域价格上升较快，2017年中心5区、外围6区签约均价分别上升17.0%和8.0%。在调控政策持续发力的作用下，房价上升趋势出现转变，根据国家统计局的数据，下半年一手住宅价格持续下行，8月、9月、10月、11月、12月广州新建商品住宅价格环比分别下降0.7%、0.5%、0.2%、0.1%和0.3%。

与国内其他一线城市相比，广州一手住宅市场相对平稳，成交量降幅最低。从成交量上看，2017年北京、上海、深圳商品住宅成交量分别为427.76万平方米、633.04万平方米和259.30万平方米，比2016年分别减少54.2%、54.0%和38.0%，同期广州一手住宅成交面积981.79万平方米，分别是北上深成交量的2.30倍、1.55倍、3.79倍（见表1）。

表1　2017年北上广深一手住宅成交市场情况

单位：万平方米，%

地区	成交量	比上年增长
北京	427.76	-54.2
上海	633.04	-54.0
广州	981.79	-30.7
深圳	259.30	-38.0

说明：北京、上海和深圳一手住宅成交量数据来源于WIND资讯；广州数据来源于广州市住房和城乡建设委员会。

2. 区域结构分析

中心5区供求均大幅减少。2017年广州中心5区市场供应大幅减少，一手住宅预售面积100.59万平方米，比上年减少34.0%；其中天河和荔湾供应量较大，预售面积分别达到54.81万和21.52万平方米。市场成交量大幅萎缩，签约面积93.52万平方米，减少63.0%；各区成交量均大幅减少，其中天河和荔湾成交量较大，签约面积分别达到34.11万和28.73万平方米。2017年中心5区一手住宅签约均价38699元/平方米，比上年上升17.0%；各区均价走势出现分化，荔湾、天河和白云均价分别上升26.4%、15.2%和14.1%，海珠和越秀均价受回迁房项目集中签约影响分别下降3.9%和29.6%（见表2）。

表2　2017年广州中心5区一手住宅市场情况

区域	预售面积（万平方米）	比上年增长（%）	签约面积（万平方米）	比上年增长（%）	签约均价（元/平方米）	比上年增长（%）
中心5区	100.59	-34.0	93.52	-63.0	38699	17.0
越秀	0.62	-81.6	3.83	-73.1	30362	-29.6
海珠	9.51	88.3	12.32	-55.9	33390	-3.9
荔湾	21.52	-72.9	28.73	-69.7	34297	26.4
天河	54.81	0.9	34.11	-47.0	46691	15.2
白云	14.13	41.2	14.53	-71.5	35336	14.1

资料来源：本表及后续图表广州房地产市场相关数据，均为作者通过收集广州市住房和城乡建设委员会每月公布的房地产市场供应数据、交易数据和库存数据，汇总为年度数据进行计算所得。

外围6区市场成交有所减少。2017年外围6区一手住宅新增供应有所减少，全年预售面积715.66万平方米，比上年减少14.8%，新增供应主要集中在增城、黄埔和南沙，预售面积分别达到259.97万、164.94万和124.88万平方米，合计占全市总供应量的67.4%。市场成交有所减少，全年一手住宅签约面积888.27万平方米，比上年减少23.7%，其中增城、黄埔、南沙和花都成交量较大，签约面积分别达280.71万、164.98万、149.36万和136.46万平方米，合计占全市总成交量的74.5%。市场价格有所上升，2017年外围6区一手住宅签约均价14108元/平方米，比2016年上升8.0%，各区域价格均出现不同程度上升。其中，在三大国际战略枢纽、广深科技创新走廊、粤港澳大湾区等建设以及地铁四号线南延段、九号线一期、十三号线一期、知识城支线4条新线路开通等一系列利好的带动下南沙、花都和黄埔均价分别上升16.8%、14.6%和13.1%（见表3）。

表3　2017年广州外围6区一手住宅市场情况

区域	预售面积 （万平方米）	比上年 增长（%）	签约面积 （万平方米）	比上年 增长（%）	签约均价 （元/平方米）	比上年 增长（%）
外围6区	715.66	−14.8	888.27	−23.7	14108	8.0
黄埔	164.94	−14.4	164.98	−30.4	18146	13.1
花都	63.93	−48.6	136.46	−26.4	12575	14.6
番禺	46.62	−43.5	91.38	−38.9	20950	8.9
南沙	124.88	11.9	149.36	−6.5	14688	16.8
增城	259.97	−7.5	280.71	−19.3	11035	2.4
从化	55.32	16.3	65.39	−22.5	9421	8.6

3. 市场库存情况

市场去库存周期有所延长。受调控政策影响，市场成交有所减少，2017年4月以来存量持续上升，12月末全市一手住宅可售套数6.18万套，同比增长0.5%，可售面积745.65万平方米，同比增长0.9%（见图2）。以2017年月平均销售速度计算，12月末广州一手住宅去库存周期为9.1个月，比2016年末（6.3个月）有所延长。从各区域库存量变动情况看，与2016

年末相比，2017 年 12 月末天河、黄埔和增城可售面积分别增加 26.10 万、25.16 万和 13.93 万平方米，但番禺和花都受供应量大幅减少影响，库存量分别减少 31.72 万和 30.70 万平方米，其余区域库存量保持基本稳定。热点区域库存偏紧情况有所缓解，各区域去库存周期均有不同程度延长，但东部地区库存仍然偏短，增城和黄埔去库存周期为 5.8 个月和 6.5 个月（见表 4）。

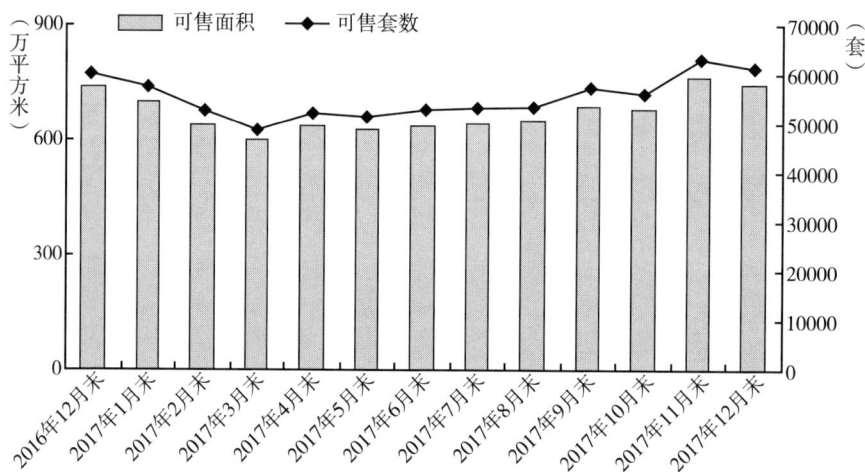

图 2　2017 年各月广州一手住宅市场库存情况

表 4　2017 年 12 月末广州各区一手住宅市场库存情况

地区	2016 年 12 月末			2017 年 12 月末		
	可售套数（套）	可售面积（万平方米）	去库存周期（月）	可售套数（套）	可售面积（万平方米）	去库存周期（月）
广州	61451	739.03	6.3	61784	745.65	9.1
中心 5 区	9169	114.73	5.5	12473	144.88	18.6
越秀	442	5.14	4.3	282	3.09	9.7
海珠	1217	18.36	7.9	1883	22.42	21.8
荔湾	4388	48.78	6.2	4202	47.55	19.9
天河	2013	25.67	4.8	4351	51.76	18.2
白云	1109	16.79	4.0	1755	20.05	16.6
外围 6 区	52282	624.29	6.4	49311	600.77	8.1
黄埔	6278	64.07	3.2	7902	89.23	6.5
花都	14451	170.72	11.1	10491	140.02	12.3

地区	2016 年 12 月末			2017 年 12 月末		
	可售套数（套）	可售面积（万平方米）	去库存周期（月）	可售套数（套）	可售面积（万平方米）	去库存周期（月）
番禺	8313	115.05	9.2	6244	83.33	10.9
南沙	9950	114.98	8.6	9653	112.78	9.1
增城	10435	120.90	4.2	12063	134.83	5.8
从化	2855	38.57	5.5	2958	40.57	7.5

（二）二手住宅市场情况

1. 总体情况

二手住宅交易市场活跃。2017 年广州二手住宅交易登记 13.50 万套，比 2016 年增长 3.9%；登记面积 1168.02 万平方米，增长 1.3%，成交量创历史新高；二手住宅成交量占全市住宅总成交量的份额达到 54.3%，比 2016 年提高 9.4 个百分点。受调控政策影响，7 月以来市场活跃度有所回落，下半年全市二手住宅交易登记面积为 494.70 万平方米，比上半年（673.32 万平方米）减少 36.5%（见图 3）。二手住宅价格有所上升。2017 年广州二手住宅交易登记均价为 17432 元/平方米，比 2016 年上升 13.0%。调控政策效果显

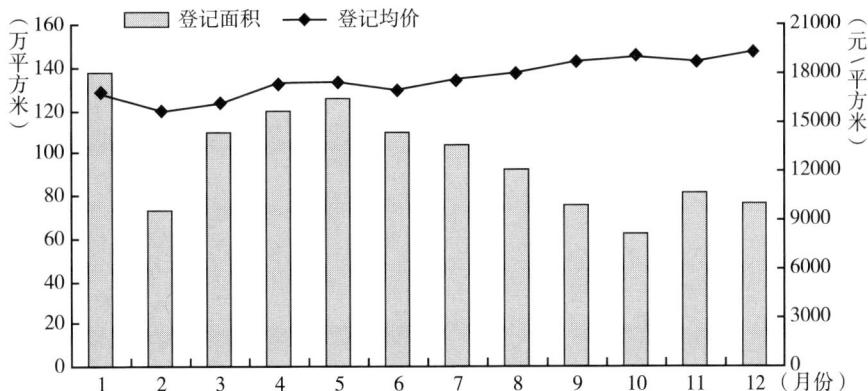

图 3　2017 年各月广州二手住宅交易市场情况

现，二手住宅价格上升趋势放缓。根据国家统计局的数据，7月、8月、9月、10月、11月和12月广州二手住宅价格环比变动幅度仅为0.1%、0.0%、0.2%、-0.3%、0.1%和-0.4%，环比升幅均低于上半年各月。

2. 区域结构分析

各区域成交情况出现分化。2017年广州外围6区成交活跃，二手住宅登记面积为627.22万平方米，比2016年增长10.9%；中心区域成交有所减少，在天河成交量同比下降31.3%的影响下，中心5区二手住宅登记面积540.81万平方米，减少8.0%。从各区成交情况看，番禺、增城、花都、海珠、白云和天河成交量超110万平方米，其中番禺成交量达到167.91万平方米，居各区首位；南沙和花都市场发展较快，登记面积分别增长66.6%和64.8%（见表5）。

表5　2017年广州二手住宅交易市场情况

单位：万平方米，%

区域	登记面积	比上年增减	占该区住宅市场总成交的比重
广州	1168.02	1.3	54.3
中心5区	540.81	-8.0	85.3
越秀	98.16	-6.3	96.2
海珠	128.00	-6.0	91.2
荔湾	72.03	17.1	71.5
天河	119.21	-31.3	77.8
白云	123.42	10.4	89.5
外围6区	627.22	10.9	41.4
黄埔	35.81	20.3	17.8
花都	140.05	64.8	50.6
番禺	167.91	-20.5	64.8
南沙	56.40	66.6	27.4
增城	166.34	7.2	37.2
从化	60.69	19.5	48.1

三 2018年房地产发展环境与政策分析

（一）2018年宏观经济增长分析

1. 全球经济增长分析

2017年世界经济逐步走出金融危机以来的"低增长、低通胀、低利率"状态，主要经济体实现同步增长，国际货币基金组织指出2017年全球经济增长3.7%，比2016年提高0.5个百分点。展望2018年，全球经济有望保持2017年的良好发展态势，经济增长将更加广泛和均衡，美国、欧元区、日本等主要发达经济体有望保持较快增长，中国、印度、俄罗斯、巴西等新兴经济体有望继续稳定增长。主要机构对2018年全球经济增长持偏乐观态度，根据IMF、世界银行、联合国经济和社会理事会最新发布的全球经济预测，2018年经济增速将分别达到3.9%、3.1%和3.0%，均高于2017年水平（见表6）。但是，世界经济仍面临债务高企、资产泡沫严重、保护主义升温、国际和地区热点问题升级等多重风险，经济增长仍存在较大的不确定性。

表6 国际主要机构对2018年世界及主要经济体增速预测

单位：%

国家	国际货币基金组织	世界银行	联合国经社理事会
世界经济	3.9	3.1	3.0
发达国家	2.3	2.2	2.0
美国	2.7	2.5	2.1
欧元区	2.2	2.1	2.0
日本	1.2	1.3	1.2
发展中国家	4.9	4.5	4.6
中国	6.6	6.4	6.5
俄罗斯	1.7	1.7	1.9
印度	7.4	7.3	7.2
巴西	1.9	2.0	2.0
南非	0.9	1.1	2.3

资料来源：国际货币基金组织《世界经济展望》（2018年1月）、世界银行《全球经济展望》（2018年1月）和联合国经社理事会《2018年世界经济形势与展望》（2017年12月）。

2. 我国经济增长趋势分析

2017 年我国经济运行呈现稳中有进、稳中向好的良好态势，实现 GDP82.7 万亿元，增长 6.9%，为 7 年来首次增速回升。从结构看，第三产业占 GDP 比重达 51.6%，比上年提高 1.3 个百分点；最终消费对经济增长贡献率达 58.8%，比资本形成总额高 26.7 个百分点。从质量看，万元 GDP 能耗比上年下降 3.7%；居民恩格尔系数为 29.3%，比上年下降 0.8 个百分点。从活力看，新增就业 1351 万人，连续 5 年超 1300 万人，新登记企业 607 万户，增长 9.9%。展望 2018 年，支撑我国经济保持中高速增长和迈向中高端水平的有利条件继续增多，经济有条件继续保持在中高速增长的平台上平稳运行，有望延续增速稳、就业稳、物价稳、效益稳的"多稳"局面。但是，经济发展仍面临不少挑战和风险，如结构调整和转型升级任务依然紧迫、结构性和体制性矛盾和顽疾仍然存在、投资增长乏力、降成本去杠杆任务繁重等。IMF 等国内外主要机构对 2018 年中国经济增长预测处于 6.4% 到 6.6% 之间（见表 7）。

表 7　国内外主要机构对 2018 年中国经济增长预测

单位：%

预测机构名称	2018 年 GDP 增长	发布时间
国际货币基金组织（IMF）	6.6	2018 年 1 月
世界银行	6.4	2018 年 1 月
联合国经社理事会	6.5	2017 年 12 月
OECD	6.6	2017 年 9 月
亚洲开发银行	6.4	2017 年 12 月
国家信息中心	6.6	2017 年 11 月

说明：表中数据为课题组根据相应机构的资料整理所得。

3. 广州经济增长趋势分析

2017 年广州经济保持中高速增长，全年地区生产总值突破 2 万亿元大关，达到 2.15 万亿元，比 2016 年增长 7.0%，经济结构进一步优化，三次产业比重由 2016 年的 1.21∶29.85∶68.94 调整为 2017 年的 1.09∶27.97∶70.94，第三产业比重提高了 2 个百分点，先进制造业和战略性新兴产业增势良好，增加值分别增长 11.5% 和 10.0%；经济活力不断增强，全年新登记市场主体 32.77 万户，增长 33.9%，注册资本金 1.79 万亿元，增长 1.2 倍；质量和效益稳步提升，全市完成一般公共预算收入 1533.06 亿元，可比增长 10.9%，企业经营情况良好，规模以上工业企业实现利润总额同比增长 11.8%，增速比 2016 年提升 3.3 个百分点，规模以上服务业企业营业利润同比增长 34.7%。展望 2018 年，在全球经济复苏加快和全国经济稳中向好的大背景下，广州经济运行有望保持基本稳定，根据广州市社会科学院数量经济研究所的预测报告，预计全年广州经济增长 7.0% 左右（见表8）。

表8 2018 年广州经济主要指标预测

单位：亿元，%

类别	2017 全年		2018 全年预测					
			低方案		中方案		高方案	
	实际数	增长率	预测数	增长率	预测数	增长率	预测数	增长率
地区生产总值	21503	7.0	23140	6.5	23282	7.0	23421	7.5
第一产业	233	−1.0	238	−1.0	240	−0.5	242	0.0
第二产业	6015	4.7	6239	6.2	6273	6.6	6306	7.0
第三产业	15254	8.2	16663	6.8	16769	7.3	16873	7.8
一般公共预算收入	1533	10.9	1679	9.6	1689	10.2	1699	10.9
全社会固定资产投资	5920	5.7	6323	6.0	6442	8.0	6561	10.0
社会消费品零售总额	9403	8.0	11030	7.9	11073	8.3	11116	8.7
城镇居民消费价格指数	102.3	2.3	102.6	2.6	102.9	2.9	103.2	3.2
海关出口总额	5792	12.3	5966	3.0	6082	5.0	6198	7.0

说明：地区生产总值、第一、第二、第三产业增加值增长率按可比价格计算。

（二）2018 年我国宏观调控政策展望

2018 年，我国将全面贯彻落实党的十九大精神，坚持稳中求进总基调，实施积极的财政政策和稳健的货币政策，以供给侧结构性改革为主线，统筹推进稳增长、促改革、调结构、惠民生、防风险各项工作，大力推进改革开放，创新和完善宏观调控，推动质量变革、效率变革、动力变革，打好防范化解重大风险、精准脱贫、污染防治三大攻坚战，引导和稳定预期，加强和改善民生，促进经济社会持续健康发展。

1. 积极的财政政策取向不变

一是优化财政支出结构，提高财政支出的公共性、普惠性，加大对三大攻坚战的支持，加大对创新驱动、"三农"、民生等领域的倾斜。二是加快推进财税制度改革，健全财政体制，完善预算管理制度，深化税制改革，推进法治财政建设。三是加强地方政府债务管理，制止违法违规融资担保行为，严禁以政府投资基金、政府和社会资本合作（PPP）、政府购买服务等名义变相举债。

2. 稳健的货币政策保持中性

一是综合运用多种货币政策工具，管住货币供给总闸门，保持货币信贷和社会融资规模合理增长，维护流动性合理稳定，提高直接融资特别是股权融资比重。二是提升金融运行效率和服务实体经济能力，疏通货币政策传导渠道，引导资金更多地投向小微企业、"三农"和贫困地区。三是加强和完善风险管理，深入整治金融乱象，加强股市、债市、期货市场风险监测和应对能力建设，守住不发生系统性金融风险的底线。四是深化利率汇率市场化改革，保持人民币汇率在合理均衡水平上的基本稳定。五是继续深化金融体制改革，健全货币政策和宏观审慎政策双支柱调控框架。

3. 供给侧结构性改革继续深化

一是大力破除无效供给，通过严格执行环保、能耗、质量、安全等相关法律法规和标准，处置"僵尸企业"，化解过剩产能。二是大力培育新动能，强化科技创新，推动传统产业优化升级，培育一批具有创新能力的排头兵企业。三是大力降低实体经济成本，降低制度性交易成本，减少审批环节，继续清理涉企收费，加大对乱收费的查处和整治力度，降低各类中介评估费用，深化电力等行业改革。四是加快建立多主体供应、多渠道保障、租购并举的住房制度，大力发展住房租赁市场，保持调控政策连续性和稳定性，实行差别化调控。五是从人民群众迫切需要解决的突出问题着手"补短板"，着力解决中小学和幼教突出问题，注重解决结构性就业矛盾，加快实现养老保险全国统筹。

（三）2018年房地产调控政策展望

展望2018年，房地产调控政策将坚持"房子是用来住的、不是用来炒的"定位，坚持调控目标不动摇、力度不放松，保持政策的连续性和稳定性，加强房地产金融风险防控，加大房地产市场秩序规范整顿力度。在此基础上，房地产市场长效发展机制开始发力，住房租赁市场建设提速，中央及各地政府将通过政策引导，加快建立多主体供应、多渠道保障、租购并举的住房制度，推进房地产市场的平稳健康发展。

1. 中央强调加快住房制度改革和长效机制建设

2017年10月18日，党的十九大报告明确：坚持房子是用来住的、不是用来炒的定位，加快建立多主体供给、多渠道保障、租购并举的住房制度，让全体人民住有所居。这一重要论述为房地产市场发展指明了前进方向，未来房地产调控政策在引导需求的同时，将更加注重在供应端方面加强制度建设，充分发挥市场中各类供应主体的积极性，积极挖掘存量用房潜力，加快建立多层次的住房供应体系。12月8日，中共中央政治局会议提出，加快住房制度改革和长效机制建设是2018年要着力抓好的一项重点工作，并强调要"力争取得明显成效"。12月18~20日，中央经济工作会议明确，2018年房地产重点是"加快建立多主体供应、多渠道保障、租购并举的住房制度"。展望2018年，我国住房制度改革和长效机制建设将加快推进。

2. 进一步加强房地产金融风险防控

2018年全国银行业监督管理工作会议提出，"要努力抑制居民杠杆率，重点是控制居民杠杆率的过快增长，打击挪用消费贷款、违规透支信用卡等行为，严控个人贷款违规流入股市和房市；继续遏制房地产泡沫化，严肃查处各类违规房地产融资行为。"在房地产金融风险防控力度加大的背景下，预计2018年房地产信贷环境将持续偏紧，企业贷款方面，开发端信贷政策将进一步收紧，房地产开发贷款门槛将有所提高，房企各类融资行为将更加规范；个人购房贷款方面，将继续实施差别化住房信贷政策，但受资金成本较高的影响，购房贷款利率将保持高位，同时加强对个人综合消费贷款、经营性贷款、信用卡透支等业务的额度和资金流向管理，严禁资金挪用于购房。

3. 继续坚持因城施策差别化调控

2017年末全国住房城乡建设工作会议提出："要抓好房地产市场分类调控，促进房地产市场平稳健康发展。针对各类需求实行差别化调控政策，满足首套刚需、支持改善需求、遏制投机炒房。加大房地产市场秩序规范整顿力度，严厉打击房地产企业和中介机构违法违规行为。加强市场监测分析，提高精准调控的能力和水平，进一步强化地方政府主体责任。"2018年《广州政府工作报告》提出，"要保持房地产市场调控政策连续性和稳定性"，预计2018年广州房地产调控政策将保持基本稳定，限购限贷等调控措施将继续实施。

4. 加快推进租赁住房市场发展

2017年末中央经济工作会议明确："要发展住房租赁市场特别是长期租赁，保护租赁利益相关方合法权益，支持专业化、机构化住房租赁企业发展。"2018年《广州政府工作报告》提出，"支持专业化住房租赁企业发展；加大全自持租赁房、轨道交通沿线和集体建设用地上的租赁住房供应，让市民群众住有所居。"2018年1月《广州市利用集体建设用地建设租赁住房试点实施方案》获国土部和住建部批准，方案明确："至2020年，全市计划利用集体建设用地建设租赁住房建筑面积300万平方米，每年批准建筑面积按100万平方米控制。"展望未来，作为住房制度改革的重点，随着"租购同权"等各项制度的进一步健全、住房租赁证券化等相关金融支撑的不断完善，广州租赁住房市场建设有望提速。

四　2018年房地产市场展望及简要建议

（一）2018年房地产市场展望

一手住宅市场供应将较为充足。市场库存有所增加，2017年12月末全市一手住宅可售面积745.65万平方米，比2016年末增长0.9%。住宅新开工面积保持较高水平，2017年新开工面积达到1118.95万平方米。根据合富辉煌（中国）市场研究中心监测，按照项目施工进度统计，2018年预计全市新增货量可达10.8万套，高于2017年的水平。

住宅市场成交将保持基本稳定。2018年广州住宅市场虽存在诸多不确定性，但总体预计将平稳发展。这是因为：全球、全国及广州经济已基本摆脱全球金融危机以来的下降通道，总体稳中趋升，对住宅市场构成基本支撑；城市化、区域一体化仍在持续并深化，广州住宅市场刚性需求依然较大；限购限贷等调控政策将继续实施，并保持政策的连续性和稳定性。预计2018年一手住宅成交量将与2017年基本持平；二手住宅市场受前期市场活跃、消化大量需求影响，成交量将有所减少；一、二手住宅成交价格将保持基本稳定。

（二）促进广州房地产市场健康发展的简要建议

1. 努力确保房地产市场平稳健康发展

一是继续严格落实现有的各项房地产调控政策，保持政策的连续性和稳定性，确保房地产市场平稳健康发展。二是进一步做好房地产金融风险防控工作，加强商品房预售资金和存量房交易资金监管工作，严禁各类资金违规流入房地产领域。三是加强房地产市场监测预警工作，健全和完善覆盖一、二、三级市场的立体化房地产市场监测体系，提高精准调控的能力和水平。四是做好调查研究工作，积极开展相关调研，全面掌握广州房地产市场供需情况，科学研判市场发展趋势，提前做好政策研究工作，加快建立符合广州市场特点的多主体供给、多渠道保障、租购并举的住房制度。

2. 加快发展住房租赁市场

一是加大租赁住房用地供应力度，做好用地选址工作，鼓励市属国有企业用自有存量土地建设租赁住房，做好《广州市利用集体建设用地建设租赁住房试点实施方案》的实施工作。二是结合商服物业去库存工作，积极稳妥推进"商改住"工作，加快出台相关政策。三是大力推进老旧小区和"城中村"微改造，鼓励并扶持住房租赁企业、物业服务企业参与相关租赁住房的统一运营和管理。四是充分发挥国有住房租赁公司的引领示范作用，带动专业化住房租赁企业发展，积极培育住房租赁新业态。五是支持住房租赁企业利用资本市场筹集资金，探索开展房地产投资信托基金（REITs）试点，发行租赁住房项目相关的债券或不动产证券化产品。六是加快推进《广州市房屋租赁管理规定》立法工作，充分保障承租人可依法享受义务教育等各项权益，推动"租购同权"。

3. 继续做好住房保障工作

一是通过集中新建和商品房配建等多种方式增加保障性住房供应，确保完成广州政府工作报告提出的"基本建成保障房1.6万套，新开工棚户区改造住房7500套"的年度任务。二是进一步完善以公共租赁住房为主的住房保障体系，充分保障城镇户籍中等偏下收入住房困难家庭的基本居住需求，切实做好新就业无房职工和各类人才的公租房申请和分配等工作。三是结合各区发展特点，做好人才公寓建设工作，加大对中高层次人才住房支持力度，加快出台人才公寓管理办法。四是积极探索共有产权住房，着力解决"夹心层"住房问题。

4. 切实加强房地产市场监管工作

一是强化市场整顿和巡查监管工作，加大市区联合执法和多部门联动执法及处置力度，依法严肃查处相关企业各类违法违规行为，确保市场平稳有序。二是加强舆论监督和引导工作，规范房地产市场信息发布机制，做好舆情监控工作，积极引导开发商理性开发、购房者理性消费。三是强化行业自律管理，健全完善行业信用信息评价体系和行业自律公约，增强诚实守信、守法经营观念，构建市场诚信管理信息化体系。

参考文献

习近平：《决胜全面建成小康社会　夺取新时代中国特色社会主义伟大胜利——在中国共产党第十九次全国代表大会上的报告》，人民出版社，2017 年 10 月。

《2018 年政府工作报告》，中央政府网站，http：//www. gov. cn/，2018 年 3 月 5 日。

《2018 年广州市政府工作报告》，中国广州政府网站，http：//www. gz. gov. cn/，2018 年 1 月 11 日。

广州市住房和城乡建设委员会：《2017 年 1～12 月新建商品房批准预售信息》，http：//www. gzcc. gov. cn/。

广州市住房和城乡建设委员会：《2017 年 1～12 月新建商品房网上签约信息》，http：//www. gzcc. gov. cn/。

广州市住房和城乡建设委员会：《2017 年 1～12 月存量房交易登记信息》，http：//www. gzcc. gov. cn/。

B.5
2017年广州人力资源市场供求状况分析及2018年展望

广州市人力资源市场供求信息调查评估小组*

摘　要： 2017年广州人力资源市场供求保持基本稳定，进场登记需求人数和求职人数双降，供需均有所趋紧；求人倍率有所上升；企业在岗职工以青壮年为主；求职者年轻化、高学历趋势愈发显现；企业用工稳定性趋于增强，员工流动性延续走低态势。展望2018年，面对广州经济从高速度增长向高质量增长的转型发展，建议从把握就业工作关键、主动创造就业机会、着力维护就业公平、促进人力资源服务业发展、全面优化就业服务、全力提升就业质量等方面促进人力资源市场稳步发展。

关键词： 人力资源市场　供需分析　广州

　　2017年广州实现地区生产总值2.15万亿元，成为继上海、北京和深圳之后，内地第四个GDP突破2万亿元的城市。新动能加快成长，提质增效成果明显，服务业支撑作用愈加显现。截至2017年12月底，全市城镇登记

　　* 课题组组长：李汉章，广州市人力资源市场服务中心主任；罗明忠，华南农业大学经管学院教授、博士生导师、人力资源和发展战略研究中心主任；黄惠嫦，广州市人力资源市场服务中心副主任；课题组成员：冯颖晖、刘伟贤、骆婧彦、张雪丽、陈江华、黄晓彤、何绮红、万盼盼、邓子宏、唐超。

失业率为2.40%，控制在3.50%的目标以内。人力资源市场呈现以下五大特点：一是进场登记需求人数下降11.54%，求职人数下降23.48%，供需双趋紧；二是求人倍率有所上升，进场登记求人倍率为1.44，比2016年提高0.20；三是企业在岗职工以青壮年为主；四是求职者年轻化、高学历趋势愈发显现；五是企业用工稳定性趋于增强，员工流动性延续走低态势。

一 总量分析

（一）基本情况①

1. 进场登记总量紧缩

2017年广州456家定点抽样人力资源服务机构（其中公益性人力资源服务机构199家，民办人力资源服务机构257家）进场登记供需总量为304.70万人次，比2016年进场登记量（366.50万人次）减少61.80万人次，下降16.86%。其中，需求人数179.67万人次，较上年（203.10万人次）减少23.43万人次，下降11.54%；供给人数125.03万人次，比2016年（163.40万人次）减少38.37万人次，下降23.48%。

2. 人力资源供需双趋紧

2017年广州人力资源市场求人倍率为1.44，较上年上升0.20，显示人力资源供给偏紧态势有所加剧。从变动趋势上看，近几年广州人力资源市场求人倍率总体波动上升。从内部环境来看，由于实施产业转型升级，部分落后产能被淘汰，同时部分缺乏比较优势的劳动密集型产业向外转移，2017年广州人力资源市场岗位需求有所下降；从外部环境来看，"一带一路"倡议、西部大开发、中部崛起等国家重大发展战略以及东部其他区域竞争力提升，外来劳动者分流明显，广州人力资源需求和供给双双下降，推升了求人倍率。现场招聘和求职仍是求职与招聘的主要方式，但由于新成长劳动力和

---

① 数据来源：《广州市人力资源服务机构综合情况表》。

一些用人单位更多采取了现场招聘会之外的其他形式和渠道进行求职和招聘，如通过网上发布招聘和求职信息等，分流了部分供给和需求统计数据。

3. 线上线下两个市场共同发展

在互联网迅速发展背景下，网络已成为招聘与求职的重要渠道和现场招聘的重要补充。从现场招聘情况来看，2017 年广州用人单位通过现场招聘方式发布招聘岗位 91.47 万个，占招聘总需求的 50.91%；参加现场招聘的求职者 100.35 万人次，占求职总人次的 80.26%，表明现场招聘仍是求职与招聘的主要方式。从网络招聘情况来看，2017 年用人单位通过网络渠道发布了 88.20 万个招聘岗位，占招聘总需求的 49.09%。通过网络求职的劳动者为 24.68 万人次，占求职者总人次的 19.74%。网络供求渠道的求人倍率为 3.57，显著高于线下市场的求人倍率，表明广州人力资源网络招聘市场建设还有待加强。

4. 人力资源服务业发展迅猛

据统计，2017 年广州人力资源机构数量为 1026 家，总量比 2016 年增长 16.46%。其中，公益性人力资源服务机构 199 家，经营性人力资源服务机构 827 家。世界五百强企业德科、任仕达、万宝盛华以及世界顶级猎头公司光辉国际等著名人才资源机构均已进驻广州；现有总部企业包括南方人才、红海人力、中智技术、锐旗人力等品牌企业；倍智测评、仕邦人力、友谊外服、午马猎头等一批本土企业成为全国知名品牌。其中，中国南方人才市场已成为华南区域性人才市场、国内最大的综合性人才资源服务机构。

（二）需求分析①

1. 第三产业用工需求占主导

2017 年广州第一、第二、第三产业用工需求占比分别为 0.09%、34.89% 和 65.02%，表明第三产业用工需求占据主导地位。与 2016 年相比，第一产业和第三产业用工需求分别下降了 0.03 个和 1.94 个百分点，第

---

① 数据来源：广州市就业培训信息系统。

二产业用工需求占比则上升了1.97个百分点（见图1）。2015年以来，广州以实体经济为主的第二产业用工需求回暖，占比有所提高；第三产业用工需求占比继续保持在高位并占绝对主体地位。

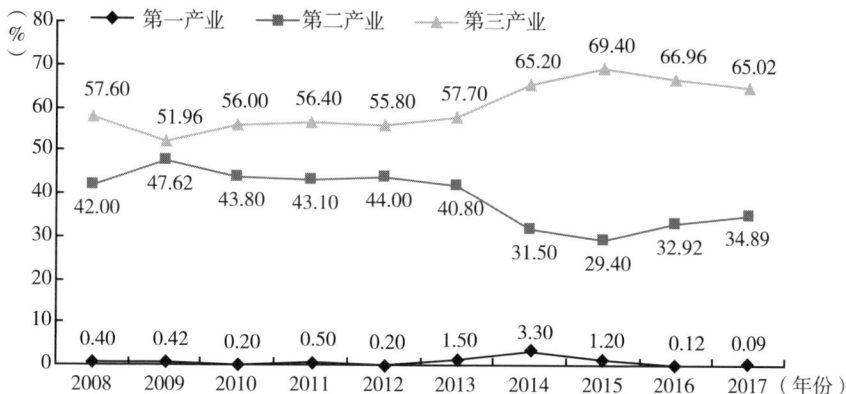

图1 2008年以来广州三次产业用工需求比重变化情况

2. 行业用工需求集中度较高

从行业用工结构看，2017年纳入广州市就业培训信息系统发布的岗位需求中，用工需求占比前五位的行业依次为：制造业（33.24%）、租赁和商务服务业（13.07%）、批发和零售业（12.73%）、住宿和餐饮业（6.98%）、居民服务和其他服务业（6.16%），五大行业用工需求占登记招聘总量的比例合计超过七成（72.18%），表明广州行业用工需求集中度仍然较高。

与2016年相比，信息传输、计算机服务和软件业、租赁和商务服务业用工需求占比分别下降4.03个、1.79个百分点，交通运输、仓储和邮政业、科学研究、技术服务和地质勘察业、制造业用工需求占比分别上升1.82个、1.82个、1.68个百分点，房地产业、建筑业用工需求也有所增加。

3. 一线生产人员需求占比继续增加

2017年纳入广州市就业培训信息系统发布的岗位需求中，一线生产及运输工人、商业及服务业人员、专业技术人员分别占用工需求的 34.15%、28.72%、18.51%（见表 1），表明一线生产及运输设备操作工人、商业及服务业人员、专业技术人员仍是市场需求大类。与 2016 年相比，生产及运输工人用工需求上升 3.55 个百分点，单位负责人、商业及服务业人员、专业技术人员需求占比分别下降 0.26 个、0.29 个、3.16 个百分点。

表1　2017 年广州不同职业大类用工需求情况

单位：%

职业	2017 年	2016 年	比重变化
单位负责人	7.98	8.24	-0.26
专业技术人员	18.51	21.67	-3.16
办事人员和有关人员	9.40	9.41	-0.01
商业和服务业人员	28.72	29.01	-0.29
农林渔牧水利生产人员	0.39	0.57	-0.18
生产及运输设备操作工人	34.15	30.60	3.55
其他	0.85	0.50	0.35

4. 前十位紧缺工种略微有变

2017 年纳入广州市就业培训信息系统发布的岗位需求中，排名前十位的紧缺工种依次为部门经理及管理人员、营业人员、行政事务人员、机动车驾驶员、餐厅服务员、治安保卫人员、机械冷加工工、机械热加工工、房地产业务人员、检验员。与上年相比，前十位紧缺工种变化不大，只是检验员取代饭店服务人员成为广州十大紧缺工种之一。

（三）供给分析①

1. 女性求职者占比首超男性

2017 年广州人力资源市场进场求职者中，男性占 49.89%，女性占 50.11%，与上年相比，女性占比上升 8.77 个百分点，表明进场求职者性别

---

① 数据来源：广州市就业培训信息系统。

比虽保持均衡状态，但女性进场求职人数近年来首次超过男性求职者。由于房价不断上涨，求职者生活压力上升，更多女性走出家庭参与就业，分担家庭生活压力；另一方面，不少女性求职者职业技能不高、求职渠道有限，更依赖于通过人力资源市场服务机构获得就业信息和就业机会。

2. 34岁以下求职者进场求职登记量减少

从进场求职者中34岁以下群体的占比变化来看，2012年以来，34岁以下群体进场求职登记量比重逐年下降（见图2），这年轻求职者对传统的实体供求市场选择趋向逐渐降低，他们往往更愿意通过互联网进行求职的现象密切相关。

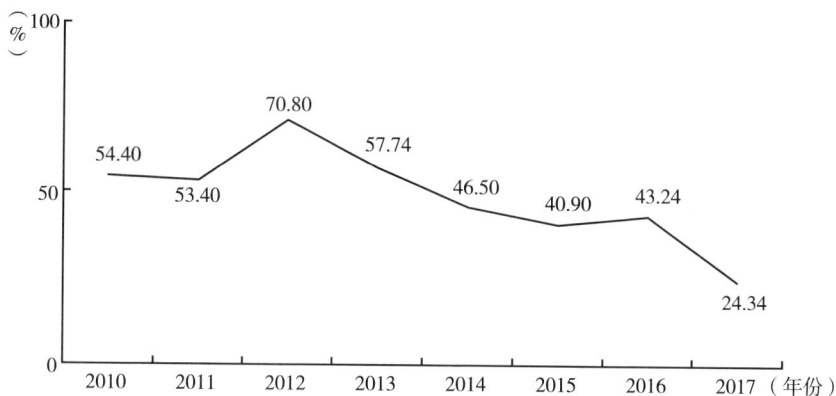

图2　广州进场求职者中34岁以下群体占比变化情况

3. 受过高等教育的求职者占比提升

2017年，进场求职者受教育水平仍以中等教育水平居多。其中，高中（含职高、技校、中专）学历的求职者占44.49%，初中及以下学历的求职者占33.77%，大学本（专）科学历占21.42%，硕士及以上学历占比0.32%。与2016年相比，高中（含职高、技校、中专）学历的求职者占比下降2.42个百分点，初中及以下学历的求职者下降了5.32个百分点；大学本（专）科学历的求职者占比提高7.59个百分点，硕士研究生以上学历的求职者占比提高了0.15个百分点。随着高等教育的发展以及受过高等教育劳动者的教育回报率显现，人们对教育更加重视，求职者中接受过高等教育的比例不断上升。可以预见，这种趋势未来将会延续。

4. 愿意进入商业及服务业求职人员占比过半

从职业大类看，愿意从事商业及服务业人员、办事人员、生产及运输行业的求职者占比排在前列，分别为50.73%、18.85%、16.57%，三者合计占86.15%；愿意成为专业技术人员的占比为7.97%；愿意成为单位负责人的占比为5.36%；另外，愿意进入农林牧渔水利行业的人员只占0.09%，还有0.43%的求职者对自己的求职职业无要求。

二　企业用工定点监测分析[①]

（一）企业经营状况

1. 企业经营状况稳中有进，对未来经营预期的判断较为谨慎

企业经营状况整体稳定，2017年下半年企业景气状况有上升趋势。第四季度企业现状景气指数[②]为全年最高，达0.59，企业预期景气指数[③]高低相间，但预期下降幅度大于上升幅度，当季预期景气指数与下一季度经营状况呈正相关。第四季度企业预期景气指数为0.52，较上一季度有所下降。

2. 不同行业企业现状景气指数表现各异，预期景气指数差异不大

企业现状景气指数在不同行业差距较大，现状景气指数排前三名的行业依次为水利、环境和公共设施管理业，教育业，农、林、牧、渔业（见图3）。各行业对未来经营走势持保守态度，预期景气指数差异较小。

---

① 数据来源：广州市就业培训信息系统。

② 企业现状景气指数：根据企业对当季经营状况的判断，企业现状景气指数＝"良好"比例×1＋"正常"比例×0.5＋"困难"比例×0。

③ 企业预期景气指数：根据企业对下一季度经营状况走势的判断，企业预期景气指数＝"转好"比例×1＋"持平"比例×0.5＋"困难"比例×0。

□ 预期景气指数　　□ 现状景气指数

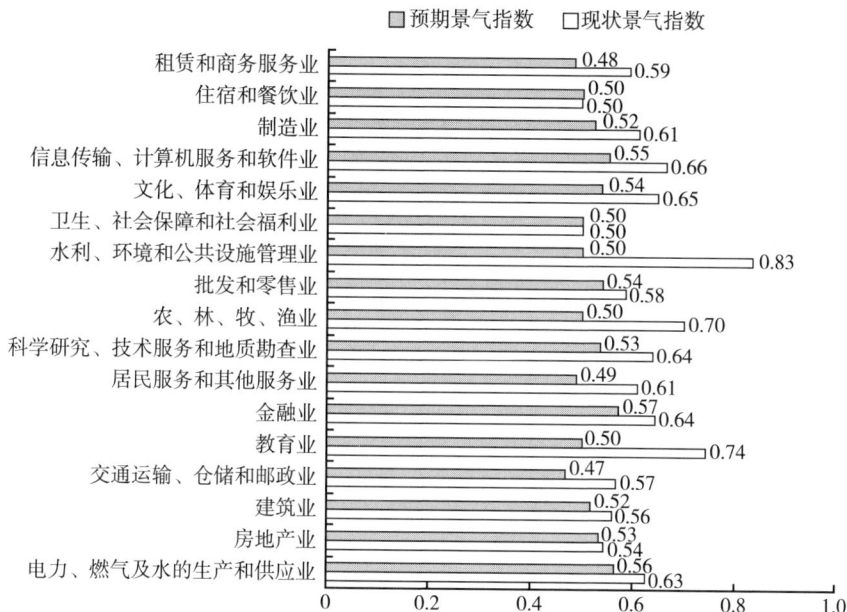

图3　2017年第四季度不同行业企业现状景气指数与预期景气指数

（二）用工结构

1. 普工占比下降，其他工种占比略有上升

2017年，广州在岗职工仍以普工为主，第四季度（60.88%）与第二、第三季度的普工用工占比基本持平，与上年同期相比下降了2.91个百分点；技工、专业技术人员、管理人员分别占16.16%、11.00%和11.96%，与上年同期相比略有上升。整体而言，2017年四季度企业工种结构稳定，技工、专业人员与管理人员占比略微上升。

2. 主要以25～34岁年龄群且男性用工为主

2017年，广州企业员工年龄较多分布在25～34岁（见表2），全年分布在38%左右，比往年减少约2个百分点；其次为35～44岁，四个季度平均占比在28%左右，同比往年高出1～2个百分点。24岁以下的企业员工占比四个季度较上年均有所下降，下降1%左右。此外，被监测的企业在职职工中超过6成为男性。

表2　2017年广州市定点监测企业员工年龄结构

季度		第一季度	第二季度	第三季度	第四季度
合计(人)		348102	354150	357302	342051
24岁以下	人数(人)	49096	50784	53029	49639
	占比(%)	14.10	14.34	14.84	14.51
25～34岁	人数(人)	130332	133622	135402	130833
	占比(%)	37.44	37.73	37.90	38.25
35～44岁	人数(人)	100327	100105	99292	95338
	占比(%)	28.82	28.27	27.79	27.87
45岁以上	人数(人)	68347	69639	69579	66241
	占比(%)	19.64	19.66	19.47	19.37
男	人数(人)	217799	222959	223846	215041
	占比(%)	62.57	62.96	62.65	62.87
女	人数(人)	130303	131191	133456	127010
	占比(%)	37.43	37.04	37.35	37.13
有效样本企业(家)		1712	1705	1704	1644

3. 异地务工人员与本市城镇人员占比一降一升

2017年第四季度广州来自本市城镇、本市农村、本省外市与外省在岗职工占比分别为31.49%、11.57%、21.10%与35.84%。较上年同期相比，企业在岗职工仍是以异地务工人员为主，外省在岗职工占比下降了2.56个百分点，而本市城镇在岗职工上升2.99个百分点，本市农村与本省外市在岗职工占比基本持平。此外，2017年，广州第四季度被监测企业外省在岗职工占比为全年最低，本省外市与本市城镇在岗职工占比则有所增加。

4. 较高学历人员占比上升

数据显示，初中及以下学历在岗职工占比不断下降；高中（中专及中技）与大专学历有上升趋势；本科及研究生占比上升相对明显，第四季度占比分别为16.55%与2.25%，与上年同期相比分别上升了1.35个与0.25个百分点。在岗职工整体学历结构不断优化。

（三）用工稳定性

1. 员工流动性下降，用工稳定性趋强

总体而言，2017年企业员工流动性波动式下降（见图4），用工稳定性趋于增强。第二季度与第四季度企业用工稳定性相对较好，员工流失率[①]分别为6.89%、6.14%。从新招聘率[②]与员工流失率比较情况来看，第二、三季度的新招聘率高于员工流失率，第一、四季度的新招聘率低于员工流失率。第一季度员工流失率比新招聘率高出约1个百分点，广州的就业主体仍为异地务工人员，基于劳动者返乡过节，回乡就业、创业等多种因素叠加，导致在春节前后员工流动性相对更强。

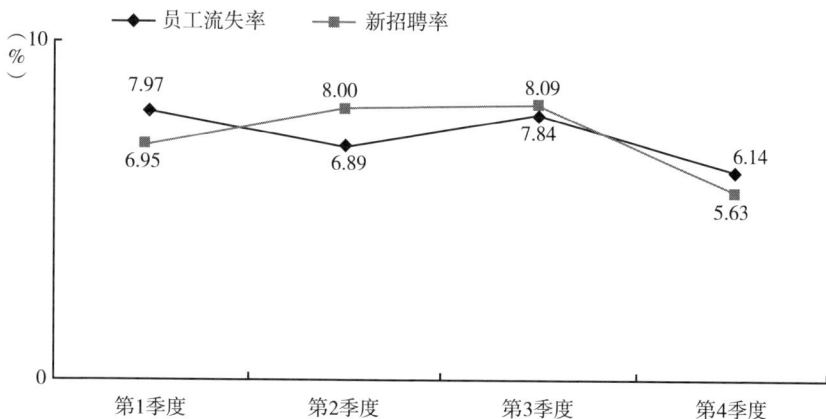

图4　2017年企业员工流失率和新招聘率

2. 各行业用工稳定性呈现明显差异

从行业来看，行业间用工稳定性差异明显，房地产业、租赁和商务服务业、住宿和餐饮业、制造业、批发和零售业的用工稳定性较低，员工流失率均超过7.00%，其中，房地产业企业员工的流失率最高，达到14.69%（见

---

① 企业员工流失率 = 本期流失人数 ÷ 在岗职工数 × 100%。

② 企业员工新招聘率 = 本期新招人数 ÷ 在岗职工数 × 100%。

图5）。建筑业（2.73%），交通运输、仓储和邮政业（3.22%）以及信息传输、计算机服务和软件业（3.26%）用工稳定性较高。

总体看，居民服务和其他服务业，批发和零售业，交通运输、仓储和邮政业、建筑业的新招聘率高于员工流失率，其他行业均存在员工流失现象，用工稳定性有待提高。

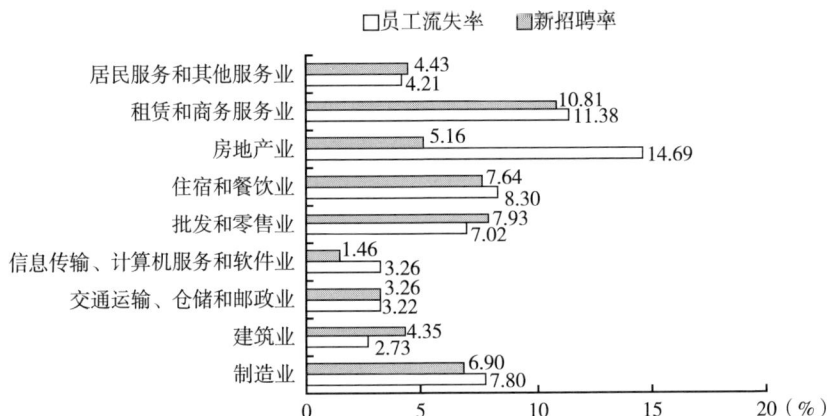

图5 2017年第四季度不同行业企业员工流失率和新招聘率

（四）招聘难易度

总体上2017年广州企业招聘难易程度一般，基本维持在稳定状态。分行业看，以2017年第四季度为例，企业招聘难度较大的行业有住宿和餐饮业（−0.01）[1] 和制造业（0.18），招聘难度较小的行业则为房地产业（0.35）、建筑业（0.34）以及信息传输、计算机服务和软件业（0.33）。

---

[1] 括号内数据为根据企业用工定点监测调查问卷相应问题的调查结果计算得到的企业招聘难易程度指数，该指数数值越大、越靠近1，表明招聘越容易；数值越小、越靠近−1，则表明招聘越困难。计算公式为：招聘难易程度指数 = "招收不到"的比例×（−1）+ "很困难"的比例×（−1）+ "困难"的比例×（−0.5）+ "比较困难"的比例×0 + "容易"的比例×（0.5）+ "很容易"的比例×1。

（五）薪酬待遇

从不同岗位类别来看，2017年第四季度广州普工、技工、专业技术人员及管理人员的平均工资分别为3693元、4911元、6679元，中位数分别为3275元、4000元、5000元。与之相比，2016年第四季度普工、技工、专业技术及管理人员的平均工资分别为3518元、4218元、5978元，中位数分别是3350元、4136元、5733元。说明在竞争压力之下，企业员工薪酬水平更趋理性，面对生产成本高企的压力，用工双方的博弈更加现实。

三 广州市人力资源服务中心网上就业服务情况分析①

"互联网 +"时代的到来，开创了一个全新文明时代的新篇章，移动互联网技术的发展使得现代信息网络对人们生产和生活方式渗透影响更进一步。大数据、云计算等技术的不断突破与创新，加快了信息传播的速度与广度，显著地降低了人们的信息搜寻成本，尤其是在求职方面，极大地降低了供求双方之间的信息不对称。2017年广州市人力资源市场服务中心累计举办网络系列招聘会23场，发布有效岗位92492个，吸引网上登记求职人数7746人，其中网上活跃注册用户达2021人。

（一）网上求职者基本情况

1.网上求职者男性居多

网上登记求职者中，男性为5775人，占比高达74.56%，而女性求职者为1971人，占比仅为25.44%，男性求职者人数约为女性求职者人数的3倍。

---

① 本章数据来源于广州市人力资源市场服务中心网站统计数据，http://www.gzlm.net/job/。

2. 网上求职者以年轻人为主

从年龄结构来看，网络求职者规模排前三位的年龄段依次是 20~25 岁、26~30 岁和 20 岁以下，占比分别为 28.78%、16.00%、12.44%，其中 30 岁以下的求职者累计占比 57.22%，占网络求职者总数的一半以上。表明当前利用网络求职的劳动者以年轻人为主，他们是伴随着互联网成长起来的一代，对网络求职渠道利用程度和认可程度都相对较高，网络技术也更加娴熟。

3. 省外网络求职者人数略多于省内

从网上求职者地域分布看，省外求职者占 51.08%，省内求职者占 48.92%，相差仅 2.16 个百分点。表明广州市人力资源网上就业服务在服务本地求职者的同时，对异地求职者也具有较强的吸引力，实现了无距离跨省服务，极大地节省了异地求职者的工作搜寻成本。

从求职者具体分布区域看，其中省外网上求职者来源省份排在前五位的依次是湖南、广西、湖北、江西和河南，占比分别为 25.52%、15.59%、11.45%、8.39%、7.63%，五省求职者累计占比为 68.58%。除河南为距离较远的人口大省外，其余省份均与广东省相毗邻，且与广州外来务工人员的来源地分布基本相符。

从网上求职者省内区域分布来看，省内网上求职者以湛江地区为主，网上求职者来源地排前五位的依次为湛江、韶关、清远、茂名和梅州，占比分别为 11.56%、8.52%、8.13%、7.21%、6.91%。

（二）招聘企业基本情况

2017 年广州人力资源市场服务中心网共为 3759 家企业提供了服务，累计发布就业岗位 9.25 万个。

1. 网上招聘企业以从事第三产业为主

从行业分布结构看，参与网上招聘的企业所在行业排前三位的依次为制造业、批发和零售业、房地产业，占比分别为 17.15%、16.42%、12.14%，前三位中属于第三产业的批发和零售与房地产业合计占比

28.56%，参与网上招聘企业多来自第三产业。

2. 网上招聘企业用工需求以服务业人员为主

从用工需求结构看，用工需求较大且排前十位的工种为：销售人员、司机、保安员、营业员、服务员、收银员、美容师、物业顾问、健康照护员、客服专员，占总用工需求的比例分别为 14.12%、12.20%、7.10%、5.31%、3.87%、2.99%、2.92%、2.69%、2.25%、2.16%，前十位工种用工需求合计占总用工需求的比例为 55.61%，表明当前企业用工需求多集中在服务业从业人员，也体现服务业对就业人员的吸纳能力较强。

3. 企业提供的工资待遇水平5000元以下占多

根据网上招聘企业提供的岗位工资待遇水平，排名前三位的岗位工资区间为 3500 ～ 5000 元、2500 ～ 3500 元和 5000 ～ 8000 元，占比分别为38.74%、25.96%和21.68%，岗位工资在 5000 元以下的占比为66.89%，基本与岗位的工种需求相符合，表明通过网络发布的就业需求多为初中级技能要求及生产一线的工作岗位。

四 2018年广州人力资源市场供求趋势

站在新时代的历史起点上，面对广州经济从高速度增长向高质量增长的转型发展，特别是在当前推进去产能和处置"僵尸企业"的过程中，隐含着潜在结构性就业风险，应激发市场活力，坚持用市场的力量创造更多就业机会；实施"双创"战略，通过创业带动就业；以服务业、新兴产业加快发展扩大就业容量；推行更加积极的就业政策，重视高校毕业生、就业困难人员等重点群体就业；改善地方"软环境"，进一步优化广州营商环境，提高公共服务水平，增强广州在人力资源市场的竞争力，吸引人才，服务人才。把握新时代，树立新理念，明确新目标，坚持以习近平新时代中国特色社会主义思想为指导，坚持就业优先战略，通过就业发展，缓解新时代人民群众日益增长的美好生活需要和不平衡不充分发展之间的矛盾。

（一）扣重点，把握就业工作关键

1. 就业增长趋向质量型，抓全方位服务优化

随着新时代经济发展转向质量型增长，就业增长也将更加注重质量就业和体面就业，人民群众对美好生活的追求与发展不平衡不充分的矛盾，在就业领域更多地表现为对更高质量就业的期盼，对更充分就业的期望，要求政府相关部门必须坚持经济增长与就业发展协同基础上，切实贯彻就业优先战略，抓全方位就业服务优化，助推就业质量提升。

2. 线上线下市场齐发展，加快网络市场建设

一方面，需要加大投入，加快公共就业服务的信息化发展，健全网上公益性人力资源市场；同时，坚持公益性和市场性双轮驱动，实现公益性人力资源服务机构和民营性人力资源服务机构的有效对接。另一方面，要采取有效措施和方式，整合线上市场和线下市场的信息，以利于更加全面地反映人力资源市场供求状况，为科学决策提供依据。

3. 在岗人员趋向多元化，强化人力资源保障

2017年数据显示，广州人力资源市场上的求职者中本省籍劳动力占比上升；同时，在岗职工中，异地务工人员占比下降，本市城镇劳动力占比上升。表明广东和广州人力资源开发成效显现，也说明广州促进就业工作成效明显，人力资源来源趋向多元化。如何保障广州经济发展需要的人力资源，为经济社会发展提供人力资源支撑将成为就业工作的重点。

4. 劳动者素质继续提升，重视本地人力开发

广州人力资源市场劳动力素质继续提升，要求公共就业服务必须继续关注产业发展需求，做好培训引导工作，要在产业转型升级过程中，通过人力资源开发，引导劳动者适应新时代新要求，实现就业稳定和高质量就业。

（二）谋发展，主动创造就业机会

1. 努力实现结构优化

结合就业优先的战略，在经济发展的同时，要努力实现增长、就业良性

互动；强化政府促进就业的主体责任，在制定经济发展规划时，优先考虑扩大就业规模的需要，使经济健康发展的过程成为就业持续扩大的过程；加快服务业发展，鼓励民营经济发展，支持发展具有比较优势的劳动密集型中小企业；通过产业、财政、税收、投资及收入分配政策，激励和引导有利于扩大就业的经济投入、产业调整、项目布局和企业发展。

2. 切实支持创业创新，带动就业发展

创业是就业之源，创业活了，就能带动更多的就业。在产业结构迈向中高端的过程中，创业环境好或不好，决定着"创造性破坏"这一过程中的正面效应（岗位创造）和负面效应（岗位破坏）的相对大小，因而决定了增长和改革的共享程度。依靠创业支撑就业增长，可以保持与调结构、转方式和供给侧结构性改革方向的一致性。要创造更好的政策环境和制度条件推动大众创业，保持就业岗位的不断增加。重点是优化营商环境，包括税收征收环境、金融支持和人才支持等，切实采取有效措施降低企业生产成本，增强企业竞争力。

3. 适应新时代，促进新型就业和灵活就业

在坚持以创新为引领和支撑的供给侧结构性改革过程中，新动能的不断涌现也带动了很多新型就业和灵活就业方式的出现。不当"上班族"，不用"朝九晚五"，而是开网店、网络创作等，这些"非传统"就业形式愈发受到"90后"青睐，缓解了就业压力。保持这一势头，需持续深化就业市场改革。对于广州而言，关键是充分发挥广州市场发达和高校科研机构集中的优势，建立有效机制，积极建设"创客坊"和创业大厦，激励科技人员利用科技发明与技术创业，大力引进具有强大带动作用的总部企业，尤其是现代科技总部研发企业，发挥总部经济的集聚效应和扩散效应，支持企业再创业，形成全产业链创业的良好创业生态。

（三）促和谐，着力维护就业公平

"解决好性别歧视、身份歧视问题"已被确定为2018年就业工作的重点。在经济发展进入新常态的条件下，在与特定人群如大学毕业生相关的传

统结构性就业矛盾依然存在的同时，又出现了与调结构、转方式和推进供给侧结构性改革相关的新型结构性风险，为更好应对新形势下出现的新问题，应努力做到以下几方面。

1. 坚持公共服务托底作用

坚持保护劳动者而不是保护岗位的原则，即通过提供公共就业服务、失业保险、最低生活保障等社会政策，并灵活运用失业保险结余资金，为转岗职工生活托底并帮助他们尽快实现再就业，避免由摩擦性失业转为结构性失业。

2. 进一步促进就业公平

在市场配置人力资源的基础上建立就业审查机制，通过法律约束用人单位设置入职限制，消除就业歧视。推进就业中的机会平等，促进企业在用人制度方面改革。引导企业更多承担社会责任，改变长期沿袭的"需要就招工、不需要就解雇"的用工模式，保障求职者在就业机会面前的人人平等性。同时不断提高保障和改善民生水平，切实做好教育、就业、社会保障、医疗、住房等民生领域重点工作，让人民获得感、幸福感、安全感更加充实、更有保障、更可持续。目前的重点是：切实推进企业用工同工同酬；并切实关注二胎政策放开后，用人单位对女性就业可能存在的顾虑和疑虑，激励企业勇于承担社会责任。

（四）强协同，促人力资源服务业发展

1. 狠抓供求信息数据采集，健全市场招聘信息的整合管理

根据十九大报告"提供全方位公共就业服务"要求，充分发挥公共和民办人力资源服务机构在人力资源市场的作用，多渠道采集就业岗位信息，利用各种信息化手段科学采集供求双方的基础信息和招聘求职信息。不断优化空岗信息和求职者信息采集平台，运用"互联网＋"和大数据思维，通过网站、手机客户端、微信、招聘会现场管理系统，全面采集供求双方的招聘求职需求、捕捉供求双方招聘求职的行为轨迹，提供针对不同服务对象的精准服务和信息推送服务，不断完善供求信息库。进一步完善广州人力资源市场招聘信息服务标准，加强招聘信息管理，规范招聘信息发布流程，监督

全市人力服务机构提供招聘信息的真实性、合法性，为推动实现广州市更高质量的充分就业发挥应有作用。

2. 加快整合人社大数据库，实现互联互通，强化研判能力

以广州市就业培训系统、广州人力资源服务机构管理系统为平台，开发人力资源市场供求信息数据网络直报功能，建立统计数据网络直报制度。把"就业失业登记数据库""企业定点监测数据库""高校毕业生数据库""人力资源市场供求信息数据库""社会保险数据库""技能人才数据库"等数据库信息互联互通，实时动态掌握就业形势、企业用工形势、人力资源市场发展形势。加强数据的完整性，通过信息化手段挖掘利用，为分析人力资源市场供求双方总量和结构的变化、捕捉市场运行走势特点提供更为精确的判断依据和数据支撑，提升供求分析质量，充分发挥供求分析对人力资源服务业"风向标"和"晴雨表"的作用。

3. 规范人力资源市场秩序，提升监管效能，优化就业环境

建立人力资源服务机构监管制度，根据监管对象、监管资源等实际情况，制定并实施人力资源年度监督管理计划，对人力资源服务机构采取定期和不定期检查的方式进行监督，对发现的违法行为依法联合有关部门进行处理，切实加大对重点单位、重点区域、重点品种、重点时段的监管力度。定期开展全市人力资源服务机构调查摸底工作，准确掌握本地区各类服务机构状况，建立工作台账。加强人力资源市场管理服务平台建设，以正面引导为主、行政执法为辅，深化诚信体系建设，规范人力资源市场秩序，全面提升人力资源服务业监管能力。

（五）兜牢底，全面优化就业服务

党的十九大报告明确指出，要"提供全方位公共就业服务，促进高校毕业生等青年群体、农民工多渠道就业创业。破除妨碍劳动力、人才社会性流动的体制机制弊端，使人人都有通过辛勤劳动实现自身发展的机会"。公共就业服务作为促进市场供需匹配、实施就业援助的重要载体，是政府促进就业的重要手段，也是推进就业公平的重要保障。

1. 推进公共就业服务专业化

面对人力资源市场主体多元化、个性化和高端化的需求，公共就业服务不能再局限于传统的、一般的、单一的招聘中介和相关业务咨询服务等，而是要以专业化的服务，为人力资源市场主体提供科学的、专业的、综合的服务，不断拓展职业指导服务功能，加大对重点群体的精准帮扶，创新就业服务方式等，以专业突出高端、体现个性、适应多元。以专业的人员做专业的事情，由专门机构做专项的工作，让专注的人员做专业的工作。

2. 推进公共就业服务信息化

对内要坚持业务协同，信息共享。对外要在人力资源市场建设中坚持线上市场与线下市场"双轮驱动"。要充分发挥互联网资源的优势，将公共就业服务内容、服务方式、服务渠道以及服务资源网络化和信息化，确保相关公共就业服务的获取、就业信息的传递和交流等可以通过网络实现，使公共就业服务更加方便、更加快捷、更加透明以及用户至上得到更高体现。要以"互联网＋"思维引领、支持公共就业服务和就业管理工作的理念创新、模式创新和技术创新。运用"互联网＋"提供的创新动力和创新平台，从理念、内容、模式、机制和方法等方面实现公共就业服务的创新以及组织和流程再造。

3. 推进公共就业服务精细化

关键是要注重公共就业服务人性化和个性化。要针对不同服务对象、不同服务环节，为其提供集约、规范、科学、人性化的全方位服务；实现公共就业服务从宏观式服务向标准化服务、被动服务向主动服务、单一服务向综合服务、单向服务向双向服务转变。其中，个性化体现也是关键，没有个性化就难以实现精细化。要挖掘需求，引导供给，做到个性服务、贴心服务、诚信服务、高效服务以及满意服务。

4. 推进公共就业服务全程化

服务环节上，既要关注劳动者就业前的动向和引导培养，也要做好劳动者就业过程中的推荐和服务，还要关注劳动者就业后的"携行"服务。服务内容上，既要关注劳动者的就业意愿提升，也要关注劳动者的就业能力培养，还要关注劳动者的就业发展。服务时间上，要做到全天候、全方位以及全区域，确保劳动者随时随地能够得到公共就业服务。服务手段上，既要注重传统与现代的结合，更要实现线上与线下的结合。

5. 推进公共就业服务均等化

关键是推进公共就业服务普惠制度，让所有服务对象都能享受到均等的公共就业服务，包括服务内容、服务质量以及待遇水平等。不仅在服务覆盖范围上要做到"横向到边，纵向到底"，确保无空白，而且在服务内容、服务质量和待遇水平等方面也能按照标准化的要求对所有服务对象无差异地提供。

（六）抓培训，全力提升就业质量

按照党的十九大报告的要求，"大规模开展职业技能培训，注重解决结构性就业矛盾，鼓励创业带动就业"，要进一步提升人力资源质量，主动适应新时代的要求。

1. 改善教育激励及其培训效率

一方面，要继续发挥已有职业技能培训制度的功效，充分调动政府、企业和社会各界的积极性，进一步做大做优做实职业技能培训；另一方面，要科学评估现有职业技能教育与培训的绩效，进一步提升职业技能教育与培训效能，优化公共就业服务和职业技能教育培训服务，进一步做强广州职业技能教育与培训。

2. 做好重点群体就业培训工作

要针对广州市高校毕业生的特点和就业困难人员的特点，把握这些重点群体的需求，挖掘潜力，激发主观动能，从知识、态度和技能等多方面提升这些群体的劳动就业技能和意愿，促进就业。

参考文献

广州年鉴编纂委员会：《广州年鉴》（2009～2017年）。

广州市人力资源市场服务中心：《广州市人力资源市场供求分析报告》（2009～2017年）。

B.6
新常态下广州经济增长动力变动趋势研究

欧江波 唐碧海 伍 晶 范宝珠*

摘 要： 新常态下推进经济高质量发展既是城市发展的现实要求，也是
提升城市竞争力的重要手段。经济发展新常态下，广州经济社
会发展正在发生深刻变化，发展速度由"高速增长"全面转入
"中高速增长"，发展模式从速度规模型粗放增长转向质量效率
型集约增长，发展动力从"投资驱动为主"向"投资与创新双
轮驱动"转型。本文从产业结构、需求结构、要素结构三个维
度分析了广州经济增长动力特征，预判了新常态下经济增长动
力变动趋势，提出了增强广州经济增长动力的系列对策建议。

关键词： 经济增长动力 新常态 广州

一 新常态的内涵、特征和研究思路

（一）新常态的内涵及特征

"新常态"（The New Normal）的概念最早由美国太平洋基金管理公司
总裁 M. 埃里安于 2008 年开始使用，以预言 2008 年国际金融危机之后世界

---

* 欧江波，广州市社会科学院数量经济研究所（经济决策仿真实验室）所长、副研究员、博
士，研究方向为宏观经济、城市经济、房地产经济；唐碧海，广州市社会科学院数量经济研
究所（经济决策仿真实验室）副所长、副研究员、博士；伍晶，广州市社会科学院数量经济
研究所（经济决策仿真实验室）副研究员；范宝珠，广州市社会科学院数量经济研究所（经
济决策仿真实验室）副研究员。

经济增长可能的长期态势。埃里安认为：新常态主要是指西方发达经济体在危机过后将陷入长期疲弱、失业率高企的泥沼状况，造成这一状况的直接原因是超高杠杆比率、过度负债、不负责任地承担高风险和信贷扩张等因素，发达经济体要消化这些负面冲击需要较长时期，同时决策当局因循旧制的经济政策，也会使得这种新常态长期化。

在中国，新常态一词则与中国经济转型升级的新发展阶段密切相连。2014 年 5 月，习近平在河南考察时首次使用新常态概念。2014 年 11 月 10 日，习近平在亚太经合组织工商领导人峰会开幕式上的演讲指出："中国经济呈现出新常态，有几个主要特点：一是从高速增长转为中高速增长；二是经济结构不断优化升级，第三产业、消费需求逐步成为主体，城乡区域差距逐步缩小，居民收入占比上升，发展成果惠及更广大民众；三是从要素驱动、投资驱动转向创新驱动。"

2014 年 12 月 9 日，习近平在中央经济工作会上把中国经济新常态的特征归纳为九个方面，认为我国经济正在向形态更高级、分工更复杂、结构更合理的阶段演化，经济发展进入新常态，正从高速增长转向中高速增长，经济发展方式正从规模速度型粗放增长转向质量效率型集约增长，经济结构正从增量扩能为主转向调整存量、做优增量并存的深度调整，经济发展动力正从传统增长点转向新的增长点，并集中表达了新常态将给中国带来新机遇的乐观预期。同时明确："我国经济发展进入新常态是我国经济发展阶段性特征的必然反映，是不以人的意志为转移的。认识新常态，适应新常态，引领新常态，是当前和今后一个时期我国经济发展的大逻辑。"

（二）本文研究意义和思路

在经济发展新常态的大背景下，广州经济社会发展正在发生深刻变化，发展速度由"高速增长"全面转入"中高速增长"，发展模式从速度规模型粗放增长转向质量效率型集约增长，发展动力从"投资驱动为主"向"投资与创新双轮驱动"转型。但是，发展中的一些深层次、结构性问题仍未得到根本解决，仍存在不少困难和挑战，突出表现在：一是经济增长动力有待增强；二是国家中心城市功能有待完善；三是城市空间布局和建设有待优化；四是要素制约日益明显。

新常态下保持高质量经济增长既是广州城市发展的现实要求，也是提升广州城市竞争力的重要手段。深入分析研究新常态下广州经济增长动力趋势和特征，从而为市委市政府重大决策提供支撑，无疑具有重大现实意义。

从经济增长动力研究的重要文献、经济学分析的经典框架来看，一般经济增长动力研究主要从三个维度（产业结构、需求结构、要素结构）进行分析。本课题研究借鉴这一思路，从"产业结构、需求结构、要素结构"等三个方面深入分析了新常态下广州经济增长动力。

基于产业结构的动力分析方面，分析了1990年以来广州产业结构变动的主要特征，指出随着经济社会发展步入新常态，广州产业发展呈现三次产业结构保持基本稳定、制造业向高端化发展、现代服务业带动服务业继续较快发展、新产业新技术新业态新模式迅猛发展等发展态势。

基于需求结构的动力分析方面，深入分析了1990年以来广州需求结构变动特征，指出在新常态的大环境影响下，未来广州经济增长需求侧动力是消费与投资双轮驱动，其中消费将成为支撑经济增长的主要动力，投资在经济增长中仍起关键作用，外需对经济增长的贡献潜力较大。

基于要素结构的动力分析方面，通过构建数学模型，深入分析了1978年以来广州劳动力、资本存量、全要素生产率等要素变动特征，提出了在新常态的大环境影响下，广州总体劳动需求将继续保持小幅增长，资本存量可望实现稳定增长，全要素生产率有望保持稳步提高。

二　新常态下广州经济增长动力
——基于产业结构的分析

（一）广州产业结构变动特征分析

1. 三次产业结构变动特征分析

广州产业结构经历了第二产业、第三产业交替拉动经济增长，第三产业逐渐成长为经济增长第一动力的不同阶段和格局演变。第三产业占GDP比重总体上升,由1990年的49.3%上升至2016年的69.3%,比重增加20.0个百分点。相应地,第一产业、第二产业占GDP比重总体下降,2016年占比分别比1990年减少6.8个、13.2个百分点(见图1)。从增速变化来看,三次产业增长变动情况大体上一致,均呈现出由高速或较高速增长逐渐减慢趋势,1990~2010年增速波动幅度较大,2011年以来,第二产业波动中下行仍较为明显,第一产业、第三产业增速较为稳定,经济步入新常态特征较为突出。

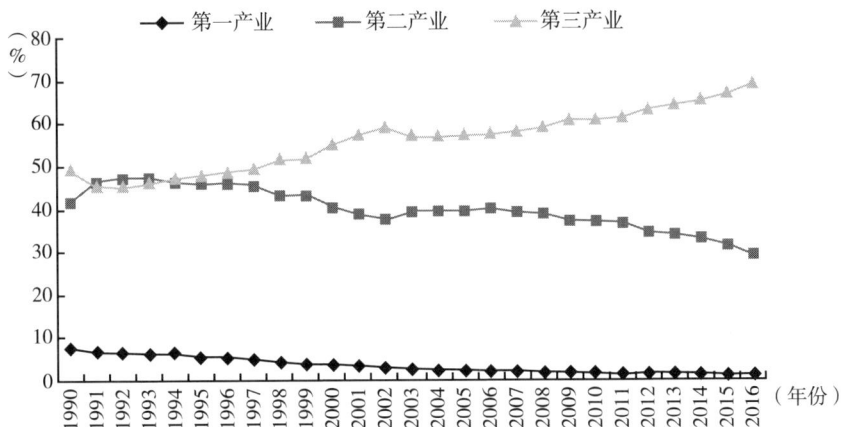

图1 广州三次产业占GDP比重变化情况

与三次产业结构相对应,各产业对经济增长的贡献也呈现趋势性变化,即,第一产业逐步式微,目前对经济增长的贡献不足0.5%;第二产业逐级下降,已由经济增长的主动力下降为次动力;第三产业稳定走高,已由经济增长的次动力成长为主动力(见表1)。

表1 不同时期三次产业对广州经济增长贡献率

单位:%

年份	第一产业	第二产业	第三产业
1991~2000	2.4	57.7	39.9
2001~2010	0.8	40.6	58.6
2011~2016	0.3	31.0	68.7

2.工业和服务业内部结构变动特征分析

广州工业结构变动特征：一是工业重型化趋势明显。轻重工业产值比重已由1990年的63.97∶36.03逐步调整为2016年的35.68∶64.32。二是三大支柱产业支撑作用突出。2016年规模以上汽车制造业、电子产品制造业和石油化工制造业三大支柱产业工业产值占全市规模以上工业总产值的比重为49.6%，较2010年提高4.4个百分点。三是高新技术产业发展迅速。规模以上工业高新技术产品产值占全市规模以上工业总产值比重，由2010年的19.1%稳步上升到2016年的46.0%。

广州服务业结构变动特征：一是传统服务业中批发零售业占比有所提高，交通运输业、住宿餐饮业占比变化不大。2016年批发零售业、交通运输仓储和邮政业、住宿和餐饮业占GDP的比重分别为14.6%、7.0%、2.2%，较2010年分别增加2.0个、0.1个、-0.7个百分点。二是现代服务业中金融业、房地产业占比有所提高，信息服务业占比略有下降。2016年信息服务业、金融业、房地产业占GDP的比重分别为3.6%、9.2%、8.9%，较2010年分别增加-0.4个、3.0个、1.7个百分点。三是近年来金融业、房地产业、批发零售业、物流业增长较快。2011~2016年，前述四大服务业年均分别增长13.1%、10.0%、11.5%、11.4%。

（二）新常态下广州产业结构变动趋势判断

1.三次产业结构将保持基本稳定

经过30多年的高速发展，广州先后越过了经济起飞、走向成熟、大众高额消费等阶段，目前正加速迈向追求生活质量阶段。广州工业高级化进程还远未完成，战略新兴产业尚处于大规模布局阶段；新旧动能正加速转换，"四新"经济强劲增长；第一和第二产业增加值比重趋于回落，第三产业增加值比重则逐步提高。随着《广州制造2025战略规划》《广州市加快发展生产性服务业三年行动方案》的加快实施，广州高端高质高新产业将会加速发展。预计到2020年，国际航运中心、物流中心、贸易中心和现代金融服务体系基本建成，现代服务业和先进制造业双轮驱动成效显著，服务业增加值占 GDP 比重、现代服务业增加值占服务业增加值比重分别达到 70% 左右，三次产业结构调整为 0.9∶27.1∶72.0，高端高质高新现代产业体系基本建立；预计到 2030 年，第一产业、第二产业增加值比重进一步下降，三次产业结构调整为 0.5∶24.5∶75.0。

2. 制造业向高端化发展

在中国制造 2025、工业 4.0、全省工业转型攻坚战略等带动下，广州将全面推进制造业转型升级计划，做强做大先进制造业，服务型制造、智能制造、绿色制造、定制制造将不断拓展，以 IAB 为代表的新一代支柱产业将逐步形成。以化工、金属材料、建材为代表的重化工业占 GDP 比重会继续下降，而机械设备、电子信息制造、生物医药制造等为代表的中高技术制造业占 GDP 比重将长期呈上升态势。未来广州有望培育和形成新一代支柱产业发展格局：一是以超算中心、思科、富士康等龙头项目为代表的新一代 IT 产业集群逐渐形成；二是涵盖机器人、无人机、人工智能、3D 打印、无人驾驶、智能家居、可穿戴设备等细分业态的大智能产业蓬勃发展；三是生物医药、生物制造、健康服务等大健康产业比较优势突出，成长性强，预计到 2025 年，以生物医药为核心的大健康产业规模超 1 万亿元，成为广州第一大支柱产业。

3. 现代服务业带动服务业继续较快发展

虽然广州占比较大的传统商贸服务业受到电商冲击较大，但随着互联网和移动通信等技术的渗透、共享经济与平台经济兴起，随着交易和流通的直接化等模式创新、服务需求的升级以及个性化和定制化趋势的深入发展，新兴服务消费需求正在进一步释放，商贸等传统服务业将保持稳定发展。金融、物流、租赁和商务服务业等现代生产服务业在"三中心一体系"建设的带动下有望步入加快发展阶段。综合各方面因素影响，广州服务业总体表现将好于制造业。未来随着国家一系列加快服务业发展、扩大服务业开放以及广州稳步推进"三大枢纽"和自贸园区建设，广州服务业有望保持较好发展势头。

4. 新产业、新技术、新业态、新模式迅猛发展

新主体蓬勃发展，广州面向全球集聚高端要素的能力有所显现，微信、优视（UC）等一批具有核心技术的企业正逐步发展成为世界知名品牌；奥翼电子、广州亿航等一批高成长企业在前沿尖端科技创新方面取得重大突破；一批具有较强竞争力的创新型企业加快发展，广州数控、金发科技、海格通信、冠昊生物已成为智能装备、新材料、高端电子信息、生物医疗等新兴产业的领军企业。新动力成长势头良好，高新技术产品产值增长快于工业总产值增长，占工业总产值比重稳步上升；传统行业信息化工业化加快融合，欧派、索菲亚、尚品宅配等创新型龙头企业带动家具制造业增长。新业态新产品加快发展，互联网经济新业态引领服务业增长，装备类产品、工业机器人、新能源汽车、光电子器件等产品快速增长。预计未来广州新产业、新技术、新业态、新模式将保持快速发展势头，为广州经济结构优化升级提供强劲动力。

三 新常态下广州经济增长动力
——基于需求结构的分析

（一）广州需求结构变动特征分析

1. 三大需求结构变动特征分析

1990 年以来，推动广州经济增长的需求动力发生了明显变化：一是投资对经济增长的贡献逐步降低，资本形成总额占 GDP 的比重从 1995年的 58.7% 下降到 2007 年的 32.7%，2008 年以来有所回升，2016 年达到 35.9%；二是消费对经济增长的贡献逐步提高，2009 年以来消费已上升为最重要的需求动力，2016 年消费率达到 51.7%；三是货物及服务净流出的贡献呈抛物线走势，1999～2008 年所占份额持续上升，但受全球经济危机影响，2009 年以来占比持续回落，2016 年降至12.4%（见图 2）。

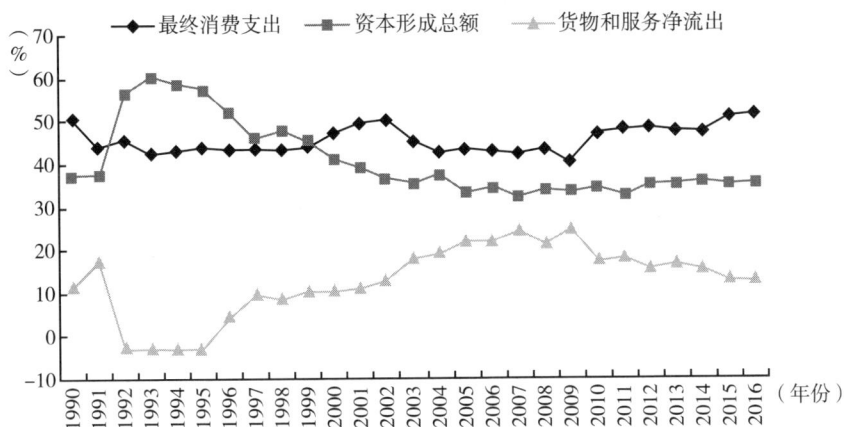

图2　广州经济三大需求所占份额变化情况

与需求结构变动相对应，1990 年以来三大需求对全市经济增长的贡献呈现如下特点：最终消费支出的贡献逐步走高，目前对广州经济增长的贡献率已超过 50%；资本形成的贡献震荡走低，但目前仍占据重要份额；货物和服务净流出的贡献有所波动，大致保持在 15% 左右（见表2）。

表2　不同时期三大需求对广州经济增长年均贡献率

单位：%

年份	最终消费支出	资本形成总额	货物和服务净流出
1991～2000	34.8	48.3	16.9
2001～2010	48.9	29.8	21.3
2011～2016	50.3	37.1	12.6

2. 三大需求内部结构变动特征分析

资本形成总额包括固定资本形成总额和存货增加。2000～2009 年，广州资本形成率有所下降，主要原因是固定资本形成总额占 GDP 的比重不断下降，从 2000 年的 40.9% 下降到 2009 年的 30.5%；2010 年以来，固定资本形成总额占 GDP 的比重有所提高并保持基本稳定，2012～2016 年保持在 34% 左右的水平。2011 年以来，广州投资增长呈现如下特点：一是投资规模保持较快增长，二是房地产投资和民间投资是拉动投资增长的重要动力，三是服务业投资占比较大、增长较快。

最终消费支出包括居民消费支出和政府消费支出。居民消费支出占GDP的比重稳步上升，2000~2010年保持在30%左右，2011~2014年提高到35%左右，2015年、2016年进一步提高到38.3%和38.6%。政府消费支出占GDP的比重保持基本稳定，2005年以来基本保持在13%左右。2011年以来，广州消费呈现如下特点：一是消费市场规模保持平稳增长，但2013年以来受新常态及基数提高影响增速持续下滑；二是城市居民消费升级趋势明显，交通和通信支出、教育文化娱乐服务支出等增长较快；三是网上消费等新兴消费模式发展迅速。

2000年以来货物及服务净流出占GDP的比重呈抛物线走势，2001~2009年持续上升，由2000年的10.5%提高到2009年的25.4%，这估计与汽车、石化等重化工业的快速崛起高度相关；2009年以来，受全球经济危机影响，货物及服务净流出占GDP的比重持续回落，2016年降至12.4%。2011年以来广州出口呈现如下特点：一是出口实现平稳增长，二是旅游购物、保税物流、跨境电商等新兴贸易方式实现较快发展，三是服务贸易持续快速增长。

（二）新常态下广州需求结构变动趋势判断

1. 消费将成为支撑经济增长的主要动力

新常态下，影响消费需求的宏观环境和政策基本面不会发生太大变化，且刺激消费是应对经济减速和稳定增长的重要举措，预计未来广州消费有望保持稳步增长，最终消费支出占GDP的比重在2020年和2030年将分别达到52%和54%左右。其中，在医疗教育等公共服务领域、城乡基础设施建设、生态环保领域等方面支出稳步增长的带动下，政府消费将实现平稳增长；居民消费规模将进一步扩大，从生存型向发展型和享受型不断升级，消费产品随着科技进步不断更新换代，教育文化、医疗保健、旅游休闲等服务消费进一步增加。

2.投资在经济增长中仍起到关键作用

目前广州仍处于城市化、工业化、信息化快速推进阶段，无论是创新能力提升、战略新兴产业培育、新旧动能更替，还是城市建设更新、公共服务能力提升，都离不开大量的投资。新常态下，投资在经济增长中仍起到关键作用，对优化供给结构至关重要，预计资本形成总额占 GDP 的比重在 2020 年和 2030 年将分别达到 35% 和 30% 左右。从投资领域看，城市基础设施建设将继续成为拉动投资增长的重要动力，新兴产业投资潜力巨大，城市更新将形成新增长点，房地产开发投资将保持平稳增长。

3.外需对经济增长的贡献潜力较大

展望未来，随着全球经济和市场形势的不断好转，国家"一带一路"等全方位、多层次开放格局逐步形成，广州出口产品、市场和主体结构将持续优化，租赁贸易、保税物流、保税维修、服务贸易等新业态不断创新，外贸出口有望保持规模稳中趋升、结构逐步优化态势。同时，粤港澳大湾区建设将推动广东形成区域协调发展的新格局，广州作为大湾区的核心城市，未来将继续推动城市交通网、要素网和产业网向外拓展延伸，努力构建产业链、创新链、价值链和供应链网络最发达的全球城市节点，进一步增强全球资源配置能力，吸引全球的资金、资源、人才和技术，区域一体化效应释放将为广州经济发展提供新动力。因此，预计外需对广州经济增长贡献潜力较大，货物和服务净流出占 GDP 的比重在 2020 年和 2030 年将分别达到 13% 和 16%。

四 新常态下广州经济增长动力
——基于要素结构的分析

（一）广州要素结构变动特征分析

1.经济增长主要依靠资本和技术双要素推动

1978～2016 年，广州年均 GDP 实际增速为 13.33%，名义增速为 17.48%，资本和劳动力的年均增长率分别为 19.2% 和 3.1%；资本投入拉动经济年均增长 8.7 个百分点，劳动力拉动经济年均增长 1.59 个百分点，而广义技术进步等因素则拉动经济年均增长6.39个百分点，三者对经济增长的贡献率分别为51.8%、9.8%和38.4%（见表3），由此表明，自改革开放以来广州经济的增长主要是靠资本和技术的双推动。

2. 劳动力对经济增长贡献较低

劳动对经济增长的贡献率一直低于资本和全要素生产率，总体在10%左右。1978～1990年间的13年，劳动力年均增长2.07%，劳动对经济增长贡献率平均为6.4%，拉动经济年均增长1.1个百分点；1991～2000年间的10年，劳动力年均增长3.82%，劳动对经济增长贡献率平均为9.6%，拉动经济年均增长2.0个百分点；2001～2010年间的10年，随着大量外来劳动力的导入，人口红利集中释放，劳动力年均增长4.75%，劳动力对经济增长贡献率大幅提高到16.6%，拉动经济年均增长2.5个百分点；而2011～2016年的6年间，随着我国劳动力供给发生历史性转变，劳动密集型产业外迁加快，劳动力年均增长只有0.95%，劳动力对经济增长贡献率大幅回落到5.0%，拉动经济年均增长0.5个百分点（见表3）。

3. 资本仍是经济增长主要动力

资本对经济增长的贡献率虽然有波动但一直是重要动力，贡献率在40%以上。在1978～2000年间，资本贡献率保持在50%以上，而2001～2010年间一度回落到41%左右，略低于全要素生产率贡献率，2011～2016年随着我国经济进入新常态，虽然广州经济增速逐渐回落，但投资增速仍保持相对稳定，使得资本贡献率再度提升，达到59.1%（见表3）。

4. 全要素生产率是经济增长重要动力

改革开放三十多年来，广州全要素生产率的提高对经济增长起着举足轻重的作用，对经济增长贡献率在波动中保持较高水平。1978～1990年，全要素生产率贡献率为39.0%；1991～2000年回落至35.7%；2001～2010年，正是我国加入WTO的十年，通过参与经济全球化，广州经济的技术水平与发达国家的差距快速缩小，全要素生产率贡献率提高至42.5%；但随着广州经济的技术水平与发达国家差距越来越小，仅仅依靠引进或学习国外先进技术来加快经济发展的路子越走越窄，2011～2016年广州全要素生产率对经济增长的贡献率回落至35.9%（见表3）。这种变化态势表明广州正步入发展方式转型期，技术创新等扮演的角色需要更加重视。

表3　不同时期各要素对广州经济增长贡献率情况

单位：%

时间阶段	GDP年均实际增速	资本贡献率	劳动贡献率	全要素生产率贡献率
1978～2016年	13.33	51.8	9.8	38.4
1978～1990年	13.07	54.6	6.4	39.0
1991～2000年	15.48	54.7	9.6	35.7
2001～2010年	13.81	40.9	16.6	42.5
2011～2016年	10.42	59.1	5.0	35.9

（二）新常态下广州要素结构变动趋势判断

预计2017～2030年，劳动要素方面，随着广州服务业继续快速发展，第三产业从业人数保持稳定增长，总体劳动需求继续保持小幅增长，年均增长1.1%左右（见表4）。资本要素方面，受国家信贷偏紧影响，国内贷款增长乏力，直接融资比例继续上升，利用外资波动较大，"营改增"改革成功有利于未来广州财政收入稳步增长，第三产业投资仍是投资的重点，预计广州未来资本存量可望保持稳定增长，年均增长10%左右（见表4）。技术要素方面，随着广州IAB产业布局的落实，NEM产业持续发力，人才政策进一步完善，各项重大改革继续推进，各方面制度不断健全，广州全要素生产率有望保持稳步提升，年均增长3.1%左右。综合起来看，预计2017～2030年，广州地区生产总值有望实现年均增长7.5%左右。

表4　2017～2030年各要素对广州经济增长贡献率的初步判断

单位：%

年份	资本存量年均增速	劳动力年均增速	资本贡献率	劳动贡献率	全要素生产率贡献率
2011～2016年	13.25	0.95	59.1	5.0	35.9
2017～2030年预计	10	1.1	55.2	7.3	37.5

五 增强广州经济增长动力的对策建议

（一）大力推动产业结构转型升级，打造高端高质高新现代产业体系

推动制造业向高端化方向发展，全面展开新一轮技术改造、制造业高端化、制造业智能化、工业创新、绿色发展等攻坚行动，推动食品、医药、化工、纺织、服装、皮革皮具等传统优势产业与"互联网＋"深度融合。培育壮大战略性新兴产业，突出抓好"IAB"重大产业项目建设，加快推进富士康10.5代显示器、GE生物产业园、百济神州生物制药、"广州光谷"、广州国际生物岛等重大项目或园区建设，积极推进智能装备应用、工业机器人、高性能专用芯片、3D打印技术等产业发展。推动服务业转型升级，做好大型专业批发市场的规划布局，加快业态新、规模大、功能强、交通优的现代化综合展贸园区的建设，鼓励企业抓住电商发展机遇，推动互联网与传统产业的深度融合，积极培育生产性服务业新增长点。

（二）加快推进创新驱动发展，构筑创新型经济

一是搭建创新载体，加快"产学研"合作创新平台建设，鼓励广州高校院所直接为企业提供科技服务，促进高校、企业、科研院所等多主体协同创新。二是创新商业模式，支持广州企业探索与新技术发展和应用相适应的产品开发、生产销售、供应链管理、资本运作等新型商业模式，发展企业间电子商务、电子零售、专业服务、增值服务、服务外包等新业态。三是强化企业创新主体地位，完善对科技小巨人企业、创新型企业的扶持措施，推进更多的工业企业建立研发机构。

（三）着力扩大消费规模，强化消费需求对经济增长拉动力

大力发展文化消费、知识消费、健康消费和绿色消费，积极拓展消费新

领域，从教育、培训、餐饮、娱乐、服饰、用品、亲子体验、旅游等多方面充分挖掘儿童消费潜力，不断拓展多样化、多层次的老年消费市场。大力促进商旅文融合发展，进一步深化国家旅游综合改革试点，积极依托大型景观、珠江水岸、旅游功能区，打造购物、旅游、观光、文化、休闲、娱乐一体化消费的大型商旅文融合发展功能区，加快推进万达旅游城等创意性主题公园建设。创新并扩大新型消费品的有效供给：加大电子信息、电动汽车及可穿戴设备、智能家居、数字媒体等各种智能消费品制造；积极发展农产品深加工为主的绿色消费品工业，增加绿色食品的有效供给；推进公办养老机构社会化运作，做大中高端医疗健康服务产业；鼓励开展高水平职业教育和中外合作办学等。

（四）努力确保投资保持较快增长，形成高效完善的基础设施和基础平台

着力构筑高效完善的大交通网络，加快推进国际航运枢纽、国际航空枢纽、铁路客货运枢纽及其集疏运体系建设，加快推进城市快速轨道交通和快速路"双快"交通系统、城际轨道交通、高速公路网建设，着力打造覆盖珠三角、辐射华南地区的"双高"一体化区域交通网络。加快推进琶洲互联网创新集聚区、南沙自贸试验区、中新知识城、空港经济区、富士康第10.5代显示器全生态产业园、思科智慧城、通用电气（GE）国际生物园等重点功能区开发建设，着力打造转型升级新引擎。加强文教体卫设施建设，大力实施"优质公办中小学增量工程"，加快推进高水平大学及一流高职院校项目建设，积极引导医疗资源向薄弱地区合理分布，不断完善文化体育基础设施网络，稳步推进"城市 10 分钟健身圈"和"农村 10 里健身圈"建设。

（五）积极推进区域一体化和国际化，重塑"一带一路"背景下开放新格局

一是积极参与"一带一路"建设，推动广州相关优质项目纳入国家项目库,争取国家"一带一路"平台布点广州,大力吸引央企、大型民企等"一带一路"相关对外投资企业总部落户广州,加强与沿线国家战略对接、务实合作。二是加快建设具有全球影响力的现代服务经济中心。加快推进国际航运枢纽、国际航空枢纽、国际科技创新枢纽和国际商贸中心建设,着力增强国际服务枢纽和文化交流门户功能。三是充分发挥省会城市引领作用,推进广佛同城化和广佛肇经济圈建设,加快与深莞惠、珠中江协同发展,积极参与粤港澳大湾区规划建设。四是加快建设南沙高水平对外开放门户枢纽,充分发挥南沙国家新区与自贸试验区"双区"叠加、自贸试验区与国家自主创新示范区"双自"联动的优势,建设"引进来"和"走出去"企业的综合服务中心,积极探索建设自由贸易港。五是大力推进服务贸易创新发展试点,落实试点税收优惠政策,引导企业扩大高技术、高附加值的服务贸易出口,加快运输、旅游、金融、文化服务等重点领域的服务贸易发展。

(六)切实加快城市更新工作,努力激活土地生产力

积极推进差异化城市更新工作,未来应根据各区经济社会发展水平、土地利用现状、未来发展需求等实际情况,以提升地区功能作为导向,合理制定城市更新空间分区政策,着力推进差异化区域城市更新工作。建立健全市区联动、以区为主的城市更新工作机制,调动区政府、街镇、社区等基层力量的主动性和能动性,充分发挥区统筹机构在牵头实施、项目推进、决策参谋、督察考核方面的作用,加快推进项目实施。加快推进城市更新立法工作,明确城市更新中多方利益攸关者的权利和责任,落实相关部门在城市更新规划、组织、协调、设计等方面职责权限、政策体系及工作机制,确保城市更新工作的合法性、权威性、公平性。充分发挥广州城市更新基金的龙头作用,利用基金运作撬动更多的社会资本参与城市更新,打造"基金+土地+运营"的创新城市更新模式。

(七)加快建设人才高地,提升广州人力资源配置能力

实施更加开放的人才政策,着力在培育引进、使用评价、分配激励等方

面实现更大突破，健全人才服务保障机制，发挥广州"人才绿卡"等政策效应，规划建设一批人才公寓，解决好来穗人才落户、医疗、子女教育等实际问题。大力培养集聚海内外高端人才，打造海内外人才发展平台，办好中国海外人才交流大会，提升"千人计划"南方创业服务中心功能。提高人力资源配置能力，推动以广州为龙头的珠三角地区人力资源服务业的同城化、一体化发展，推动人力资源服务企业提高专业化水平和自主创新能力。

（八）坚持市场化改革方向，着力营造良好营商环境

完善现代市场体系，促进统一开放、竞争有序的市场体系建设，建立公平开放透明市场规则，完善综合市场监管，引入行业协会、商会组织，建立商事合同司法纠纷速调速裁和联调联解机制。加快转变政府职能，深入推进"放管服"改革，建立政府部门权责清单管理体系，开展广州开发区、增城开发区、南沙自贸试验区、临空经济示范区转变政府职能深化行政审批制度改革试点。引导和鼓励企业参与制订国际标准，进一步提高涉企政策的精准性和有效性，做好审批、用地、融资、人才等全方位服务。推进金融与产业结合，加快金融保险领域改革创新，进一步优化金融发展生态，积极发展金融租赁、消费金融等新型金融模式和保障性、普惠型金融组织，鼓励发展"互联网＋金融""众筹"等新型金融服务业态，通过基金、政府债券、企业债券等多种融资渠道为实体经济提供要素保障，促进金融与实体经济的紧密结合。

参考文献

李扬、张晓晶：《"新常态"：经济发展的逻辑与前景》，《经济研究》2015 年第 5 期。

金碚：《中国经济发展新常态研究》，《中国工业经济》2015 年第 1 期。

刘伟、苏剑：《"新常态"下的中国宏观调控》，《经济科学》2014 年第 4 期。

干春晖、郑若谷、余典范：《中国产业结构变迁对经济增长和波动的影响》，《经济

研究》2011 年第 5 期。

刘瑞翔、安同良：《中国经济增长的动力来源与转换展望——基于最终需求角度的分析》，《经济研究》2011 年第 7 期。

赵昌文、许召元、朱鸿鸣：《工业化后期的中国经济增长新动力》，《中国工业经济》2015 年第 6 期。

柳思维：《适应新常态下消费发展新趋势培育新消费热点的思考》，《消费经济》2016 年第 12 期。

袁志刚、解栋栋：《中国劳动力错配对 TFP 的影响分析》，《经济研究》2011 年第 7 期。

朱平芳、徐大丰：《中国城市人力资本的估算》，《经济研究》2007 年第 9 期。

上海市统计局综合处课题组：《上海经济发展阶段特征及"十三五"经济增长动力研究》，《调研世界》2015 年第 4 期。

产业经济

Industrial Economy

B.7
大力发展广州民营先进
制造业的对策研究

广州市政协经济委员会课题组 *

摘　要：　当前广州民营企业整体发展势头良好，总量规模不断扩大，发展质量不断提升，且已成为广州创新发展的主力军。广州有不少优秀本土企业，在各自行业或细分领域处于领先地位，但与长三角、珠三角制造业强市相比，广州明显缺乏大型龙头民营制造企业。本文分析了发展民营先进制造业面临的机遇、挑战和存在问题，重点从民营制造企业自身发展及政府扶持两个维度提出了做大做强广州民营制造企业的相关对策建议。

关键词：　民营先进制造业　政策扶持　广州

---

* 课题组组长：顾涧清，广州市政协经济委员会主任、高级编辑；课题组成员：薛晓东、陈武、褚至博。

一 广州民营制造业发展现状

(一)广州民营企业发展情况

2017 年,广州规模以上民营工业完成产值 3881.39 亿元,增长 2.6%,占全市规模以上工业总产值的 21.6%;规模以上小微工业完成产值 4535.15 亿元,增长 6.7%,占全市规模以上工业总产值的 25.2%。截至 2017 年底,广州实有登记私营企业 71.99 万户,增长 26.2%,占市场主体的 41.1%,注册资本(金)34418.94 亿元,增长 75.6%。

民营企业已经成为广州创新发展的主力军。2017 年,广州 16.9 万家科技企业中 90% 以上是民营企业;广州高新技术企业的 97%、发明专利申请量的 98%、新三板企业的 95% 来自于民营企业;260 家省级企业技术中心中 70% 以上是民营企业;95 个市博士后站(分站)和 54 个博士后创新实践基地(未设站)中,2/3 是民营企业;在广州专利申请量过百的企业中,民营企业占比达 72.5%。

(二)广州民营制造企业发展概况

2017 年全国工商联发布的"中国民营企业制造业 500 强"中,广州上榜企业有 7 家,其中排名较前的广东圣丰集团有限公司、广东海大股份集团有限公司、无限极(中国)有限公司、广州立白企业集团有限公司、金发科技股份有限公司营业收入分别为 373.1 亿元、272 亿元、192.7 亿元、191.5 亿元、179.9 亿元。① 广州虽然没有产值超千亿级的民营制造企业,但还是有不少优秀本土企业,在各自行业或细分领域处于领先地位,例如在现代注塑装备制造业领域保持世界领先的博创智能;国内最大、也是第一家上市的改性塑料企业金发科技;国内测绘信息技术装备领域保持第一的广州

---

① 全国工商联发布 2017 中国民营企业制造业 500 强名单。

中海达卫星导航技术有限公司；市场占有率超过 30% 以上的威创视讯科技有限公司等等。由于广州民营制造业宣传力度不够，企业的"显示度"不高，知名度和品牌影响力还需进一步提升。

二　广州民营先进制造业发展环境

（一）发展广州民营先进制造业面临的机遇

1. 发展民营先进制造业是构建地区高质量经济发展体系必然选择

党的十九大为国家未来经济发展指明方向，以习近平新时代中国特色社会主义思想为指引，经济要实现高质量发展，就要以供给侧结构性改革为主线，始终把创新作为引领发展的第一动力，加快传统民营制造业转型升级，推动民营先进制造业做优做强。国家近年大力实施制造强国战略和创新驱动发展战略，制定发布了《中国制造 2025》《国家创新驱动发展战略纲要》，广州围绕建设国家创新中心城市和国际科技创新枢纽，实施现代服务业与先进制造业双轮驱动战略，构建高端高质高新现代产业新体系，为先进制造业在"十三五"时期的发展带来重大契机和政策红利。

2. 新一轮科技革命和产业变革为广州先进制造业创新发展带来难得历史机遇

全球新一轮科技革命、产业变革加速演进，以智能、绿色、泛在为特征的群体性技术革命将引发国际产业分工重大调整，颠覆性技术不断涌现，移动互联网、云计算、大数据、物联网等新一代信息技术加速在制造业领域应用，新业态、新模式、新产品、新产业不断涌现。广州必须紧紧抓住当前新一轮科技革命和产业变革的机遇，抢占科技经济制高点，加速发展先进制造业。

3. 粤港澳大湾区、"一带一路"及自贸区建设为广州先进制造业拓展新的发展空间

随着全球经济复苏，新兴国家和经济体市场快速壮大，我国积极推进粤港澳大湾区、"一带一路"建设，实施泛珠三角地区合作、"珠江—西江经

济带"等发展战略，广东自贸区加快建设，国际航运、航空和科技创新三大战略枢纽建设完善，广州地缘优势更加突出，经济腹地和发展空间得到进一步拓展，为广州加快发展以智能成套装备、交通运输装备、能源装备等为重心的先进制造业创造了有利条件。①

（二）发展广州民营先进制造业面临的挑战

1. 民营制造企业自身存在一定发展局限

一是文化心理深深影响民营企业家经营理念和经营行为。多元包容的岭南文化既有敢为天下先的奋进精神，也有务实守富的保守内蕴。民营制造企业在经营上较为谨慎保守，在制造业转型升级的变革时代，如何守住当前财富成为相当一部分民营企业家经常思考的首要问题。二是经营管理模式有待进一步优化。广州民营制造企业多以家族管理模式起家，随着市场经济和资本市场的飞速发展，多数企业已经建立起现代企业管理制度，但一些企业并未完成二代接班，企业发展仍然以老一代创始人的管理理念和管理风格为主导。三是企业主营业务专注度不够。近年来全国房地产、金融、互联网等快速发展，炒房热现象不仅影响民众生活预期，同时也影响制造企业的投资理念。体量较大的民营制造企业都在不同程度参与房地产、孵化器、小贷、保险、创投、电商等新业务，分散了专注制造业主业的精力和资源。四是对科技研发和人才投资重视程度不够。本土民营制造企业由于自身规模、资金限制，对于科技研发投入不足。较多民营企业家在产业投资上"偏硬轻软"，相比于人才投资，更愿意在技术设备、厂房、原材料等"看得见、摸得着"的硬件设施加大投资，对于培育人才缺乏足够信心。

2. 政策扶持仍有较大提升空间

一是政策扶持效率有待提高。现有扶持政策在分门别类、体现针对性上尚显不足，不少积极转型升级、技术领先、具有做大做强能力的制造业企业，在建设具有国际国内领先水平的研发基地时，政策扶持缺位的情况较为

---

① 《广州市先进制造业发展及布局第十三个五年规划（2016～2020年）》。

明显。扶持政策落地实施还需要更为有效的实施细则与办理指引,扶持政策宣传不够,企业在知晓、了解、应用政策方面还不甚理想。二是科技资源效用未能充分发挥。广州地区拥有包括中山大学、华南理工大学、中科院广州分院等一批国内知名学府和科研机构,科技资源丰富,培养了大量高端科研人才,但高校科研成果转化应用和创新创业生态体系尚未形成,科研成果的产业转化率还比较低,存在一定程度的科技资源闲置和科技成果搁置现象。三是用地管理方式有待优化。工业用地行政审批难度较大,不少民营制造业企业处于扩大生产或转型升级的关键期,由于项目投资规模、效益指标受限不能纳入各级政府重点项目,无法在可期的时间内拿到用地而最终不得不迁往其他地区。工业园区产业集聚效应还不够强,除了3个国家级开发区和4个省级开发区外,广州其他产业园区普遍规模较小,镇村工业区数量多但布局分散,特色不鲜明,品牌影响力不足,辐射带动功能还有相当大的提升空间。

三　大力发展广州民营先进制造业的对策建议

(一)增强民营制造企业内生发展动力

1. 专注主营业务,不断完善民营企业现代管理体系

一是不断加强完善现代企业管理制度。完善企业各项管理制度,激励员工积极性和创造性最大化发挥。以资本为纽带建立公司科学治理模式,有机分离和结合所有权与经营权,建立企业所有人和管理层利益分享模式。二是集中有限资源,打造自身的核心竞争力。运用市场聚焦策略,扬长避短,把有限的资源、资金、力量集中到能够形成自身优势的领域和目标上来,通过生产、研发技术的升级改造,打造价优物美的产品,打造企业在目标区域的核心竞争力。三是注重品牌宣传,提升民营制造企业的"显示度"。更加重视对品牌建设的长期投入,集中资源、集中时间大力提高品牌美誉度及其经济价值,使之成为企业的核心资产。

2.通过兼并重组，又快又好又稳地推进企业做大做强

一是针对同行业开展横向并购。通过横向并购迅速扩大生产规模，提高市场份额，增强企业的竞争能力和盈利能力。二是针对产业上下游进行纵向并购。通过纵向并购除了可以扩大生产规模、节约共同费用，还可以整合产业链资源，促进生产过程各个环节密切配合，加速生产流程，缩短生产周期，节约运输、仓储费用和能源。

3.依托主营业务，积极开拓相互关联的新业务

一是深入分析新业务开展的可行性，制定科学发展战略。以公司竞争力、市场潜力等因素为基础，充分评估市场环境变化与企业承受能力，通过预期资本利润率分析收益性与随之承担的风险，最终制定形成科学的战略发展规划。二是紧密依靠主营业务积累成本、技术优势开辟关联性业务。依托主营业务开辟关联性强的新业务可以充分利用企业长期积累的技术、管理、运营优势，帮助企业在开辟新业务时降低成本，少走弯路。

4.搭建产业平台，引进关联企业共同发展

通过平台吸引产业链上下游企业入驻，形成产业集聚。依靠产业链的龙头优势，以全球价值链、产业链、供应链重构为契机，吸引上下游企业集聚，形成对全产业链的整合，降低企业运营成本。同时全面提升全产业的研发和生产效率，推动行业更快速地发展，带动企业做大做强。

（二）主动培育根植于本土的大型民营制造企业

1.为企业形成核心竞争力提供政策支持

一是加大对民营企业自主创新能力建设扶持力度。鼓励企业建立研发机构、加大创新投入，不断提高创新能力和产业技术水平。对新获批国家级重点（工程）实验室、工程（技术）研究中心以及企业技术中心、技术创新示范企业、工业设计中心的培育对象，给予建设经费补助，对其创新团队给予奖励；对围绕广州先进制造业产业领域开展技术创新、商业模式创新和战略性新兴产品、重点新产品研发的培育对象给予最高经费资助；对牵头承担国家重大科技专项、科技支撑计划等项目的培育对象，按国家实际到位经费

给予配套支持；对广州重点技术创新成果产业化项目给予补助。二是加大对企业管理与研发人才引进力度。建立和完善创新人才的激励与评价机制，制定和落实科技成果收益分配、股权期权激励等政策，推进科技成果处置权改革，让高等院校、科研人员自主实施、运用、转让科技成果，盘活创新资源。发挥广州区位优势，放开国际人才机构注册限制，吸引国际"猎头"公司、人力资源咨询公司等人才服务机构进驻广州，助力引进国际高素质人才。完善人才奖励政策，形成以企业缴税与个人缴税为标准的针对民企的人才定位体系，并按照社会综合贡献度给予奖励。

2. 为企业兼并重组提供金融工具和信用支持

一是"一企一策"支持兼并重组。鼓励企业通过收购、兼并、控股相关企业的优良资产，实施跨地区、跨行业、跨所有制的合作重组，加快发展做大做强。对培育对象通过整合、合资、合作、并购、重组等方式进行扩张，给予"一企一策"的政策支持。支持企业集团化发展，鼓励实现专业化生产和规模化经营，对符合总部经济特征的企业集团，优先享受广州现有支持总部经济发展政策。二是利用现有的产业基金，促进民营制造业发展。充分利用广州战略新兴产业发展引导基金、工业转型升级发展基金、中小企业发展基金、国家新兴产业创业投资引导基金等撬动社会资本。允许民企利用更多社会资本参与跨业或同业兼并，做上下游全产业链的整合。特别是支持在战略性新兴产业等领域开展跨地区、跨行业或境外重大并购；进一步推动混合所有制改革，允许民企与竞争性行业国企混改时取得控制权，增强其参与混改的信心。三是完善企业综合信用平台，增强民企信用。将企业在政府部门留下的如统计、缴税、缴费、环保、消防、安全生产检查等所有政府部门信息对接，形成关于企业的完整信息平台，并对风险投资、股权投资等基金、资本公司开放，增强其信用基础。

3. 为企业业务拓展提供民间投资渠道支持

一是拓展民间投资领域。科学界定并严格控制政府投资范围，鼓励民间资本投资可以实行市场化运作的交通运输、市政设施、能源设施、信息基础设施、文化设施、特色小组和价值园区等领域项目，每年面向民营资本推出一批PPP项目。二是优化民间投资环境。全面落实民间资本准入平等待遇。鼓励支持民间资本投资社会事业和科研事业，如邮政、教育、体育、医疗卫生、社会福利等，并在土地、财政方面给予补助支持。三是鼓励民营企业参与建立PPP引导基金。鼓励国有金融平台联合民营制造企业共同建立PPP基金，服务于民营制造企业参与PPP项目，解决其融资能力不足的问题。四是鼓励民间资本参与国企混合所有制改革。发挥市场机制作用，推动一批广州市属国有企业开展混合所有制改革试点。通过资产证券化、特许经营等方式，引导民间资本参与轨道交通、高速公路、污水处理等领域的国有资本投资运营。

4. 为企业"走出去"开拓国际市场提供各种保障

一是鼓励民企积极融入"一带一路"建设。通过为企业对外投资创造便利化条件，提供对外投资风险评估和辅导，鼓励民营制造企业在东南亚、南亚等市场发育相对成熟，政治和法律风险较低的国家开展对外投资，以独资或合资的方式兴建生产基地，积极开拓当地市场。二是加大对民企出口的政府服务和资金扶持力度。引导支持企业参加国际展览会、博览会和对外招商推介活动，拓展国际市场。协调海关、税务等部门加大政策创新力度，推动通关、出境等便利措施先行先试。引导企业开展对外投资、对外承包项目和对外劳务合作，建立海外生产基地、研发中心和境外营销网络。三是引导企业实施品牌发展战略。充分发挥"产品品牌"和"企业品牌"的优势，增强国际竞争力。支持培育对象打造名牌产品，争创省级及以上名牌产品、驰（著）名商标，对新获得中国驰名商标等国家级品牌的培育对象给予奖励。支持培育对象加大技术标准研制力度，对牵头制定并获批国际、国家、行业标准的培育对象或对牵头制定并经认定为产业技术联盟标准的培育对象给予奖励。

5. 为企业降低制度性费用提供支持

切实将企业减负政策措施落到实处，充分贯彻落实国家出台的支持企业发展、鼓励创新创业、加快转型升级、支持高新技术产业发展等一系列税收优惠政策；制定完善广州行政审批中介服务事项清单，并由相关职能部门制定完善中介服务的规范与标准，推出后续清单目录，进一步扩大减负范围。行政机关委托开展的评估评审等中介服务，应通过竞争性方式选择中介机构，服务费用应由行政机关支付并纳入部门预算。

6. 保障企业大项目建设用地

一是制定形成以土地要素为中心的全要素生产率评价体系，将制造业企业分级划类，将有限的扶持资源重点倾向于优质民营企业，通过政策引导工业园区内的低效企业搬离或改建，盘活土地存量，提升民企用地效率。二是加强民营工业用地保障。明确各地三旧改造面积应不低于一定比例用于发展制造业，各级财政对三旧改造用于制造业的给予一定额度资金奖励。三是实施先租后让供地模式。出让土地依法需以招标拍卖挂牌方式供应的，在公平、公正、不排除多个市场主体竞争的前提下，可将投资和产业主管部门提出的产业类型、生产技术、产业标准、产品品质要求作为土地供应的前置条件。以先租后让方式供应的工业用地，租赁期满达到合同约定的投资、建设、税收就业等条件的，按规定直接转为出让。四是对制造业企业原合法使用并已建成投产的集体建设用地，纳入三旧改造计划的，经政府和当地集体经济组织同意，允许征为国有建设用地后以协议方式出让给原用地企业。五是在产业区块内的从事先进制造业的工业企业，经批准在原有用地范围内提高工业用地土地利用效率、增加容积率的，放宽限制条件，简化审批程序，不再增收土地价款。

7. 为企业持续发展提供创新服务和智力支持

一是开展民营企业培训。由广州市工信委、广州市工商联联合实施企业家培训计划，针对家族式企业的特点，对教育程度不高的"创一代"、受过良好教育的"创二代"接班人进行专门培训。二是建立产业联盟。打破现有协会行政化的标签，通过联盟互助的形式统筹、协调、反映、解决民营制造企业在发展中遇到的困难。促使企业抱团取暖，真正成为政府和企业的沟通桥梁，帮助企业排忧解难。三是成立高级智库。由广州市政协牵头，参考北京中关村企业家顾问委员会的形式，整合省市乃至全球范围内的顶级专家，成立跨产业界、科技界、资本界、学术界的高级智库，通过社群化组织，平台化运作，汇聚智者，为广州民营制造企业做大做强出谋划策。

8. 为培育重点企业提供精准服务

一是梳理政府政策并广泛宣传。由相关部门梳理广州各级政府部门对企业的不同扶持政策，整理、汇编并广泛宣传，确保企业知悉政策、了解政策、用好政策，保证政府资源的有效利用。二是确定一批重点民营先进制造企业进行重点培育。全方位量身订制帮扶指导措施。根据市场容量、企业营收、科技创新、发展前景等多要素，对产值在 50 亿元以上的民营制造业企业进行全面梳理，寻求在若干年内有希望成长为 500 亿甚至千亿级的重点民营企业作为培育对象。可将广东海大股份集团有限公司、广州佳都集团有限公司、金发科技股份有限公司、广州立白企业集团有限公司、白云电气集团、东凌控股集团等企业作为千亿级民企培育对象。

参考文献

习近平：《决胜全面建成小康社会夺取新时代中国特色社会主义伟大胜利——在中国共产党第十九次全国代表大会上的报告》，《人民日报》2017 年 10 月 28 日第 1 版。

《2018 年广州市政府工作报告》，中国广州政府网站，http：//www. gz. gov. cn/，2018 年 1 月 11 日。

B.8
进一步提升广州港核心
竞争力的对策研究

林治顺*

摘　要： 港口是区域经济发展的重要战略资源，实施建设广州国际航
运中心三年行动计划以来，广州港建设已取得了长足发展。
本文从港口生产、基础设施建设、集疏运体系、航运物流业、
航运市场主体、航运服务业、口岸通关环境及对外交流合作
阐述了广州港建设与发展的现状，对比分析了存在的短板和
不足，并从基础设施建设、港口资源整合、航运物流能级提
升、现代航运服务体系完善、营商环境优化等五方面提出了
相关对策建议。

关键词： 广州港　国际航运中心　对策研究

　　港口是区域经济发展的重要战略资源。党的十九大报告提出了"赋予
自由贸易试验区更大改革自主权，探索建设自由贸易港"的重要论断。新
华社在 2017 年 7 月专题播发长篇通讯《书写新世纪海上丝绸之路新篇
章——习近平总书记关心港口发展纪实》，充分体现了习总书记对港口建设
发展的高度关注。当前，我们要充分认识港口在"一带一路"建设中发挥
的重要支点和纽带作用，始终把习总书记关于港口发展的重要指示精神贯穿

＊ 林治顺，广州港务局港务监督管理处，工学博士，研究方向为国际航运中心及港口发展等。

到广州港建设和发展的各方面各环节，抢抓机遇，依托和发挥广州港这一城市发展核心资源，推动广州国际航运中心和国际航运枢纽建设，积极提升国家重要中心城市功能。

一　广州港发展现状分析

广州港是粤港澳大湾区最大的综合性主枢纽港，我国最大的内贸集装箱枢纽港；是国家综合运输体系的重要枢纽，是广东省能源物资、重要原材料和外贸物资的主要中转港；也是华南和西南地区广泛连接国际市场、全面参与国际经济竞争与合作的重要支撑。2015 年 1 月，广州市委十届六次全会提出了建设"三中心一体系"发展战略，加快推进国际航运中心和国际航运枢纽建设。2015 年 8 月，广州市政府印发实施《建设广州国际航运中心三年行动计划（2015～2017 年）》，专门成立了建设广州国际航运中心领导小组，市委主要领导任组长，市政府主要领导任常务副组长，统筹推进国际航运中心和国际航运枢纽建设。经过三年的努力，广州国际航运中心建设取得了可喜的成就。广州港综合竞争能力和国际影响力不断提高，国际大港、主枢纽港地位进一步巩固，对外开放门户枢纽功能进一步提升。

（一）港口生产稳步增长，国际大港地位进一步巩固

2017 年，广州港完成货物吞吐量 5.9 亿吨，同比增长 8.4%，居国内沿海港口第三位，全球港口第五位。港口货物吞吐量超越天津港，保持领先唐山港。集装箱吞吐量超 2000 万标箱，达到 2037 万标箱，同比增长 8%，居国内沿海港口第四位，全球港口第七位。集装箱吞吐量超越青岛港。南沙作业区 2017 年完成集装箱吞吐量 1405 万标箱，增长 11.3%，位居世界单一港区集装箱吞吐量前列。

目前，广州港是我国华南地区第一大港，是我国华南地区唯一一个进入全球港口货物吞吐量前十名的港口，超过了同在粤港澳大湾区内香港、深圳

港口吞吐量的总和。港口生产的持续增长巩固了广州港国际大港的地位，也为广州引领粤港澳大湾区世界航运枢纽建设奠定了坚实的基础。

（二）基础设施建设加快推进，门户枢纽功能提升

广州港已拥有各类码头泊位 807 个，其中万吨级以上泊位 76 个；泊位年综合通过能力 3.74 亿吨，集装箱吞吐能力 1576 万标箱，旅客吞吐能力 3217 万人次，滚装船商品汽车吞吐能力 63 万辆。其中，广州港集装箱吞吐能力三年增长 405 万标箱。南沙港区已建成 16 个 10 万~15 万吨级集装箱泊位，1 个 10 万吨级、5 个 5 万~7 万吨级通用泊位，11 个 10 万~30 万吨级修造船舾装泊位以及一批滚装汽车、石油化工等专业化泊位，可以满足世界最大集装箱船靠泊作业要求。港口综合生产能力的有效提升，为广州打造世界级枢纽港区提供了强有力的硬件支撑。

目前，广州港深水航道拓宽工程一期工程已实现了 10 万吨级集装箱船与 15 万吨级集装箱船（减载）双向通航。南沙港区三期 6 个 15 万吨级集装箱泊位建成投产。南沙国际邮轮码头工程、南沙国际汽车物流产业园汽车滚装码头工程、南沙港区近洋码头工程、新沙港区二期 13#泊位等项目正加快建设，新沙港区二期 11#、12#泊位、南沙港区四期工程、南沙港区通用码头工程、南沙江海联运码头、珠江口公共锚地等项目加快推进前期工作。

（三）集疏运体系不断完善，港口辐射能力持续增强

大力开辟集装箱航线。至 2017 年底，广州港开通集装箱航线 197 条，其中外贸班轮航线 91 条，内贸航线 106 条。南沙作业区开通集装箱航线 117 条，其中外贸班轮航线 85 条，内贸航线 32 条。全球主要班轮公司均在广州港开展业务。广州港保持内贸集装箱第一大港，并成为非洲、地中海航线核心枢纽港，国际集装箱干线港地位得到加强。

大力发展江海联运。中远海运、中国外运、省航运集团、广州港集团等企业开通了 160 多条水上驳船支线，实现全港水上驳船支线覆盖整个珠江—西江流域江海联运网络。其中广州港集团"穿梭巴士"珠江水上驳运航线

已成为业界品牌，航线达 60 条。

发展海铁联运。积极推进南沙疏港铁路及广州大田铁路集装箱中心站建设，提升海铁联运功能。积极推进内陆腹地内陆港网络建设，广州港已在全国各地布局了 33 个内陆港办事处，覆盖全国 8 省 30 市。广州港与铁路部门合作，开辟中欧海铁联运货运通道。2017 年中欧班列共开行 48 趟班列，货物 4044 标箱，实现了"陆上丝路"与"海上丝路"的融合。

完善公水联运。加快疏港高快速道路建设，打通港口与广州中心城区和周边区域的货运通道。在现有京珠高速（东线）、虎门大桥、东新高速、南部快速干线等高快速路的基础上，加快建设广中江高速、虎门二桥广州段等高速公路以及黄榄干线、石化北路、港前路二期、信华路、大沙东路四期等疏港道路建设。

（四）航运经济规模效应增强，市场主体活力激发

广州积极向全球航运企业展现广州港的吸引力，航运总部企业及产业相关企业数量明显增加，结构明显优化，规模效应明显增强。2016 年 6 月，全球规模最大的散货运输船队中远海运散货运输有限公司在南沙落户。2016 年 11 月，中国外运华南区域总部在黄埔揭牌。2016 年 12 月，全球规模最大的特种船运输船队中远海运特种运输股份有限公司在黄埔注册，亚洲规模最大的集装箱船队中远海运集装箱公司之华南区域总部在南沙注册。2017 年 3 月，广州港股份有限公司挂牌上市，广州港集团发展再上新台阶。2017 年 9 月，广州南沙联合集装箱码头有限公司在南沙注册，建设、经营南沙港区四期。此外，中交四航局、中交四航院、中交广州航道局、中船海防装备、安通控股华南总部、省航运集团等知名航运关联企业在穗发展。交通运输部广州打捞局、南海救助局、南海航海保障中心等坐落于广州。广州是我国三大造船基地之一，中船等大型修造船厂带动船舶关联产业进一步集聚发展。全球主要船级社均在广州设立了办事处或者分支机构。

2017 年，在广州注册的航运企业经营船队规模超过 3000 万载重吨；经广州港出海航道的 3000 吨级及以上和外籍船舶总艘数达到 49196 艘次，其

中，10 万吨级船舶 1224 艘次，15 万吨级船舶 1016 艘次，20 万吨级船舶 134 艘次。广州港航关联企业达到 56438 家，较 2016 年增加 16318 家。港航产业活力进一步激发，港航产业集聚效应明显。

（五）现代航运物流发展壮大，港城产业互动增强

广州强化港口与城市产业互动，促进大宗生产资料物流等业务快速发展。

发展大宗生产资料物流。2017 年广州港完成钢铁吞吐量 3213 万吨，同比增长 13.7%；粮食吞吐量 2598 万吨，同比增长 10.6%；煤炭矿石吞吐量 7720 万吨，成品油吞吐量 1992 万吨，金属矿石吞吐量 755 万吨，与 2016 年基本持平。南沙 DIT（国际延迟中转）塑料业务发展迅速，2017 年完成 5.6 万标箱（较上年增长 60%），南沙已成为亚太地区最大的工程塑料集散地。

商品汽车物流发展迅速。广州港商品汽车吞吐量首次突破 100 万辆，2017 年完成商品汽车吞吐量 111 万辆，同比增长 28.6%，居国内港口第二位；平行进口汽车 2015 年首年吞吐量 1740 辆，2017 年突破万辆，达到 1.4 万辆，南沙成为全国平行进口汽车第二大口岸。目前南沙完成汽车展贸中心建设，实现了汽车保税功能。

冷链物流项目加快推进。美国 AA 冷链物流基地项目已落户南沙。库容量 3900 吨的合捷自动化冷库建成投用；海新冷库一期二期工程已建成投用，仓储容量 2 万吨以上；侨丰水产品冷链已建成，冷库存储容量为 2 万吨；骏德物流中心一期项目已基本建成；骏德二期、山姆食品冷链物流中心开工建设。目前广州冷库库容量约 180 万吨，2017 年广州港完成外贸冷藏箱约 7 万标箱。

发展跨境电子商务。南沙建立跨境电商网购保税进口的"南沙模式"，业务量快速增长，唯品会跨境电商、保利电商港等物流总部企业已落户，京东、天猫、苏宁等大型电商企业的相关业务公司也相继落户。2017 年南沙跨境电商备案企业总数达 1307 家，备案商品 33.2 万种。黄埔电子商务产业已有 120 多家品牌电商企业和电商服务机构，亚马逊、京东等电商企业已入

驻黄埔状元谷电商园区。目前，以南沙港区为纽带，广州已形成一个引领全国跨境电商发展的产业集聚区。此外，物流仓储和商务配套设施加快建设，南沙保税港区已建成物流仓储设施55万平方米。

（六）航运服务新业态发展迅速，要素聚集和配置能力强化

广州积极发展现代航运服务新业态，航运高端要素的集聚能力达到新水平。

发展国际邮轮产业。2016年1月南沙开辟中国香港、越南、日本等国际邮轮航线，开启广州国际邮轮母港新纪元，首年旅客吞吐量达32.6万人次，跃居全国第三。2017年旅客吞吐量突破40万人次，达到40.45万人次，保持全国第三。丽星邮轮"处女星号"于2016年1月在南沙启航；亚洲最大豪华邮轮"云顶梦号"同年11月进驻南沙；2017年11月香港云顶公司全新的豪华邮轮"世界梦号"接力"云顶梦号"首航南沙。2017年1月广州市出台《关于加快广州国际邮轮产业发展的若干措施》。

发展航运金融、航运保险。广州南沙航运产业基金成立，基金总规模50亿元，首期已与平安银行签约。粤科港航融资租赁公司、广州港合诚融资担保有限公司相继成立；复星保险、粤电自保已落户；众诚、阳光、太平洋、平安等各大保险公司正积极筹备设立专业保险机构和开展创新业务试点，广州航运金融发展取得新进展。珠江航运运价指数于2016年4月发布，目前已发布综合运价指数97期，国家统计局已将该指数纳入有关统计报表制度。

发展航运交易。2017年广州航运交易所完成船舶交易608艘次，交易额25.56亿元，成为华南地区规模最大、服务功能最完善的船舶交易服务平台。航运经纪发展取得突破，广州市工商局2015年新增"航运经纪"注册类别，目前，广州登记从事"航运经纪"经营项目的企业已有103家。

航运服务机构相继成立。广州国际航运仲裁院、广州海事法院广东自由贸易区巡回法庭成立，提升广州海事服务水平；广州安特卫普港口教育咨询有限公司、广东航运人才市场有限公司成立，构筑航运人才新高地；泛珠三

角国际航运创新研究院、上海国际航运研究中心广州分中心、广州国际航运研究中心相继成立，南沙区与上海海事大学携手共建粤港澳大湾区供应链研究院，大力提升航运研究水平。

（七）大力推进"单一窗口"建设，口岸通关环境继续优化

广州积极优化口岸通关环境，为港航发展带来新空间、新动力。

广州国际贸易"单一窗口"建设成绩突出。"单一窗口"1.0版、2.0版先后于2015年6月、2016年4月上线运行，现已建成16项功能模块，涵盖海关、检验检疫、边检、海事、港务等21个部门的相关业务，基本满足国际贸易全流程业务需要。目前，广州"单一窗口"注册企业达到2.8万户，服务企业超过3.5万家。截至2017年底，通过"单一窗口"开展相关业务的各类企业完成货物申报413.6万票，运输工具申报7.4万票，跨境电商申报10080.6万票，舱单申报250.8万票，运抵、理货报告1067.3万票。国际航行船舶及海运舱单申报上线率达到100%，货物申报上线率已达99%。广州"单一窗口"建设各项工作走在全国前列，已成为国内建设功能较全、涵盖部门较广的示范性工程。

各口岸部门优化口岸通关环境成效显著。广州市政府于2016年1月与5家口岸部门联合签署了《关于落实三互推进大通关改革工作合作备忘录》，共同推进18个方面57项改革工作。各口岸部门纷纷出台政策，支持广州国际航运中心建设。广州海关在全国率先推出并实施了"互联网＋易通关"、首创了快速验放机制、推行DIT国际延迟中转、建立了粤港跨境货栈。黄埔海关深入推行"一站式作业"，创新海运集装箱拼装出口监管模式，开启跨境贸易电子商务"三互"通关模式。广州检验检疫深入推进"智检口岸"一体化改革，提升报检效率；构建全国首个进出口全球质量溯源体系。广州边检深入推进港口边检管理改革，优化边检报检服务；推行"CII易检"服务平台，提升人员通关效率。广州海事局有效解决网上申报船舶进出口岸手续的"最后一公里"难题；全国首创"船舶载运危险货物比对快速通关系统"，成立全国首个自贸区智慧海事服务队。

（八）对外交流合作持续加强，国际影响力持续提升

广州积极提升在全球航运网络体系中的地位和影响力，推进国际化强港战略。目前，广州港已与世界41个港口建立了友好港合作关系，三年新拓展国际友好港21个；相继设立广州港欧洲、北美办事处，进一步加强境外营销和拓宽揽货渠道。近年来，广州举办了建设国际航运中心圆桌会议、国际海运年会、国际港口合作交流会等国际航运关联会议，成立了"21世纪海上丝绸之路港口城市商协会联盟"。2017年5月，广州成功争取2019年（第31届）世界港口大会举办权，成为继上海之后中国举办这一国际港口盛会的第二个城市。当前，广州港正以举办世界港口大会为契机，以开放、创新和务实的姿态集聚全球高端航运要素，推动广州国际航运中心建设。

二　对标国内外先进港口发展情况

实施建设广州国际航运中心三年行动计划以来，广州港已取得了长足发展。但是，广州港航业发展不平衡不充分的问题仍旧突出，建设广州国际航运中心和国际航运枢纽的工作还面临不少困难和挑战。对此，通过对标国内外先进港口，寻找广州港发展存在的短板和差距。

港口服务竞争力、航运服务竞争力以及服务环境等方面，将广州港与伦敦、新加坡、上海、鹿特丹、釜山、宁波—舟山、深圳、香港等当今国内外先进港口进行对标。上海是全球集装箱第一大港，宁波—舟山是全球货物吞吐量第一大港，新加坡港是世界上最大的转运中心和集装箱中转枢纽港，伦敦是老牌的国际航运中心，鹿特丹、釜山是依托于腹地、产业的港口城市。此外，香港港、深圳港与广州港均在粤港澳大湾区中。

（一）港口基础设施能力有待提升

上海、新加坡、深圳、宁波—舟山等港口的集装箱码头基础设施领先全球，港口年综合通过能力均超过2000万标箱，领先于广州港；而集装箱码头

的桥吊数量,上海、新加坡、宁波—舟山、深圳、香港、鹿特丹、釜山等港口也均高于广州港。广州港仅在集装箱泊位总长度领先于香港和宁波—舟山港。干散货码头生产能力方面,广州港与宁波—舟山港、上海港相比也存在一定差距。2017年广州港完成货物吞吐量5.9亿吨,集装箱吞吐量2037万标箱,而广州港拥有的各类生产性码头泊位的年综合通过能力3.74亿吨,集装箱吞吐能力1576万标箱。码头超负荷运营十分明显,港口生产能力有待提升。自动化码头方面,全球最大的全自动化集装箱码头上海洋山四期工程于2017年底建成投产,青岛港、厦门港也已建成自动化集装箱码头,而广州港这方面尚属空白。邮轮码头方面,多数国内外各先进港口均有大型邮轮专业码头,而广州南沙邮轮码头尚未建设完工。通航自然条件方面,每年通过广州港出海航道的货物超过8亿吨,而目前广州港深水航道拓宽工程仅完成主航道珠江口内66公里中的50公里航段的拓宽建设,相关工程需要加快建设。

(二)港口生产结构性矛盾突出

从集装箱箱源结构来看,新加坡、釜山、香港等港口是国际中转大港,上海、宁波—舟山、青岛等国内沿海港口的外贸集装箱吞吐量占比在70%~85%之间,深圳港的外贸集装箱吞吐量占比更是达到90%以上。广州港的集装箱吞吐量结构上内贸强、外贸弱的局面还需要改善。2017年广州港集装箱吞吐量全球排第七位,其中内贸集装箱吞吐量占比63%,外贸集装箱吞吐量占比37%。此外,广州港在物流网络核心节点地位不突出,国际集装箱班轮航线偏少,近洋航线强、欧美航线弱的情况亟须改善。目前,上海港开通的国际班轮航线180多条,开往欧美的长航线众多;深圳港、香港港、宁波—舟山港均在200条左右,青岛港也达到了160多条,广州港仅为91条,与国内沿海主要港口相比存在较大差距,特别是货物附加值高、数量大的欧洲、美洲航线数量还有待进一步拓展。

(三)航运服务能力还需加强

与国内外先进港口城市相比,广州在口岸服务、航运金融、海事法律服务等方面还存在短板。口岸方面，相对于新加坡、香港地区、伦敦等先进港口的自由港政策，广州港在口岸综合服务水平还有提升的空间，申请设立广州自由贸易港势在必行。航运金融服务方面，广州的短板主要是由航运业务所促成航运保险、船舶融资、资金结算等方面的业务量以及业务量所涉金额偏低。例如，广州船舶险保费收入不及新加坡、伦敦、上海、香港等地；货运险主要与国际货物挂钩，而广州的货种中，内贸货物偏多，因此在货物险方面不及新加坡、釜山、香港等国际中转大港以及上海、深圳等外贸大港。海事法律服务方面，广州的短板主要是服务水平较低，知名度和影响力还需要提升。在海事仲裁方面，国内沿海港口城市的海事仲裁整体水平较低，与新加坡、伦敦等国际航运中心相比，知名度和影响力还有一定差距。例如，2015年新加坡国际仲裁中心案件数达271宗，而我国海仲委受理案件数量总计仅为136件，是新加坡仲裁案件数的一半。在国内，大部分海事仲裁案件会在上海处理，而广州在海事仲裁方面的国内外知名度不高。从国内海事法院处理案件数量来看，2015年宁波海事法院新收案件7614件，青岛为5252件，上海为4702件，而广州为3144件，案件受理数量低于对标港口城市。

三 进一步提升广州港核心竞争力的对策建议

全面贯彻党的十九大精神，以习近平新时代中国特色社会主义思想为指导，按照市委十一届四次全会的统一部署，紧紧抓住"一带一路"、交通强国、海洋强国和粤港澳大湾区建设发展机遇，围绕国家重要中心城市、枢纽型网络城市建设，对标国际先进航运中心，抓重点、补短板、强弱项，以推进供给侧结构性改革为主线，着力解决广州港发展不平衡不充分的问题，充分发挥广州港城市发展核心竞争力，推动广州国际航运中心建设上水平、走前列，共同打造世界级航运枢纽区。

当前要加快出台实施《建设广州国际航运中心三年行动计划（2018~2020年）》，统筹、深化推进广州国际航运中心和国际航运枢纽建设，积极发挥广州港的资源配置能力，打造产业、人才、资本、技术等高端要素强大吸附器和辐射源，疏通物流路径，促进贸易便利化，以国际航运中心建设促进国际物流中心、贸易中心、商业中心、创新中心的发展。力争到 2020 年，广州港港口货物吞吐量达到 6.5 亿吨，集装箱吞吐量达到 2500 万标箱，集装箱航线 250 条，其中国际班轮航线达到 120 条；广州本地航运企业经营船队规模突破 4000 万载重吨；广州港的综合实力居全国沿海港口前列，广州国际航运中心建设再上新台阶。

（一）加快基础设施建设

广州要以重点建设项目为驱动，加快港口基础设施建设，提升港口综合生产能力。深水航道方面，重点推进广州港深水航道拓宽工程北部围堰区项目建设及相关报批工作，推动航道扩宽工程全面开工。集装箱码头方面，重点推进南沙港区四期 4 个 10 万吨级集装箱码头泊位的开工建设。南沙港区四期建成后，广州港集装箱年通过能力将超过 2000 万标箱，奠定集装箱国际大港地位。通用码头方面，重点推动南沙港区国际通用码头 4 个 20 万吨级通用泊位、南沙港区近洋码头工程 2 个 7 万吨级通用泊位、新沙港区二期 4 个 10 万吨级通用泊位的开工建设。邮轮码头方面，重点加快南沙国际邮轮母港建设，建成后年吞吐能力 71 万人次；同时还要推动黄埔老港码头转型升级，开辟更多国际邮轮航线以满足目前广州邮轮快速发展的需要。汽车滚装码头方面，加快近洋、海嘉码头项目建设，建成后将新增 4 个 7 万吨级汽车滚装泊位，广州港整车吞吐能力将达到 180 万辆。公共锚地方面，重点推动内伶仃应急、防台锚地扩建工程，实现满足 10 万吨级船舶应急避让和危险品船及液化气船应急、防台锚泊需求。集疏运体系基础设施方面，重点加快南沙江海联运码头、南沙港铁路、广州大田铁路集装箱中心站等项目建设，完善龙穴岛、沙仔岛、黄埔港区等区域内的物流交通网络，推动江海联运、海铁联运、公水联运等多式联运发展。

（二）积极推进港口资源整合

贯彻落实广东省委、省政府关于港口资源整合的决策部署，发挥广州港的核心作用，以"政府主导、市场化推进"为原则，以广州港集团为主体，推动珠江口内及珠江西岸港口资源整合，打造世界级枢纽港区，并带动区域经济协调发展，助力实现粤港澳大湾区发展战略目标。通过发挥广州港的管理、技术、资金优势，加强与周边港口城市的协作，从区域产业布局和结构特征出发，提升港口资源规模化、集约化、专业化水平，带动周边城市经济发展。

推进港口资源整合，一是坚持政府主导、市场化推进。按照广东省委、省政府关于加快港口资源整合利用的部署，充分发挥广州主观能动性，充分利用区域合作机制，加强与珠江口内及珠江西岸沿海沿江城市战略合作，支持以广州港集团为主体，采取市场化手段为主的整合工作。二是坚持兼顾各方利益，充分调动各市积极性。以现有利益格局为出发点，统筹兼顾各方的正当利益诉求，提高参与整合的企业及当地政府的积极性，加快整合进度。三是坚持推动实现区域港口"四统一"。促进区域港口"统一规划、统一建设、统一品牌、统一运营"的"四统一"，通过合理分工和优化布局，发挥港口集群的溢出效应，提升港口服务国家战略和粤港澳大湾区建设的能力和水平。

（三）提升航运物流能级

一是提升广州港集装箱枢纽港地位。充分发挥南沙港区外贸优势，加强港口商务推介，吸引国际航运公司联盟挂靠广州港，争取国际班轮公司在南沙港区开辟航线，选择将南沙港区作为基本港。积极开辟外贸集装箱航线。根据市场份额和航线结构，在巩固东南亚航线、非洲航线等传统优势航线的基础上，重点开辟美洲航线（特别是美东、美西航线）、欧洲航线、地中海航线等国际班轮航线。

二是完善枢纽网络建设。推进珠江枢纽战略，构建以广州港南沙港区为核心的珠江—西江江海联运枢纽，确立南沙港区在泛珠三角区域江海联运中的核心枢纽地位。加快广州南沙港铁路、广州铁路大田集装箱中心站建设，支持开辟中欧班列，拓展内陆港功能，建设铁水联运枢纽。加快建设南沙港区连接周边地区的快速通道，推进黄埔老港集疏港道路建设，优化公水联运网络。

三是巩固商品汽车枢纽港地位。发挥南沙汽车码头、南沙国际汽车物流产业园汽车滚装码头、南沙港区近洋码头及后方产业园集聚效应，开展汽车运输、贸易、检测、金融服务等业务，打造沙仔岛汽车综合物流产业及服务基地。

四是发展冷链物流。积极布局建设具备国际中转、加工存储、分拨集散、保税、检验检疫等功能的冷链物流中心。抓紧推进南沙港区国际物流中心冷库等项目建设，引进国际知名冷链物流企业，推动建设辐射华南、中南、西南的区域冷链分拨中心。

五是发展航运跨境电商。支持有实力的港口航运企业延伸物流链，深度参与跨境电商业务。鼓励班轮公司开辟东南亚驳船快线，发展驳船共舱业务，在南沙建立进口消费品集散中心。支持航运公司与电商企业合作，开通东南亚快消品快速航线。

（四）完善现代航运服务体系

一是提升航运金融服务水平。鼓励设立航运金融租赁公司、航运保险公司等专业性机构，大力引进航运投资银行。鼓励发展航运保险交易、船舶融资租赁资产（产权）交易、航运运价指数衍生品开发等航运金融创新业务。鼓励大型船舶制造企业、港航企业和物流企业设立集团财务公司、担保公司、小额贷款公司等，拓宽中小航运企业融资渠道；推动设立航运产业基金和航运担保基金。

二是发展航运法律服务。在海商海事争议解决机制中推行"小诉讼、大仲裁"。鼓励在自由贸易区内提供形式更为灵活的仲裁服务，打造国内一流的海事航运仲裁中心。深化与港澳航运律师业合作与交流，推广与港澳律师事务所合伙联营试点经验。制定船舶交易等格式合同范本。鼓励高校、研究机构、行业协会开展海商、海事、仲裁法律理论与实务研究，建设国内航运法律研究高地。

三是鼓励发展航运创新产业。积极构建信息互通、金融畅通、人才汇通的综合立体式航运服务共享平台体系。引导传统航运服务业优化升级，扶持发展"互联网＋"航运企业。完善珠江航运指数体系，研究编制发布海上丝绸之路沿线港口投资信心指数等系列指数。加快打造航运交易、港航资讯、航运大数据和航运经济运行监测中心。加强发展政策环境研究，加快广州国际航运研究中心智库建设。

四是发展水上休闲产业。完善邮轮旅游产业体系。鼓励境内外邮轮公司在广州开辟邮轮航线，推动邮轮旅游与游艇旅游、珠江游及岸上旅游的有机融合，丰富邮轮综合旅游产品。鼓励发展邮轮设计、修造、供应、人才培训、邮轮旅游保险、免税购物等邮轮旅游服务产业。推进实施过境和出入境免签政策。完善珠三角机场群、高铁站、客运站至南沙邮轮码头旅客快速便捷通道。发展游船游艇休闲产业。丰富"珠江游"水上特色旅游产品，打造世界一流的城市水上观光特色旅游品牌。促进游艇业健康发展，落实穗港澳游艇双向"自由行"，争取游艇入境15天免签政策。

（五）提升广州营商环境优势

一是争取广州自由贸易港的先行先试。要积极发挥广州先行先试的改革先锋作用，借鉴国际自由贸易港发展实践和先进经验，谋求创新自由贸易试验区政策，探索实施涉及货物、人员、资本自由流动模式和金融、外汇、投资、出入境管理的高标准的"一线放开、二线安全高效管住"贸易监管制度，积极申报设立广州自由贸易港。

二是优化口岸服务水平。强化调度、引航、航道、锚地"四统一"管理，创新船舶调度管理机制。牢固树立发展意识、竞争意识、服务意识和安全意识，提升引航国际化服务水平。进一步支持驻穗口岸查验机构加强口岸软硬件建设，打造"数字口岸"。完善"互联网＋易通关"、智检口岸、全球质量溯源体系、CII易检、智慧海事，建设海上智能服务中心，助推国际贸易最大程度便利化和自由化。强化信用管理，建立健全口岸通关绿色通道制度。推广以企业为单元的通关担保模式。

三是积极推进广州国际贸易"单一窗口"建设。加快"单一窗口"对进出口企业、航运相关代理企业、物流企业等推广应用，确保各类申报业务上线。全力推动口岸信息资源的整合和共享，打破信息孤岛和数据分割，进一步提升口岸通关物流效率与贸易便利化水平。继续深化广州国际贸易"单一窗口"的功能内涵，提升应用实效，深度对接国家标准版，探索与香港、澳门和"一带一路"国家的跨地域合作。

参考文献

习近平：《决胜全面建成小康社会夺取新时代中国特色社会主义伟大胜利——在中国共产党第十九次全国代表大会上的报告》，《人民日报》2017年10月28日第1版。

任学锋：《在中共广州市委十届六次全会第一次全体会议上的报告》，《广州日报》2015年1月30日。

任学锋：《在中共广州市委十届七次全会第一次全体会议上的报告》，《广州日报》2015年12月2日。

《2018年广州市政府工作报告》，中国广州政府网站，http：//www.gz.gov.cn/，2018年1月11日。

广州市人民政府：《关于印发加快广州国际邮轮产业发展若干措施的通知》（穗府函〔2017〕4号），http：//www.gz.gov.cn/，2017年1月13日。

广州港集团有限公司、上海国际航运研究中心：《广州国际航运中心建设国际对标研究》，2017年12月。

任学锋：《在中共广州市委十一届四次全会第一次全体会议上的报告》，《广州日报》2018年1月5日。

广东省委办公厅：《胡春华在南沙自贸片区调研时的讲话（2017年2月27日）》，http：//www.gd.gov.cn/，2017年2月27日。

胡春华：《在中国共产党广东省第十二次代表大会上的报告》，http：//www.gd.gov.cn/，2017年5月22日。

B.9
广州发展外贸新业态的思路研究

黎明霞　贺永明　邓旭*

摘　要： 广州外贸新业态蓬勃发展，其中具有较强代表性和广泛影响力的市场采购贸易、跨境电商和外贸综合服务等新业态，已逐渐成为外贸稳增长、调结构、增效益的新生力量。本文在系统分析广州外贸新业态实践的基础上，提出广州要紧跟国家贸易强国战略，紧贴外贸新业态存在的矛盾问题，围绕建设国际贸易中心、依托重大产业和服务平台、健全贸易便利化政策、完善风险管控机制等方面，主动作为、大胆创新，力争广州外贸新业态持续领跑全国。

关键词： 外贸新业态　市场采购贸易　跨境电子商务　外贸综合服务

一　外贸新业态的发展内涵及意义

十九大报告提出"推动形成全面开放新格局"，明确要拓展对外贸易，培育贸易新业态新模式，推进贸易强国建设。贸易新业态是紧跟国际市场变化、新一轮产业和科技革命，以及企业谋求产品进出口监管便利化而形成的一种贸易方式，主要包括市场采购贸易、跨境电子商务、外贸综合服务等贸易形式。2013年，国务院常务会议制定了促外贸"国六条"，首次提出支持"外贸综合服务行业"发展。2014年，国务院办公厅印发《关于支持外贸稳

---

* 黎明霞，广州市商务委对外贸易发展处处长，研究方向为对外贸易、外贸新业态的理论与实践；贺永明，广州市商务委对外贸易发展处调研员；邓旭，广州市商务委办公室。

定增长的若干意见》，明确要扩大"市场采购贸易"方式试点范围，出台跨境电子商务贸易便利化措施。此后，外贸新业态作为一种新生代商业模式，在全国多地开展试点探索。目前，市场采购贸易、跨境电子商务、外贸综合服务、保税物流、融资租赁等多种新业态贸易方式正蓬勃发展，成为壮大外贸产业的新动能、新趋势、新亮点，对推进我国贸易强国建设具有重要意义。

（一）外贸新业态是构建开放型经济新体制的具体体现

加快构建开放型经济新体制，大力破除影响全方位开放的制度性梗阻，是赢得我国经济发展主动权和增强国际竞争力的重中之重。外贸新业态以其制度上的突破性创新，比传统贸易方式更具活力，可以说是经济体制更加开放的先导。2015年5月，中共中央、国务院印发《关于构建开放型经济新体制的若干意见》，强调要培育外贸竞争新优势，鼓励发展跨境电子商务、市场采购贸易等新型贸易方式，为构建外贸可持续发展机制提供了实践指引。事实证明，在风险可控的前提下，大胆尝试发展外贸新业态，在通关便利、税务减免、收结汇等方面探索总结一系列的政策性红利，为构建开放型经济新体制充实了新内涵、提供了新范本。

（二）外贸新业态是加速经济新旧动能转换的重要手段

业态创新是产业变革的动力，新业态催生新动能。在全球贸易竞争加剧的严峻形势下，单纯的技术加工和劳动服务处于贸易链的底端，不但附加值低，而且竞争力弱。通过发展外贸新业态，生产性企业减少了流通环节，直接参与贸易，同时，倒逼企业提升产业链、供应链、价值链，在发展自主科技、强化国际规则话语权、提高品牌号召力、优化进出口服务上增强比较优势，进一步提升消费能级。比如，跨境电商以"互联网＋贸易"的商业形态，引导生产制造，拓展专业化服务，推动产业迈向中高端水平。再比如，市场采购贸易以其便利的监管模式，促进了电子、纺织、服装、皮具、塑料制品等小商品的全球流动，带动物流、供应链等关联产业发展，促进了传统产业的升级改造。

（三）外贸新业态是实现外贸稳增长的重要动力

近年来，我国大力提升贸易自由化便利化水平，外贸新业态作为新生的贸易平台，突出特点是监管便利化、流通多元化、进出口量可控化，在外贸稳份额、调结构、增效益中发挥了不可替代的作用。2015年以来，在国际市场需求疲软的情况下，广州每年市场采购贸易量（含旅游购物）占全市外贸出口总量逐步提高，与一般贸易和加工贸易并称广州外贸的"三驾马车"，成为传统贸易方式的有力补充。随着信息技术和产业革命的深入，以"互联网＋"为特征的外贸新业态，正展现出前所未有的发展动力，在稳定国际市场份额、拉动进出口平衡方面的作用越来越突出。

二 市场采购贸易方式发展状况

2016年9月，广州花都皮革皮具市场获批成为第三批国家市场采购贸易方式试点。2017年3月6日，市场采购贸易试点正式启动。试点启动初期，市场采购日均出口2000万美元；8月试点业务复制推广至全市各区，市场采购日均出口达6000万美元；9月全省各地市与广州试点进行对接，市场采购日均出口大幅提升。截至2017年底，在广州市场采购贸易联网信息平台上备案的商户超过2100家，各类代理商（含外贸、货代、报关报检企业）超过400家，备案商品记录超过120万条。据海关统计，2017年广州市场采购出口618.3亿元（折合91.2亿美元），对全市外贸出口增长的贡献度达97.6%。全国主要试点城市2017年市场采购贸易量见表1。

表1 全国主要试点城市2017年市场采购贸易量

单位：亿美元

试点城市	义乌	广州	海门	海宁	常熟	临沂	汉口	白沟
市场采购出口额	279.2	91.2	30.9	0.1	13.1	9.5	5.4	4.8

（一）主要成效

一是扩大货物贸易出口增量，提速外贸结构优化。市场采购贸易方式起源于旅游购物，近年来以市场采购＋旅游购物为代表的小商品出口迅速增长（见图1）。2013年第四季度广州开始试行旅游购物商品贸易方式，当年旅游购物出口15亿美元，2014年、2015年分别达到82.5亿美元、173.2亿美元，2016年旅游购物出口192.2亿美元。2017年市场采购贸易试点启动，8月1日旅游购物出口在全国废止，当年广州旅游购物共出口155.5亿美元，市场采购、旅游购物出口合计246.7亿美元。2014～2017年，广州小商品出口年均增长44.1%。以市场采购贸易为代表的小商品出口，已跃升为广州第三大贸易方式。

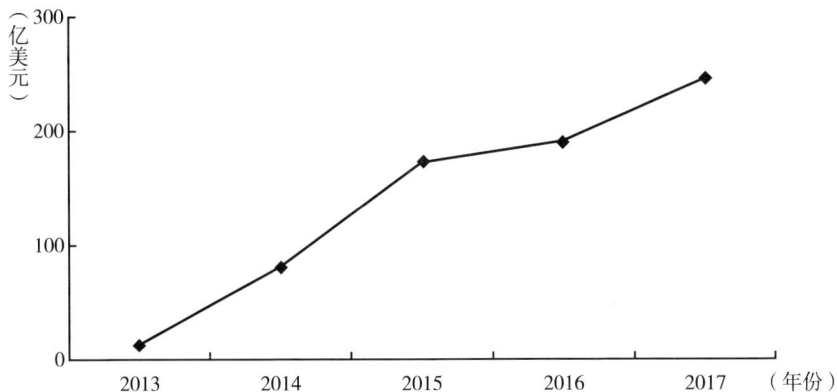

图1 2013～2017年广州小商品出口情况

二是规范小商品出口秩序，提升外贸出口商品质量。由于市场采购贸易方式出口的商品以各专业批发市场的小商品为主，具有种类多、品名杂、小批量、多批次的特点，加上揽货渠道多元、流程繁杂等，容易出现报关商品数量不符、有单无货等问题，一直是关检部门的监管"痛点"。广州依托市场采购贸易试点，不断创新监管方法，建立了商务、海关、检验检疫、税务、外汇等部门联合监管的综合管理机制，并开发了市场采购贸易联网信息平台，实现各监管部门的联网监管和信息共享，要求各经营主体从商品交易、组货，到出口、收结汇、免税申报等全流程进行记录，从而实现"风险可控、源头可溯、责任可究"的目标。此外，还建立了市场采购出口商品价格监管机制，对商品价格进行分级管理。通过这些措施，有效解决了小商品出口难以溯源的问题，小商品出口秩序进一步规范，出口商品质量显著提升。

三是契合国家"一带一路"建设，助推广州国际航运、物流、贸易中心建设。市场采购贸易出口商品主要有电子、服装、皮具等，出口目的地以非洲、中东及东南亚国家为主，与国家"一带一路"建设高度契合。试行市场采购贸易方式有助于加快"广货"进入"一带一路"沿线国家，加强广州与"一带一路"沿线国家的经贸合作。2017年，广州对"一带一路"沿线主要国家进出口快速增长，其中对沙特阿拉伯增长53.6%、对俄罗斯增长33.6%，对孟加拉国增长38.2%。同时，市场采购商品出口口岸主要是南沙口岸和白云机场口岸，有利于增加南沙港区的航线、集装箱吞吐量和白云国际机场的货邮吞吐量，从而助推广州"三中心一体系"① 建设。

（二）主要创新做法

一是建立起运行高效的综合管理机制。商务和关检税汇等部门通过联网信息平台，实现数据交换、信息共享、联合监管，通过协同联动，大幅提升监管效率。此外，利用市场采购领导小组联系机制，及时对试点过程中出现的问题进行沟通、协商和探讨，实现线下综合决策，确保市场采购贸易健康运行。

二是推动实施高效便捷的贸易监管政策。广州海关在全国首创市场采购"互联互通"通关模式，企业只需在花都申报，货物可在广州关区内任何一个一线口岸出口，率先实现通关一体化。并与黄埔海关、拱北海关等探索开展"两关如一关"的通关模式合作，走出一条通关便利化的"广州样本"。

---

① "三中心一体系"即国际航运中心、物流中心、贸易中心和现代金融服务体系。

检验检疫部门对出口商品实行采购地检验、口岸查验的监管方式，简化查验手续，为企业减少物流成本。

三是积极扩大试点政策的辐射力和惠及面。为吸引更多小商品商户和外贸经营者参与到试点中，在不违反国家八部委对市场采购贸易试点相关规定的基础上，大力推动"广货"小商品以市场采购贸易方式出口，对试点外贸公司向全市各区及全省推广进行了探索，分享了政策红利，加快了全省外贸新动能培育。

四是首创市场采购价格监管机制。为规范市场采购商品出口秩序，防止虚报出口商品价格，广州主动探索，出台了《广州市市场采购贸易方式出口商品价格监管机制的工作方案》，建立了"市场引导、管理部门监控、查验部门执法、税汇事后反馈、分类管理"的五级价格管理机制。

（三）存在问题

广州市场采购贸易试点启动以来，虽然成效显著，但相关问题也逐步凸显。一是市场采购贸易市场经营户税赋压力大，制约试点业务进一步发展壮大。由于税务部门仅出台了对市场采购贸易市场经营户免征增值税的优惠政策，对于所得税和印花税等地方税种，尚无明确规定，按照现有规定，从事市场采购贸易的商户税赋压力较大。二是传统交易习惯导致企业收结汇率难以显著提高。传统小商品主要以"现金、现货、现场"交易模式（简称"三现"交易）为主，客观上造成收汇率低。市场采购贸易经营者（外贸公司）主要扮演着代理出口的角色，难以对交易资金流向进行追溯，从而无法有效指导商户进行收汇。

三　跨境电子商务贸易发展状况

广州是全国首批跨境电子商务贸易试点城市之一，2016 年获批成为第二批国家跨境电商综合试验区城市。得益于雄厚的外贸基础和专业市场优势，广州吸引了阿里巴巴、京东商城、卓越亚马逊、苏宁易购等一大批国内外知名电商企业来穗设立区域总部,本土国家级电商示范企业汇美、唯品会、广东省邮政速递等异军突起,广州跨境电子商务进出口额多年位居全国第一。

(一)主要成效

一是成为推动全市外贸发展新的增长极。近年来,广州跨境电商进出口额连上新台阶,2014~2017年进出口额分别为14.6亿元、67.5亿元、146.8亿元、227.7亿元(见表2),2015年增长3.6倍,2016年增长1.2倍,2017年增长55.1%。2017年跨境电商进出口对全市外贸进出口增长的贡献度达6.9%,并且2014~2017年连续四年保持全国第一,占全国跨境电商进出口份额近三成。截至2017年底,广州已成功开展网购保税进口(B2B2C)、直购进口(B2C)和零售出口(B2C)等跨境电商业务,跨境电商B2B出口和网购保税出口(B2B2C)业务已测试成功并开始全面推进。

表2　全国主要城市2017年跨境电商进出口情况

单位:亿元

城市	广州	郑州	杭州	宁波	上海	深圳	成都	重庆
跨境电商进出口	227.7	206.3	169.4	119.9	41.8	29.2	33.4	32.1

二是促进了外贸供给侧改革。广州获批跨境电子商务贸易试点城市以来,商务和关检税汇等部门协同创新,在制度创新、管理创新、服务创新方面取得了显著成果,依托"互联网+外贸",有效促进传统外贸的转型升级。传统商贸企业积极探索"实体+互联网"的发展新模式,线上电商企业积极布局线下网点,探索体验式消费,线上线下企业实现良性互动。依托跨境电商,企业经营成本显著下降,小订单、大批量、高周转模式加速服装、电子等产品去库存,满足了客户消费需求。

三是带动广州专业市场转型。跨境电子商务为广州近千个专业市场的商品出口开辟了新途径,助推广州传统商业的"互联网+"发展潮流。专业批发市场与跨境电商企业加强动态联动,扩大专业市场的出口渠道,有利于促进专业市场加快转型升级，加速探索商业发展新模式。据不完全统计，广州跨境电商产业园达 35 家，其中投资额 5000 万元以上的建成或在建跨境电商园区 31 家，吸引全国包括平台、物流、金融等各类共计超 800 家企业进驻园区，产业集聚效应明显。跨境电商在全国保持领先，也有利于广州在新时代进一步巩固国际商贸中心地位。

（二）主要创新做法

一是强化政策创新，加大扶持力度。广州不断加大扶持力度，出台了多项政策措施，形成扶持"组合拳"。市政府出台了《关于加快广州跨境电子商务发展的若干措施（试行）》《广州市跨境电子商务产业园区认定办法（试行）》等政策，明确了跨境电商产业园区的认定标准、申报认定程序、管理等相关要求，推动跨境电商产业集聚，对全市跨境电商产业园区建设提供指导。政府在培育企业主体、鼓励园区建设、海外仓建设、完善公共服务平台、创新优化关检税汇监管体系等方面给予财政支持。创新设立全流程监管方式、配套政策等，吸引了阿里巴巴、京东、唯品会等知名电商选择广州通关，带动中远、威时沛运、广州一达通等重点企业加快开展跨境电商业务。

二是积极对接粤港澳大湾区和"一带一路"建设。正式开通"粤澳跨境电商直通车"，实现了 CEPA 框架下澳门跨境电商商品直发中国内地。创建香港机场—南沙保税港区的"超级中国干线"，将跨境进口货物从香港机场货站通过快速跨境通关模式运抵南沙保税港区。积极参与"一带一路"建设发展，支持引导多家企业走通越南、马来西亚、土耳其等"一带一路"沿线国家跨境电商业务。

三是探索建立跨境电商统计制度。广州作为全国两个跨境电商统计试点城市之一，市商务委联合广州海关、市统计局，积极探索跨境电子商务进出口货物统计，制定了《广州市跨境电子商务统计调查制度》，通过筛选样本企业参与统计调查，开发了网上统计调查问卷系统。

四是提升跨境电商服务保障水平。搭建广州跨境贸易电子商务公共服务平台，平台注册企业数超过 1400 家，包括菜鸟、京东、网易考拉、唯品会、支付宝、顺丰、安利等大型企业，平台日均进口订单申报数量超过 12 万。广东省跨境电商行业协会编写了《跨境电子商务操作实务》《跨境电子商务导论》《跨境电子商务运营与决策》培训教材，促进新业态长远发展。

（三）存在问题

从近年来国内外互联网发展趋势来看，跨境电商仍将保持高速发展态势，但仍有不少制约发展的瓶颈问题。首先，税务、外汇等重点政策需要有效突破。税务方面，由于跨境电商零售出口企业通常难以取得合法有效的进货凭证，按照现有政策无法办理退（免）税；外汇方面，由于跨境电商在海关以物品而不是货品方式通关，难以按传统贸易方式直接通过银行正常收结汇。其次，跨境电商 B2B 的标准尚未明确，目前跨境电商 B2B 出口的定义、业务模式、业务流程和统计口径均未明确，不利于综试区推动跨境电商 B2B 出口业务全面开展，也影响地方相关政策制订和监管模式的创新。

四 外贸综合服务发展状况

外贸综合服务（以下简称"外综服"）这一新业态的提出和发展，目的是为中小企业降低出口成本、提高通关效率、解决融资瓶颈等问题。这一商业运营模式有着巨大的市场空间，越来越受到各方面的关注和扶持。

（一）发展历程

为促进外贸综合服务企业的健康发展，2015 年广州市商务委等七部门联合出台了《关于促进外贸综合服务企业发展的实施意见》（下称《实施意见》），提出扶持外贸综合服务企业的财政支持、退税、通关、检验检疫、融资等扶持措施。依据《实施意见》，广州 2015 年认定 5 家企业为外贸综合服务试点企业，4 家企业为外贸综合服务试点企业培育对象；2017 年认定 2 家试点企业，4 家试点企业培育对象；加上广东省认定的 6 家试点企业，目前全市共有 21 家外贸综合服务企业。

总体来看，外贸综合服务企业的发展经历了快速发展和停滞不前两个阶段。起步之初，龙头企业迅速壮大，2016 年上半年我国一般贸易出口企业 10 强中，有 5 家外综服企业。在运行过程中，外综服企业成为海关、税务监管体系内的责任主体，独自承担相关违规违法后果。由于上游企业在税务方面违规问题频发，2016 年下半年以来，广州外贸综合服务企业进出口持续下降，2016 年全市外贸综合服务试点企业和培育对象进出口 246.5 亿元，下降 35.3%，其中出口 187.7 亿元，下降 42.6%，进口 58.7 亿元，增长 9.5%。2017 年，全市外贸综合服务试点企业和培育对象进出口 159.7 亿元，下降 5.4%，其中出口 124.1 亿元，下降 12%，进口 35.5 亿元，增长 28.4%。

经深入企业及各监管部门调研发现，广州外贸综合服务企业发展中存在的问题也是全国综服企业普遍存在的共性问题，主要体现在：一是企业出口退税周期长、函调率高。外贸综合服务企业由于代理的中小企业多，商品种类繁多，来源构成复杂，几乎所有商品都要函调，外贸综合服务企业需要准备大量单证，效率低下，出口退税周期至少需要 2 个月或以上。二是责任主体不明，经营风险高。海关、国税部门仍将综服企业视为一般企业监管，没有针对综服企业出台明确的监管政策。综服企业作为服务平台，需要面对大量中小企业，而综服企业的风险控制只能停留在直接客户层面，当上游企业甚至上上游企业出现问题时，综服企业将成为唯一的责任主体，承担处罚或者降级等致命性的风险。三是资金需求大，融资有难度。目前综服企业的主要盈利模式是提供融资服务获利，对资金需求量大。综服企业实际上只是一个提供服务的平台企业，国有企业依靠长期以来积攒的物业或者母公司的支持相对比较容易获得银行授信，新兴的民营企业则由于缺乏有价值的担保抵押物，获得的授信和贷款额度有限，难以发展壮大。

为此，2017 年 9 月国家商务部等五部门联合下发了《关于促进外贸综合服务企业健康发展有关工作的通知》，首次明确了外贸综合服务企业的定义。此后，国家税务总局发布了《关于调整完善外贸综合服务企业办理出口货物退（免）税有关事项的公告》，明确了外贸综合服务的退税责任主体。至此，国家层面已从顶层设计上构建了综服企业发展的政策框架，有效破解了综服企业发展的瓶颈问题。

（二）培育前景分析

中小企业是我国进出口的主要力量之一，全国出口量的60%源自于中小企业，并且目前中小企业的进出口额还在不断快速增长。在现阶段，中小企业进出口面临着许多外贸环节，但由于自身实力等原因，在各个环节的业务能力、议价能力、抗风险能力都非常低，从而导致进出口成本居高不下，风险高企。通过外贸综合服务企业，中小企业可以享受外贸综合服务平台带来的规模效应、高效通关、融资便利、风控机制等种种红利，从而节约成本、提高效率。随着针对外贸综合服务企业发展的相关政策不断落地实施，外贸综合服务企业将更加成熟，中小企业将享受到更完善更丰富的服务。广州庞大的企业数量，广阔的外贸市场，为外贸综合服务企业发展奠定了坚实基础。

当前，广州正按照国家出台的最新政策，加快修订《关于促进外贸综合服务企业发展的实施意见》，深入分析阻碍广州外贸综合服务企业发展的制约因素，以支持平台建设、促进外贸便利化为重点，出台促进外贸综合服务企业发展的政策措施。此外，按照"稳妥推进、责权对称、风险可控"的原则，探索外贸综合服务企业的新型管理模式，构建针对外贸综合服务企业的监管部门联合信用评价制度，将关、检、税、汇的信用评级信息进行共享，形成信用评级联动机制。同时，加大风险管控建设，构建企业内控、执法部门监管、各部门联防联控三位一体的风险防控体系，打造外贸综合服务生态圈良好的全产业链。

五 广州发展外贸新业态的思路与对策

（一）着眼于建设国际贸易中心发展外贸新业态

广州作为国际商贸中心和综合交通枢纽，坚持多措并举，多领域多层次发展国内外贸易。根据《广州市商务发展第十三个五年规划》，建设国际贸易中心主要任务包括加快内外贸一体化，推动专业市场向现代化国际采购交易中心转型；提升大宗商品交易平台和专业批发市场能级，构建具有交易、结算、融资、物流配送等综合功能的电子交易中心；引进和培育商贸龙头企业、跨国采购商和供应链集成商，逐步搭建"全球接单、广州分拨、国内生产"的国际贸易模式。深入推进"放管服"改革，打造市场化法治化国际化营商环境。结合广州深化建设"一带一路"枢纽城市，与沿线国家和地区进行多层次经贸合作。围绕广州建设国际贸易中心，主动适应转型升级要求，跟踪商贸市场动态，主动引领需求侧变革，切实拓展外贸新业态的发展渠道。

（二）依托重大产业和服务平台发展外贸新业态

一是要发挥好全市外贸转型升级示范基地的引领作用。利用花都狮岭箱包基地、增城新塘牛仔纺织服装基地、番禺沙湾镇珠宝首饰基地3个国家级外贸转型升级示范基地和近千个各类专业批发市场作用，建立小商品"网上商城"，组团进行产品展示，并与市场采购贸易试点和外贸综合服务企业发展相结合，打造外贸转型升级的样板。

二是要利用好南沙自贸试验区、空港经济区等各类政策平台。利用现有的广州保税区、机场综合保税区等5个海关特殊监管区，结合国家跨境电子商务综合试验区建设，大力发展琶洲电商总部区和各类电子商务产业园，打造有竞争力的跨境电商产业集聚区，培育一大批百亿级电商领军企业，壮大一大批专业电商平台。同时，积极推进B2C、B2B2C业务，在移动电子商务应用、社区O2O模式、微商、网络定制等方面探索新的电商业态。

三是要加强新业态服务平台建设。按照便利化、快速化、精准化要求，继续完善广州市场采购贸易联网信息平台、广州跨境贸易电子商务公共服务平台，不断优化平台终端服务功能。

四是要全力支持综服企业做大做强。政府部门要抓紧培育和认定一批外贸综合服务示范性企业和成长性企业,指导企业建好业务信息平台,帮助企业与市场采购、跨境电商实现业务的有效对接,为全市中小型外贸企业发展壮大提供支撑。

(三)通过健全贸易便利化政策发展外贸新业态

抓住国家深入推进"放管服"改革和培育外贸竞争新优势契机,进一步扩大贸易便利化程度,形成外贸新业态集聚式发展的"榕树效应"。

一是要优化口岸营商环境,强化大通关协作机制。完善拓展国际贸易"单一窗口"功能,实现关、税、汇等部门信息互通、数据互换、监管互认,真正让数据多跑路、企业少跑腿。进一步提升海关监管和服务水平,构建海关一体化互联网政务服务平台,推广检验检疫全流程无纸化和"移动查验"技术,实现"一次申报、一次查验、一次放行"关检合作模式,为综服企业和保税物流企业提供个性化通关服务。

二是要破解阻碍新业态发展体制机制问题,建立与新业态发展相适应的政策体系。针对市场采购存在税务、外汇问题,税务部门需要加快出台关于市场采购贸易方式下各经营主体的税收配套政策,明确各类经营主体税收管理政策。外汇部门要加强对市场采购贸易项下的资金流分析,创新收结汇统计方法,出台市场采购贸易方式收结汇操作指引,逐步引导企业从目前的"三现"交易模式向合规合法支付途径转变。针对跨境电子商务存在的问题,相关部门要尽快修订政策,建立与跨境电商新业态相适应的监管政策体系,破解企业退(免)税和收结汇难题。同时,尽快研究制定跨境电商B2B的统一定义、业务流程和统计口径(海关贸易代码),推动跨境电商B2B业务健康快速发展。

三是要用好用足现有政策制度,积极发挥财政扶持资金引导作用。进一步加快出口退税速度,为新业态企业优先退税,减轻资金周转压力。充分用好财政专项补助资金,既要注重资金绩效考核,又要兼顾外贸新业态企业特点需求,建立政府扶持新业态的资金容错机制,提高政府职能部门扶持企业的主动性、积极性。

（四）完善风险管控机制发展外贸新业态

在培育外贸新业态过程中，由于监管的便利化，客观上存在一定的税收、外汇、知识产权等贸易风险。在创新监管政策和服务方式的同时，还要多渠道进行政策宣传，引导企业加强世界贸易规则知识学习，强化依法经营意识。要通过多种途径推进社会信用体系建设，建立诚信黑名单制度，严厉打击申报出口退税违规行为。要加强产品质量抽查和通报，完善质量溯源体系，避免出口产品侵犯知识产权行为，减少国际贸易摩擦。要密切关注企业收结汇情况，加强对现金交易的核查问讯，以高压态势打击地下钱庄，理顺资金结算渠道，维护金融市场秩序。

参考文献

国务院：《国务院关于加快培育外贸竞争新优势的若干意见》（国发〔2015〕9 号）。

汪洋：《推动形成全面开放新格局》，《人民日报》2017 年 11 月 10 日，第 4 版。

广东省第十二次党代会报告：《深入贯彻习近平总书记治国理政新理念新思想新战略努力在全面建成小康社会加快建设社会主义现代化新征程上走在前列》，2017 年 5 月 31 日，http：//www. gddx. gov. cn/gdswdx/132108/132112a/265003/index. html。

《中国共产党广州市第十一届委员会第四次全体会议决议》，2018 年 1 月 7 日，http：//www. gz. gov. cn/gzgov/s2342/201801/f1a4c5ddb77b49a38ae3860fc8d330d0. shtml? from = timeline。

广州市人民政府：《广州市国民经济和社会发展第十三个五年规划纲要》，2016 年 3 月 28 日，http：//www. gz. gov. cn/gzplanjg/fzgh/201603/daf192f4909f41438a2a22e0c5f02cfe. shtml。

广州市商务委员会：《广州市商务发展第十三个五年规划（2016 ~ 2020 年）》，http：//www. gz. gov. cn/gzgov/s2812/201612/fbad483ba4fd4a72ba557dcb9fc0f8ae. shtml。

B.10
加快建设广州南沙平行
进口汽车贸易枢纽港的
思路和对策

刘旭　陈沫君*

摘　要： 汽车进口贸易是一个城市国际化程度和港口发展水平的重要标志。自 2015 年国务院批准在广东自贸试验区南沙片区开展汽车平行进口试点以来，汽车进口贸易加快发展，2017 年南沙口岸汽车进口突破 1 万辆，广州南沙已成为全国第二大和南方地区最大的平行进口汽车口岸。本文阐述了广州南沙平行进口汽车贸易发展现状并分析了存在的主要问题，提出了加快建设平行进口汽车贸易枢纽港的思路和对策。

关键词： 汽车　进口贸易　枢纽港　广州南沙

汽车进口贸易是一个城市国际化程度和港口发展水平的重要标志，广州是全国重要的整车进口口岸，自 2015 年国务院批准在广东自贸试验区南沙片区开展汽车平行进口试点业务以来，经过近 3 年的努力，2017 年广州南沙口岸汽车进口首次突破 1 万辆，当年进口汽车到港 13688 辆（其中平行进口 13248 辆），同比增长 59.93%，跃居成为全国第二大和南方地区最大的平行进口汽车口岸。

---

* 刘旭，广州市商务委机电与科技产业处处长，研究方向为产业经济、服务贸易；陈沫君，广州市商务委机电与科技产业处。

一 广州南沙建设平行进口汽车贸易枢纽港的重要意义和基本条件

（一）平行进口汽车贸易基本内涵和国内发展情况

1. 平行进口汽车贸易基本内涵

平行进口汽车贸易是指在汽车生产厂商授权销售体系之外，由除总经销商以外的其他进口商从境外直接订购进口汽车，引入中国市场进行汽车销售。由于平行进口汽车渠道与中规车（即专门生产销往中国、适应中国交通法规的商品车）进货渠道相"平行"，因此称为"平行进口汽车"。

平行进口汽车的主要特点，一是性价比较好，平行进口汽车绕过了总经销商、各地区经销商等销售中间环节，且平行进口车经销商不受厂商统一定价的限制，因此在价格上有较大优惠；二是车型款式和配置都比中规车更丰富；三是由于省去不少销售中间环节，故消费者提车时间更快捷。

发展汽车平行进口贸易，有利于优化汽车供给侧结构性改革，增强进口汽车市场活力，为中国消费者提供更多车型选择，并带动汽车相关产业的转型升级，受到汽车行业和消费者的普遍欢迎。2014 年商务部发布了《关于中国上海自由贸易试验区开展平行进口汽车试点有关问题的复函》，国家工商总局发布了《关于停止实施汽车总经销商和汽车品牌授权经销商备案工作的公告》，鼓励发展汽车平行进口新业态。

2. 国内主要地区汽车平行进口贸易发展情况

2014 年 10 月，国家批准中国（上海）自由贸易试验区率先在全国开展平行进口汽车试点，为全国提供可复制、可推广的制度创新模式。上海出台了相应的鼓励政策和便利化措施，建立数据交互共享的平行进口汽车公共服务平台，构建平行进口汽车质量追溯体系，对平行进口汽车试点企业采取优化事前入境验证流程、强化事中事后联合监管，有效促进平行进口汽车贸易的发展。2015 年 8 月，国家第二批批准了天津、广东（广州南沙和深圳前海）和福建（福州和厦门）在自由贸易试验区内开展平行进口汽车试点。
2016年9月，国家第三批批准了四川成都国际铁路港、新疆维吾尔自治区
（阿拉山口口岸和霍尔果斯口岸）、大连保税区和宁波梅山保税港区开展平
行进口汽车试点。2017年2月，国家第四批批准了内蒙古满洲里口岸、江
苏张家港保税港区、河南郑州铁路口岸、湖南岳阳城陵矶港、广西钦州保税
港区、海南海口港、重庆铁路口岸和青岛前湾保税港区开展平行进口汽车试
点。截至2017年底，试点地区已达16个省市，呈现先行先试多元化开放发
展的新格局。试点企业共100家，分别是上海12家、天津35家、广州11
家、深圳4家、厦门5家、福州11家、宁波5家、大连5家、新疆5家、
新疆兵团2家、四川5家。其中，天津平行进口汽车量占全国75.6%，居
全国首位。

（二）广州南沙具备建设平行进口汽车贸易枢纽港的良好条件

1. 南沙平行进口汽车贸易枢纽港基本情况

广州南沙汽车码头位于南沙新区自由贸易区海港区块的沙仔岛，沙仔岛
占地面积3.11平方公里，其中南沙汽车码头42.33万平方米，岸线623米，
建有3个3万吨级汽车船专用泊位；码头陆地面积43万平方米，堆场面积
37万平方米，可同时停放2万辆汽车，年通过能力达100万辆汽车，是目
前亚洲最大、设施条件最好的汽车滚装专业性码头之一。码头内建有多层保
税展示仓，首层的平行进口汽车展览中心1.2万平方米，是中国南方最大的
平行进口汽车展览中心。

2. 南沙发展平行进口汽车贸易枢纽港的优势

广州是中国重要的中心城市、国际商贸中心和综合交通枢纽，广州港是
全球10大港之一，已开通外贸班轮航线89条，建立国际友好港40对，枢
纽网络发达。南沙汽车码头是广州国际航运中心的重要战略支点，依托南沙
自贸试验区政策优势，按照南沙国际汽车物流产业园规划部署，加快南沙片
区海港区块（沙仔岛）和南沙汽车出海大通道建设步伐，整合优势资源，
实现汽车物流的水陆多式联运，形成集整车进口贸易、检验检测、展示销

售、维修保养、定制改装、物流配送、金融服务和零配件销售等全产业链的集散中心和交易中心,打造成为华南地区最具规模的进口汽车贸易枢纽港。

3. 旺盛市场需求的带动

广州是千年商都,2017 年全市地区生产总值逾 2 万亿元,人均 GDP 超过 2 万美元,外国驻穗总领事馆 62 个,与 70 个国际城市结为友好城市。广州位居粤港澳大湾区核心,具有汽车产业集聚、市场辐射力强和营商环境优越等优势,以广州为中心的珠三角地区是中国汽车消费能力最强的区域之一,南沙平行进口汽车贸易枢纽港为旺盛的市场需求提供了强大的支撑。

4. 汽车平行进口的支持政策

广州市商务委联合南沙自贸区管委会出台了市、区两级财政扶持政策,从 2016 年起连续 3 年对南沙自贸区整车进口业务、新注册企业、服务平台、汽车检测和合规性整改设施等方面给予支持和鼓励。广州还出台了总部经济政策,包括设立总部企业落户奖、经济贡献奖和办公用房补贴等,大力促进平行进口汽车贸易发展。南沙区出台了南沙新区(自贸片区)"1 + 1 + 10"产业政策体系,对外贸航线、经营贡献、企业落户、物流仓储和人才等方面给予扶持,加快把广州南沙打造成高水平的对外开放门户枢纽产业新高地。

二 广州南沙汽车平行进口贸易现状分析

(一)广州南沙汽车平行进口贸易发展现状

1. 注重顶层设计保障机制有力

广州成立了市领导任组长的广州市促进整车进口汽车试点工作领导小组(领导小组办公室设在市商务委),还专门成立了由市商务委和南沙区管委会牵头,海关、商检和口岸等单位组成的现场应急工作小组,构建口岸现场、南沙区和市级单位的三级应急工作机制,形成对进口汽车大项目和新项目在广州开展业务的快速跟踪、协调、处理和通报机制,提升通关通检的便利化。

2. 积极招商引资并取得较好成效

由市领导和市商务委主要领导带队，联合南沙区、海关、检验检疫和广州港等单位，赴北京、上海和天津等地开展重点企业走访工作，走访庞大集团、天津平禄、中进汽贸、青岛世莫奇和福建汽车平行进口公司等知名企业，以市和区两级促进整车进口政策、总部经济政策和提供通关便利化解决方案，向企业宣讲政策并答疑解惑，提振企业在南沙口岸开展业务的信心。成功引进天津三大平行进口汽车企业之一的天津平禄电子商务有限公司，天津金港和英莲帮公司等行业资深企业也纷纷在南沙拓展业务。2017年广州南沙口岸进口车型包括宾利添越、玛莎拉蒂莱万特、英菲尼迪QX80、保时捷918等全球顶级豪华车，开展汽车进口贸易的企业已达78家，比2016年增加了40多家。2017年进口超1000辆企业4家，超100辆企业20家，企业遍及大连、天津、青岛、厦门、新疆、宁波、重庆、贵阳、深圳和东莞等全国主要进口汽车销售省市及地区。为拓展泛珠三角地区业务，市商务委联合南沙自贸区、市汽车服务业协会、海关和商检等部门，举办南沙自贸区贵州、广西（赣州）汽车平行进口政策宣讲暨对接会，贵州贵安新区合一和润汽车贸易有限公司被授牌"南沙平行进口汽车示范基地"，成为促进南沙平行进口汽车直销泛珠三角地区的重要平台。

3. 进口汽车配套产业链初具规模

截至2017年底，广州已获国家商务部批复的平行进口汽车试点企业有广州汽车集团进出口贸易有限公司、广州广爵汽车销售服务有限公司、广州缘喜商贸有限公司、广州金港汽车国际贸易有限公司、广州庆骏汽车商贸有限公司和广州顺销汽车贸易有限公司等11家。南沙口岸已形成包括集合规整改、金融保险、中转保税、展示贸易和短驳转运等业务的配套产业体系，各类配套服务企业达30多家（其中汽车类报关企业6家，合规整改企业2家，金融保险类企业4家，同业担保类企业5家，展示销售类企业11家，配套运输类企业4家），配套产业链不断完善，汽车进口集散和物流通关日益畅顺。

4. 通关通检效率走在全国前列

南沙检验检疫局开设了"智检平台"预约报检，启动进口汽车全球溯源新举措，保证了南沙平行进口车货源的真实性，并实现精准监管和快速验放，做到当天报检、当天查验、当天出证。广州平行进口汽车试点企业均具备与经营规模相适应的售后服务网点及设施，试点企业严格做好平行进口汽车注册登记，所进口的汽车符合国家规定的强制性产品认证（CCC认证）和我国现行排放标准，所有进口汽车可溯源，试点企业作为质量责任主体，依法履行质量保障和售后服务等义务。广州海关支持整车国际中转业务，推行24小时预约通关和汇总征税新模式，在全国率先实行汽车进口的保税延时中转（DIT）模式，并启动了进口汽车同业担保新模式，解决中小企业申办海关税款担保难题。市公安局交警支队实施了平行进口车上牌便利规程，车主只要预申报相关材料齐全最快3天就可上车牌。广州港集团南沙平行进口汽车展览中心于2017年4月正式启用，实现海关、商检、口岸和保税展厅一体化运作。市商务委、南沙口岸、港口和市汽车服务业协会等单位定期联合举办宣传推介活动，并及时解决企业在通关、商检、融资、物流、仓储和展贸等方面遇到的新问题，使南沙汽车进口业务蒸蒸日上。

5. 扶优扶强支持企业发展

每季度召开试点企业座谈会，引导企业加快开展汽车进口业务。发挥市汽车服务业协会的作用，成立平行进口汽车专业委员会，使试点企业抱团扩大进口车源渠道，加强企业信息和资源互补，扩大汽车进口业务。市商务委组织召开试点企业与广州银行、广州农商银行等金融机构融资业务对接会，使汽车平行进口企业的授信额度从2016年6月的1亿元增加到2017年底的6.85亿元，授信银行也从广州银行1家扩大到5家（广州银行、广州农商行、中国银行、汇丰银行和平安银行），有效缓解了平行进口企业银行授信不足的融资难问题。根据商务部工作要求，坚持优胜劣汰原则，对长期不开展业务的试点企业进行了清理，并积极争取商务部增加广州平行进口汽车试点企业的数量。

6. 举办平行进口车展提升影响力

由广州市商务委和南沙区管委会主办、市汽车服务业协会协办，在2017年第15届广州国际车展中增设平行进口豪华车展区，呈现几大主要特点：一是参展进口汽车都从南沙口岸报关进口，并经出入境检验检疫部门查验，车源全球可溯。二是参展9家企业素质高，都是经商务部批准在南沙自贸区注册的平行进口汽车试点企业，以及车源来自上述试点企业的部分汽车经销商。三是展出车型新、奇、特和个性化强，包括最新款的丰田霸道、奔驰GLS450、保时捷918、普京总统座驾奔驰迈巴赫S600Pullman和路虎揽胜加长版5.98米全球限量版等，深受消费者喜爱。四是展区面积和入场观众均创新高，本届展区面积达1600平方米（2016年为1300平方米），到场观众6万多人，组展方精心组织多方协调，从平行进口汽车展区归入主展馆A区、观众知识普及、宣传推介、地铁和展场观众引导、业务对接会等，使展会达到很好的效果。车展期间共成功交易豪华车80辆，成交金额近8000万元，意向购车客户约2000人。

（二）制约广州南沙汽车进口贸易发展的主要问题

与天津等先进城市相比、与作为枢纽型网络城市的发展地位相比，广州汽车平行进口仍存在较大的差距，主要表现在以下方面。

1. 政策支持体系尚未全面建立

虽然广州和南沙分别出台了促进南沙口岸汽车进口扶持政策措施，但主要是从资金方面对进口汽车给予奖励，没有真正建立起完整的平行进口汽车贸易政策支持体系，也没有制定专门的中长期发展规划。相比之下，天津出台了《关于支持开展平行进口汽车试点工作若干措施》、《中国（天津）自由贸易试验区汽车平行进口试点管理暂行办法》、《天津自贸试验区平行进口汽车检验监管管理规定》、《试点企业考核实施细则》和《支持汽车平行进口发展项目申报指南》等多项政策措施和指导文件，通过较完整和配套的政策体系激发了市场活力。2017年天津平行进口汽车10.3万辆，位居全国第一，占全国平行汽车进口总量75.6%。广州亟待加快建立汽车平行进口相关的配套政策支持体系，为扩大汽车进口贸易提供有力的保障。

2. 试点资格数量少而进口后劲不足

目前我国四大自贸试验区认定的 78 家汽车平行进口试点企业中，天津 35 家，上海 12 家，福建 16 家，广东 15 家（其中广州南沙 11 家，深圳前海 4 家）。虽然 2017 年广州汽车平行进口数量位居全国第二，但与全国第一的天津相比，广州的试点企业家数和平行进口汽车数量都差距甚大。目前广州申请试点资格的企业较多，亟待争取商务部支持，尽快获批更多试点，以形成新的增长点。

3. 平台建设和 3C 认证严重落后致使进口成本较高

天津平行进口汽车主要通过供应链平台公司运作，平台公司集中组织车源、开具信用证、代缴关税和录入环保目录，交付给贸易企业的进口车辆均已办结报关和报检手续，通过供应链平台申请车型的 3C 认证较为便利，且集中交付汽车有较大的价格优势。目前南沙试点企业基本上没有平行进口汽车的 3C 证书，需要向天津和大连等地的 3C 证书持牌人进行申请录号，认证成本大大高于天津；同时，由于广州的试点企业采用其他城市的平台公司代开信用证方式进行海外购车，导致广州的外贸统计数据流失到其他城市，2016 年南沙进口汽车口岸数能体现在广州外贸数的仅占 1/10，2017 年虽有所改观但体现在广州外贸数也仅占 1/3。

4. 售后服务保障体系亟待完善

平行进口汽车作为中规车市场的补充，以价格较低和车型选择多等优势吸引了许多消费者，但因平行进口汽车未得到总经销商和海外厂商的授权，平行进口车消费者很难享受到中规车的经销商以及全国设点 4S 店的售后服务待遇。此外，零配件采购方面，由于平行进口车多数是小批量进口，难以大批量进口零配件，造成成本和价格比中规车高。

5. 汽车进口贸易融资难的问题尚未根本解决

由于广州汽车平行进口的试点企业大部分是中小型企业，银行授信额度不足，平行进口汽车供应链融资难的问题仍未根本解决，许多试点企业虽有市场订单也因资金不足而无法做强做大。此外，平行进口汽车担保机制的市场化活力不够。

平行进口汽车以其"新、奇、特"个性化强和性价比高的特点，深受广大车迷和消费者的欢迎。广东省约占全国进口汽车消费总量1/4，同时珠三角地区是全国消费能力最强的地区之一。因此，广州要充分利用好国家赋予南沙自贸区平行进口汽车的政策优势和位于粤港澳大湾区核心的区位优势，抓住机遇，加快发展，做大做强平行进口汽车业务，在促进广州外贸进口和满足泛珠三角地区市场需求的同时，加快提升南沙作为汽车进口贸易枢纽港的地位。

三 发展广州汽车平行进口贸易枢纽港的思路和对策

按照广州作为国家重要的中心城市和枢纽型网络城市的发展战略，贯彻落实商务部等国家八部委《关于促进汽车平行进口试点的若干意见》和《广州市先进制造业发展及布局第十三个五年规划（2016～2020年)》的部署，充分发挥国家赋予南沙自贸区先行先试的政策优势，以提升广州汽车进口贸易国际竞争力和辐射力为目标，抓机遇，补短板，对标先进城市，加快招商引商，创新发展模式，优化营商环境，力争到2020年，广州平行进口汽车数量达3万辆，比2017年翻一番；到2025年，广州平行进口汽车数量占全国进口总额1/3，形成"北有天津、南有广州"的全国汽车平行进口发展格局，把广州南沙打造成为立足华南、辐射泛珠三角和影响全球的国际重要汽车平行进口贸易枢纽港。

（一）制定促进广州汽车进口贸易发展的若干意见

充分发挥广州市促进整车进口汽车试点工作领导小组和现场应急工作机制的作用，尽快制定促进广州汽车进口贸易发展的若干意见和中长期发展规划，以市、区两级促进整车进口政策及广州总部奖励政策为抓手，大力吸引国际知名汽车品牌经销商在广州投资落户。加快南沙沙仔岛的广汽商贸综合体和太平洋国际汽车城等进口贸易园区的建设，拓展自贸区国际中转保税功能，使之成为招商引资和扩大进口的重要载体。进一步优化南沙口岸的营商环境，提升汽车平行进口国际影响力。

（二）重点引进骨干型汽车进口企业

有针对性加大招商引资力度，由市领导带队，市商务委、口岸办、海关、检验检疫、港口和重点汽车企业等单位组成专项工作小组，赴北京、天津和上海拜访世界500强、重点汽车进口企业和汽车品牌服务商，吸引其落户广州，以龙头企业为带动引领，进一步吸引上下游配套服务企业落户广州。对在广州新注册设立的企业，设立当年度在广州口岸进口汽车整车超过500辆（含500辆）的企业，给予一次性奖励。加快完善产业集聚，扩大产业规模。依托国家级汽车研究院所的研发能力，做好对重点跨国公司的以商引商、安商稳商工作，支持骨干型生产企业及配套零部件企业集聚发展，提升国际市场竞争力。积极争取商务部大力支持，增加广州汽车平行进口试点企业资格的额度，为招商引资和扩大进口提供有力保障。

（三）进一步增强南沙口岸汽车进口的枢纽型功能

加快引进平行进口汽车"一条龙"服务的平台公司，提高资源配置水平。利用平台公司组织车源、银行授信、代缴关税、通关报检以及申请车型3C认证较便利且集中交付汽车的价格优势，帮助中小贸易企业打通进口环节拓展市场，形成广州平行进口汽车产业链，并使进口汽车口岸数能更多地体现出广州外贸统计数。组织试点企业参加广州国际车展、南沙平行进口汽车展等国际展会，强化南沙作为汽车零部件进口商品交易中心及枢纽型功能。对建设面积超过1万平方米的大型进口汽车及零部件综合展贸平台的企业，开业运营后给予一次性奖励。对举办进口汽车展览会，以及参加国际汽车进口展览会的企业，给予一定的展会补贴。加大南沙自贸区政策推介，积极推动在泛珠三角经济较发达地区开设南沙平行进口汽车直销网络，将目前市场上多从天津等北方港口平行进口的汽车，通过政策和市场引导更多地转为从南沙进口，以加快提高南沙口岸汽车进口规模。通过开设泛珠三角地区南沙平行进口汽车直营店，拓展汽车进口销售渠道，打造南沙平行进口汽车品牌分销中心。通过与广州周边地区的汽车行业协会、进口汽车贸易商合作，在周边地区举行小型的平行进口汽车展销会，以实惠的价格和健全的市场管理来推介南沙平行进口汽车，提升南沙平行进口汽车品牌在泛珠三角地区的市场竞争力。

（四）进一步提高平行进口汽车贸易便利化水平

加快建立广州进口汽车及零部件采购交易中心建设。引导符合条件的整车进口企业享受预审价、汇总征税等通关便利化措施。落实各项减免税费政策，使广州口岸整体收费标准低于国内其他政策进口口岸。加大对跨国整车进口企业总部、区域总部、结算中心及大型汽车销售集团的招商力度，采取"一企一策"方式，加大对海外货源、远洋航线、汽车金融、零配件供应、售后服务和仓储物流等企业的招商力度，实现产业集群和规模经营。

（五）创新汽车进口贸易和售后服务保障新模式

学习天津融资供应链的先进经验，建立广州汽车平行进口融资促进模式，解决企业融资难问题。放宽金融机构对平行进口汽车经销商的授信限制，加大授信力度，使平行进口汽车经销商通过抱团合作，以社团的名义获得金融机构授信，做大做活汽车供应链融资。积极尝试搭建 O2O 汽车平行进口电商平台，拓展销售渠道新模式。鼓励有实力保险经纪公司与人保、平安、太平洋等主要保险公司、平行进口汽车企业共同签署"共保体"协议，提供平行进口汽车质量保险，完善平行进口汽车"三包"质保及售后服务保障体系；鼓励试点企业采用三包险、投保保险代理机构、同业共保、区域联保和企业售保基金等多种手段构建覆盖全国的售后服务网络。

（六）制定试点企业动态管理制度

以公开、平等、竞争和择优的原则开展对试点企业的认定工作。由市商务委、广东自由贸易试验区南沙片区管委会会同海关、商检、口岸、港口和行业协会等部门进行试点企业的认定工作。制定广州平行进口汽车统计制度。对试点企业实行分类管理,按信用风险等级分为良好、合格、失信和严重失信4个类别,实施从试点企业准入到退出的全过程信用监管。对诚信企业提供预约检测服务、降低现场查验比例、简化市场准入报检手续等便利化服务。制订汽车平行进口试点企业动态调整管理办法,组织相关部门和行业专家对企业上年度进口汽车业务进行综合评价,在商务部批复的广州试点企业总量内按照"能者上、庸者下"的原则,对上年度综合评价较差的试点企业取消试点资格;对上年度综合评价较高的非试点企业择优报商务部同意后认定为试点企业。对存在下列情形之一的试点企业,将取消汽车平行进口试点资格:一是上年度没有进口汽车实绩的;二是对上年度进口实绩少且综合评价较差列末位的;三是不具备售后服务保障能力的;四是拒不履行售后、三包及召回义务,存在偷税漏税,伪造、变造、买卖许可证,进口旧车、拼装车及非法改装车等行为的;五是违反商务部、海关和检验检疫等部门汽车平行进口相关管理规定并造成严重后果的。健全对试点企业优胜劣汰的动态管理机制。

(七)先行先试创新进口汽车产业链

争取商务部批准在广州南沙自贸区先行先试开展境外汽车及零部件资源再利用试点,借鉴美国和日本等国家先进经验和模式,开展进口二手车保税维修、拆解和再制造业务,通过体制机制创新,构建保税监管、专业拆解、再制造处理、拍卖定价、产品追溯系统和环保保障等完整的管理和服务体系,力争打造为国际重要的汽车零部件进口商品交易枢纽。进一步整合和拓展集整车采购、装备、通关、仓储、查验、检测、维修保养和金融保险等业务于一体的平行进口汽车全产业链模式,为中小汽车贸易商提供一揽子解决方案,提高客户满意度。加快推进南沙汽车码头平行进口汽车交易中心建设,打造全球进口品牌汽车分销中心。

(八)营造良好的营商环境

利用广州国际汽车展和南沙汽车码头汽车展等平台开展产业对接,加大推介广州汽车进口贸易政策优势、营商环境优势以及通关通检便利高效的优势。及时收集并解决企业提出的有关诉求，进一步营造良好的营商环境，吸引更多的企业在广州投资创业和拓展汽车进口业务。督促试点企业所进口的汽车产品应符合国家质量安全标准和技术规范的强制性要求，并符合国家规定的强制性产品认证（CCC认证）等准入要求。明确试点企业及其投资方作为汽车平行进口产品质量追溯的责任主体，依法履行产品召回、质量保障、售后服务、汽车"三包"和平均燃料消耗量核算等义务，增强售后服务保障能力，切实保障消费者权益。支持汽车贸易行业协会开展平行进口汽车促进活动，鼓励协会在促进政企沟通、推动行业自律、制定行业规范、规范售后体系、开展政策培训、调解交易纠纷、维护消费者权益等方面发挥重要作用。

参考文献

商务部等国家八部委：《关于促进汽车平行进口试点的若干意见》，商务部政府网，http：//www.mofcom.gov.cn，2016年2月。

广州市人民政府：《广州市先进制造业发展及布局第十三个五年规划（2016～2020年)》，广州市人民政府网，http：//www.gz.gov.cn，2017年1月。

广州市南沙区人民政府：《关于构建重点产业促进政策体系，加快打造高水平对外开放门户枢纽产业新高地》，广州市南沙区人民政府网，http：//www.gzns.gov.cn，2017年1月。

B.11
中新广州知识城产业高质
发展的策略思考

摘　要： 中新广州知识城正处于加速发展时期，在产业规模、产业平台建设、产业布局、营商环境等方面已有良好发展基础。但还存在高端产业集聚效应尚未形成、规划不确定性、产业用地供需矛盾突出、管理体制局限影响产业发展、中新合作共赢机制尚需深化等问题。本文通过分析中新广州知识城产业发展现状和存在问题，提出了未来要把握全球科技革命趋势、粤港澳大湾区建设等重要机遇，重点发展知识与信息产业、新材料与智能制造、生物与健康、"四新"经济等新兴产业。

关键词： 产业发展　中新广州知识城

　　中新广州知识城（以下简称"知识城"）是中国、新加坡合作建设的重大战略性项目。当前，新科技革命加速到来，知识城有基础抓住机遇实现从创业成长期向加快发展期转变提质，着力构建知识经济新体系，加快形成支撑经济社会可持续发展的支柱性和先导性产业，提高全球资源配置能力，实现产业高质量、高端化发展。

---

　　* 覃剑，广州市社会科学院副研究员、博士，研究方向为城市与区域经济；葛志专，广州市社会科学院助理研究员，研究方向为城市与区域经济。

一 知识城产业发展现状分析

知识城上升为国家级双边合作项目，发展空间显著提升，知识城紧紧围绕创新驱动发展的核心理念，以产业项目建设为载体，以重大产业平台建设为抓手，科学优化产业布局，努力吸引产业高端创新要素，逐步形成特色明显、布局合理、业态高端的现代产业体系，基本由产业初创期进入快速成长期。

（一）发展基础

1. 产业规模快速壮大

知识城产业规模快速壮大，支撑带动作用日益凸显，对黄埔区的经济贡献逐渐增强。2017年，知识城完成固定资产投资255.1亿元，增长63.7%，比全区投资增速高35.1个百分点，已累计完成固定资产投资830亿元。2017年知识城完成规模以上工业总产值66.7亿元，增长5.1%。知识城产业及公共配套设施建设力度显著加大，2016年，8个重大产业项目建成投产，累计注册企业327家，累计注册资本585亿元。2017年，百济神州、GE生物科技产业园、粤芯芯片等15个重大产业项目开工。知识城的规模以上工业企业累计完成工业产值年度完成率、增长率和规模以上商贸业企业年度销售额完成率、增长率均位居黄埔区各园区及镇街前列。

2. 高端产业集群效应初显

立足高知化、高端化、国际化、集聚式发展理念，知识城着力吸引高端产业要素，创新驱动能力不断增强，形成了以"知识密集型服务业为主导，高附加值先进制造业为支撑"的产业结构。新一代信息技术、医疗器械、智能装备、文化创意、科教服务等产业已经具备较好基础，新能源与节能环保、生物与健康、新材料等产业取得新突破。一批国内外知名的高新技术企业、服务型企业总部或区域总部进驻，产业集聚效应初步显现。重点平台建设取得重要进展，腾飞科技园的国际化合作上升至国家双边合作层面，知识产权服务业集聚区、检验检测集聚区基本进入运营筹备阶段。

3. 产业功能布局基本确立

知识城总体规划不断深化提升，实现了从"三大组团"至"一核、七区"至各片区功能定位基本确定的优化阶段，较为完整的大组团格局正在形成。在总体规划成果基础上，产业布局规划进一步明确高端集聚的发展方向，按照"三规合一"的规划思路，增加了产业用地比例，初步规划形成了南、中、北"三大产业片区"。南部片区重点发展新一代信息技术、高端智能装备研发制造和检验检测等生产性现代服务业组团；中部片区重点发展医疗、金融、文化创意、科教服务等服务业组团；北部片区重点发展"互联网＋"、先进制造业，更加突出了知识经济的内涵。产城融合发展特征更为显著，九龙湖等重点区域的功能和空间形态得到进一步优化。

4. 产业营商环境不断优化

为推动产业经济强势发展，黄埔区、广州开发区出台了涵盖先进制造业、现代服务业、总部经济和高新技术产业等产业的4个"黄金十条"发展政策，为知识城经济增长注入了强大动力。以世界级知识经济体标杆为目标，知识城制定了产业指导目录和重点产业发展行动计划，以构建"三圈"营商环境为导向，引资引智引技环境持续优化。积极构建创新政策圈，修订完善了科技创新和人才政策，形成"1＋7"科技政策体系和"1＋9"人才政策体系，以具体政策支持以才引才、以资引才和以智引才。积极构建创新金融圈，突出科技金融带动作用，促进金融与科技、产业的对接和互动。积极构建创新服务圈，知识城管委会建立了行政审批"三清单一平台"，努力完善法治化国际化市场化的营商环境。聚焦知识密集型产业，建立了中新联合招商机制。

5. 区域配套环境大幅改善

知识城基础设施网络体系建设日益完善，基本形成"高快速路网＋城际轨道＋地铁＋内部骨干道路网络"的综合交通格局。主要交通道路网络已经相继通车或正在建设中，与珠三角"一小时经济圈"加快形成。知识城总体环境景观得到较大提升，特别是九龙湖等重大水利节点建设成效突出。公共服务配套网络快速完善，医院、安居工程等公共服务及产业配套建设进一步加快。供水供气供电配套设施有序建设，南、北起步区分布式能源站建设前期工作已经开展。六年来，知识城大力推动产业、基础设施、城市配套服务整体发展，营造了良好的区位优势、服务优势、环境优势、政策优势，为产业集聚奠定了良好基础。目前，知识城整体面貌已经实现较大变化，正从山水田园的自然传统镇街"蝶变"成为现代化创新活力新城、生态宜居城市。

（二）存在问题

经过近年来的快速发展，知识城产业发展及产业配套环境建设取得了明显成效。但也要看到，知识城产业发展还处于成长期，主导产业市场的高端主体仍然较少，产业导向的不确定性依然存在，产业整体竞争力还较弱，影响产业要素集聚的产业政策、金融体系、重点平台、土地空间、管理体制等多方面的瓶颈问题依然较多，与知识城的长远目标定位还有不小差距。

1. 高端产业集聚效应尚未形成

早期建设阶段，知识城工作重心集中于基础设施建设，招商引资力量弱、条件差、渠道窄、方式少，较多依赖新加坡方面，自主招商意识不够强，对国内投资挖掘得不够深入。目前，知识城虽然已经引进了一些企业和项目，但以中小型企业为主，大企业、大项目不足，缺乏行业龙头企业、总部企业、高端企业、500强企业，入驻企业往往"单打独斗"，在技术和产业分工环节上的关联度较低，辐射带动能力有限，难以形成主导性的产业集群，尚未形成富有特色的优势产业，产业综合竞争能力较弱。

2. 规划不确定性影响产业集聚

知识城总体规划、产业规划和园区规划经历了若干次修改调整，总体规划和其他各类规划的衔接不够，而且产业定位相对模糊，产业园区布局相对分散，难以有较大面积的完整土地用于集群化、规模化、成片式发展大产业。

3. 产业用地供需矛盾突出

随着知识城上升为国家级双边合作项目，建设用地供求矛盾日益突出。现有建设用地指标性用地主要用于城市功能建设，产业用地稀缺。一方面，产业用地增量难以突破，已经超出了省、市的配置能力；另一方面，产业用地存量难以盘活，导致产业配套工程难以按期推进。此外，部分区域土地利用率低、产出效益不高。

4. 管理体制局限影响产业发展

根据《广州市知识城条例》相关条款规定，知识城管委会在知识城行使市政府相应的行政管理权，依法履行相应职责；市人民政府应当根据本条例的规定，对知识城管委会的具体行政管理职责、公共服务的范围，以及市人民政府各有关行政管理部门在知识城的职责予以明确，并向社会公布。但在实践中，赋予知识城管委会的管理权限、职权清单还不是特别明确。

5. 中新合作共赢机制尚需深化

知识城开发建设以来，与新加坡的合作主要在借鉴城市建设、社会管理、体制改革创新、企业管理等建设经验上，新加坡侧重输入国际理念和方法，双方开展更深层次联合招商较少，引入的企业和项目较少，带来的经济效应并不显著，共同推动经济发展的路径仍需要进一步探索和完善。

二 知识城产业发展面临的机遇与挑战

（一）主要机遇

1. 新科技革命为新兴产业创造新动力

当今世界，新一轮科技革命和产业变革正在孕育兴起，传统产业格局面临巨大变革，新一代信息技术、节能环保、生物技术、智能制造、新能源、新材料、新能源汽车等新兴产业快速发展，新产业、新业态、新经济随之应运而生，将为知识城挖掘潜在产业优势、塑造新型产业体系提供时代性机遇，特别是为知识城发展新一代信息技术、生物健康、新材料等产业带来新机遇。同时，国际高端制造业和服务业的持续转移，促使知识城更有机会承接智能装备、文化创意和现代服务业等产业。

2. 供给侧结构性改革激发市场活力

当前，全国着力推进供给侧结构性改革进入深化阶段，力求正确处理好政府和市场的关系，使市场在资源配置中起决定性作用和更好发挥政府作用，推进体制机制建设，激发市场主体内生动力和活力，大力推动落实"去产能、去库存、去杠杆、补短板"。这将有利于知识城在更加公平、公正、透明、稳定的法治环境中参与竞争，用政策引导市场预期，用规划明确投资方向，用法治规范市场行为，吸引新技术、新产业、新产品，统筹部署创新链和产业链，为经济增长培育新动力。

3. 粤港澳大湾区建设强化资源配置力

在国家的区域经济版图上，粤港澳大湾区与京津冀地区、长江经济带成为国家三个重大区域发展战略。相对于一般的城市群，湾区经济更加强调网络连接性和国际开放性，承担更多的国际化职能，在全球产业链、供应链和价值链的位势更高，对全球资源的集聚和配置能力更强。中新知识城位于粤港澳大湾区扇形区域的圆心位置，必然会在粤港澳大湾区发展中担当面向全球、辐射内地的重要角色，成为国际国内市场高端资源的吸附器和辐射源。

4. 枢纽型网络城市建设提升集聚能力

广州正大力推动国家重要中心城市建设全面上水平，"十三五"时期基本形成枢纽型网络城市格局，高水平建设国际航运中心、物流中心、贸易中心、现代金融服务体系和国家创新中心城市，提高全球资源配置能力。知识城是广州战略布局的重要版块，围绕枢纽型网络城市建设，城际轨道、地铁、高快路路网将加快建成，实现一小时覆盖珠三角，能够依托广州国际空港、海港，实现与国际市场的要素互享互通。广州战略的提出和推进部署对于知识城完善基础设施体系与增强集聚国际高端要素功能，构建开放型格局具有切实的战略意义。

5. 知识产权改革先行强化知识经济竞争力

随着中新合作 3.0 版本的知识城上升为国家战略，知识城迎来了快速发展时期。"十三五"以来，知识产权改革与保护事业飞速发展，国家、省、市相继出台了一系列强有力政策文件。2016 年 7 月，国务院批复同意在知识城开展知识产权运用和保护综合改革试验，将知识城打造成为"立足广东、辐射华南、示范全国"的知识产权引领型创新驱动之城。知识城作为中国唯一一个经国务院批准开展全面、系统的知识产权综合性改革的区域，为知识密集型产业的发展创造了更好的外部环境，有利于知识城率先发展知识产权服务体系，全面构建知识产权国际合作交流体系，打造知识经济发展的核心竞争力。

（二）面临挑战

当前，世界经济复苏依旧缓慢，贸易保护主义、单边主义抬头，国内外竞争更加激烈，将加大知识城全球集聚英才、招揽强企、吸引资本的难度。

1. 全球经济疲软减缓高端要素集聚

国际金融危机冲击和深层次影响在相当长时期依然存在，世界经济在深度调整中曲折复苏、增长乏力。主要经济体走势和宏观政策取向分化，金融市场动荡不稳，大宗商品价格大幅波动，全球贸易持续低迷，贸易保护主义、单边主义强化，新兴经济体困难和风险明显加大。外部宏观经济环境的不景气不稳定制约了知识城加快发展经济、加强招商引资、加紧培育自主企业的节奏。

2. 特别经济区国际竞争更加激烈

全球化、区域一体化加速发展，开放、合作、改革、创新成为国际主流共识。但合作中充满竞争，新兴经济体迅速崛起，特别经济区、自贸区正在全球范围内如火如荼建设。发展中国家和地区都在大力建设基础设施，完善投资贸易环境，改革金融税务贸易制度，建设成百上千个国际特别开放区域，以制度开放、环境优化、成本低廉优势努力吸引全球高端要素资源。相比之下，知识城、广州及中国的低成本投资优势逐渐衰弱，国际资本大幅向周边国家和地区、欠发达国家快速转移，这也将直接影响到知识城产业的国际化招商引资。

3. 改革创新力度小影响营商环境

一方面，知识城面向国际的投资贸易制度环境还缺乏强大竞争力，与迪拜、新加坡等区域相比，金融、税收、人才、法制、产业政策等制度还不够完善，吸引力还不明显。另一方面，与国内沿海先行发展的自贸试验区、综合保税区等特别区域相比，诸多涉及投资贸易环境的制度尚未改革。同时，在管理体制上，广州与知识城的市区两级职责尚未理顺。这势必对知识城引进国内外产业发展要素和形成营商环境比较优势造成重要挑战。

三 知识城产业发展重点方向的建议与趋势

根据知识城产业发展现状，我们认为，未来知识城可以聚焦知识与信息产业、新材料与智能制造、生物与健康产业、"四新"经济，紧跟产业发展新趋势、现实基础条件和战略目标定位三大维度，加快抢占产业链关键环节，构建高新高质高端产业集群体系。

（一）知识与信息产业

1. 发展趋势经验

知识与信息产业是指知识和信息的生产、分配和使用产业[①]。当前，世界经济的竞争本质上已成为技术进步与知识创新及智力投入的竞争，以自然资源、人力和资金投入为特征的传统产业正转向以技术、创意与知识管理为特征的知识产业。在国际上，如表1所示，旧金山硅谷依托世界知名大学、科研机构、风险投资及优越环境促进科技创新研发，推动信息、电信、生物、纳米和新能源等高新技术产业发展，成为全球科技创新的风向标和知识经济发展的标杆。洛杉矶好莱坞通过发展电影、娱乐、音乐、创意等知识产业成为全球时尚的发源地。在国内，苏州科技城试图通过打造包括知识产权

---

① 20世纪末，经济合作与发展组织（OECD）在其出版物《1996年科学、技术和产业展望》中提出了知识经济的概念，明确知识经济是"以知识为基础的经济"，并进一步阐述为"所谓知识经济是建立在知识和信息的生产、分配和使用基础上的经济"。

业务审查、代理服务、预警分析、数据利用、专利软件研发在内的完整的知识产权服务产业链，抢占知识经济发展的制高点。总体上，发达国家知识产权保护、科技服务体系已经十分完善，因此知识产业发展主要集中在知识和信息的研发生产和分配交易环节。而在我国，知识和信息的生产、分配和使用制度还不够完善，导致知识产业发展相对缓慢。因此，先进地区知识产业发展一般采取知识产权服务、科技研发服务、高新技术产业协同发展的模式。

表 1　国内外代表地区发展知识经济模式

地区	发展模式
旧金山硅谷	依托世界知名大学、科研机构、风险投资及优越环境，发挥硅谷的集聚优势，推进信息、电信、生物、纳米和新能源等关键科技创新研发，并大力发展创业风险投资以促进科技成果产业化，进而逐步发展成为全球科技创新的风向标、创业风险投资的发源地和引领者。根据伦敦金融城最新发布的"全球金融中心指数"（GFCI20），旧金山已经成为全球排名第 6 的国际金融中心
洛杉矶好莱坞	依托完善的基础设施、丰富的文化娱乐和艺术教育资源和包容多元的城市环境，集聚梦工厂、迪士尼、20 世纪福克斯、哥伦比亚影业公司、索尼公司、环球影片公司、WB（华纳兄弟）等行业巨头以及大量顶尖的创意和设计人才，带动艺术教育、服装设计、汽车设计、家具设计、玩具设计等产业发展，成为全球时尚的发源地、全球音乐和影视的梦工厂和全球时尚最高水平的代表者，引导着 21 世纪全球文化艺术的发展方向
苏州科技城	依托国家知识产权局专利局专利审查协作江苏中心、国家知识产权局专利复审委员会第十巡回审理庭等重点项目，规划建设智慧谷，引进中国商标专利事务所、北京万慧达、北京三友等 50 多家知名知识产权服务机构相继落户，加速打造全国首个知识产权服务业集聚发展试验区。预计到 2020 年，集聚区将引进全国百强知识产权服务机构 50 余家，知识产权服务业收入将超 100 亿元。此外，苏州科技城还相继引进一批世界 500 强跨国公司、国内外知名设计开发企业和高新技术产业化项目

2. 发展重点

按照知识与信息产业发展趋势和模式，如表 2 所示，把握我国实施国家创新发展战略和知识产权综合管理改革试点的契机，结合知识与信息产业发展基础优势，知识城可率先打造集知识与信息产业研发生产和应用服务于一体的全产业链,抢夺先机迅速在全国形成明显特色和优势,发挥标杆示范作用。

表 2　知识城知识与信息产业链及发展重点

产业链环节	重点发展方向
知识信息研发生产	新一代信息技术、文化创意、创新设计
知识信息应用服务	知识产权交易、知识产权服务、科技服务

(二)新材料与智能制造

1. 发展趋势经验

在全球新科技革命和产业变革加紧孕育兴起的背景下,新材料与智能制造在全球范围内快速发展,支撑着一大批高新技术产业的发展,成为各个国家抢占未来经济制高点的重要领域。我国相继出台《中国制造 2025》(国发〔2015〕28 号)、《国务院关于深化制造业与互联网融合发展的指导意见》(国发〔2016〕28 号)、《智能制造发展规划(2016～2020 年)》(工信部联规〔2016〕349 号)、《"十三五"国家战略性新兴产业发展规划》(国发〔2016〕67 号),积极对接合作德国"工业 4.0",把发展新材料与智能制造作为长期坚持的战略任务。如表 3 所示,在国家相关政策的引导下,全国多数省市纷纷把新材料与智能制造产业列为重点培育和优先发展的高新技术产业。目前,广州服务业占比已经接近 GDP 的 70%,未来进一步做大做强先进制造业已经形成共识,而新材料和智能制造将成为推动制造业转型升级的关键。为此,《广州制造 2025 战略规划》提出,广州制造未来将紧紧围绕全国重要的高端装备制造业创新基地、国家智能制造和智能服务紧密结合的示范引领区、"一带一路"建设重要支点和开放高地三大发展定位,重点发展智能成套装备、机器人、智能模块及关键零部件、智能装备系统集成,建成珠三角乃至全国智能装备关键设备、技术供应和研发创新中心。新材料产业是智能制造产业的支撑产业和关联产业,也被摆在与智能制造同等重要地位。

表3　中德合作共建的智能制造园区特点

园区名称	地点	主要特征
中德智能制造国际创新园	合肥	位于合肥高新区,于2017年1月获得科技部批复成立。园区规划面积15平方公里,主要分为产业集中区和人才交流区,设有中德智能制造国际交流和教育合作平台、中德智能制造国际孵化平台、中德智能制造产业创新中心等,重点发展新一代信息技术、智能制造装备、节能和新能源汽车、生物医药和高端医疗器械、应急装备制造五大产业集群。预计到2020年底,园区工业总产值将达到600亿元人民币,新增企业1000户,国家级高新技术企业200户
青岛中德生态园	青岛	规划面积11平方公里,为工信部"智能制造灯塔园区",建有海尔工业4.0示范基地,智慧冷链物流装备等智能工厂,引进了西门子集团德国本土以外的首个工业4.0创新中心,与海尔集团、弗朗霍夫合作建设海尔智能制造研究院,搭建了中德智能制造创新公共服务平台,引进明匠智能系统研制造中心、埃克森机器人研发中心等
中德工业服务区	佛山	为工信部"智能制造灯塔园区",园区聚焦发展以会展业为核心的高端服务业,研发设计、生物医药等高新技术产业,兼顾发展高端装备制造等高端制造业。设有中欧中心、中德工业服务区德国办事处、中欧实验园、中欧高技术服务平台、中欧电商城、佛山德国服务中心等。建有广东智能示范中心,作为集机器人及其相关产品的研发、销售、检测、培训、展示、方案解决、公益服务于一体的产业服务基地

2. 发展重点

围绕支撑广州开发区打造成为全国最具规模和最具竞争力的智能装备及机器人基地的总体目标,发挥知识信息集聚、知识产权服务优势,着力发展智能制造产业链两端环节,建设成为智能装备产业未来发展中心,重点发展智能制造零部件研发,智能制造孵化,智能制造系统集成,新材料产业。

（三）生物与健康产业

1. 发展趋势

21世纪是生物科技的世纪,以基因工程、细胞工程、酶工程为代表的生命科学和生物技术不断取得突破性进展,推动生物产业迅速崛起,全球经济社会"生物化"将成为继"信息化"之后的又一时代特征。随着经济水平的逐步提高、健康意识的整体增强、生活方式的全面改进以及人口老龄化的不断加速，人们对健康产品和服务的需求急剧增长。当前，美国健康产业增加值占GDP比重在17%以上，加拿大、法国、德国、日本等国的健康产业增加值占GDP比重超过10%。我国高度重视生物与健康产业的发展，相继制定《"十三五"国家战略性新兴产业发展规划》《"十三五"生物产业发展规划》《"健康中国2030"规划纲要》等，提出了生物与健康产业的发展目标和重点任务。在此背景下，国内许多城市纷纷建立生物医药产业园，试图抢占行业发展新机遇。广州是华南地区的医疗中心和医药流通中心，也是国家医药出口基地和国家生物产业基地城市，生物与健康产业已被确定为十大重点产业之一，全市已形成以广州国际生物岛、广州科学城、广州国际健康产业城为核心，各生物产业特色园区协调发展的"三中心多区域"园区布局，正朝着打造成为全国重要的生物医药健康产业基地的目标迈进。

2. 发展重点

把握世界生物与健康产业发展趋势和广州开发区进一步完善生物医药与健康产业发展政策的契机，充分发挥知识城知识创新优势和开放合作优势，围绕生物医药、生物医学工程、生物服务、现代健康服务等产业，大力支持核心技术攻关，着力促进重大科研成果转化和产业化，打造生物技术创新中心和健康产业服务中心，重点发展高端医疗服务、生物医药、生物服务与健康管理、医疗器械。

（四）"四新"经济

1. 发展趋势

在新一代信息技术革命、新工业革命以及制造业与服务业融合发展的背景下，能源科学、信息科学、网络科学、智能科学、生命科学共同发展，全球范围内新技术、新产业、新模式、新业态"四新经济"持续孕育和涌现，推动产业向高端化、国际化、市场化、智能化和集约化发展，形成以消费导向取代产品导向、以价值链取代生产链、以软驱动取代硬驱动、以智造取代制造的新型经济形态。党的十八大以来，我国加快实施创新驱动发展战略，深化体制机制改革，全面推进大众创业、万众创新，"四新经济"蓬勃发展。上海在国内各大城市中率先编制《上海"四新"经济重点领域发展导向（2015 版）》，把大力发展"四新经济"作为推动对冲经济下行压力、实现新旧动能转换、汇聚经济发展能量的重要切入点、突破口与抓手。广州市政府曾在 2014 年发布《加快新业态发展三年行动方案》，提出对工业机器人、融资租赁等十大具有优势的新业态优先实施"强链"行动；对汽车服务、总集成、总承包等 8 大类需要提升的新业态加快推进"补链"行动；对 3D 打印、新能源汽车等 12 大类需要培育的新业态启动开展"建链"行动。

2. 发展重点

把握全球新技术、新产业、新模式、新业态发展趋势，适应区域经济社会转型升级需要，及时切入全球"四新"经济发展前沿领域，实现"四新"经济快速崛起，重点发展智造技术、智慧经济、分享经济、平台经济。

参考文献

陈柳钦：《"知识城市"的理论构建与发展》，《城市观察》2010 年第 1 期。

林汉川：《新一轮产业革命的全局战略分析 - 各国智能制造发展动向概览》，《学术前沿》2015 年第 11 期。

刘金山等：《中国智造业竞争力调研分析》，《新疆师范大学学报》2018 年第 1 期。

赵君丽等：《发达国家"四新"经济的发展及对上海的启示》，《上海经济研究》2015 年第 5 期。

B.12
白云区高端高质高新产业体系
建设情况报告

广州市白云区发展和改革局课题组[*]

摘　要： 本文围绕白云区高端高质高新现代产业体系建设，分析了白云区近几年现代产业发展状况，总结了成功经验和存在问题，提出了构建白云区现代产业体系的优化思路，沿"强二优三"的产业发展路径，培育壮大 IAB 产业，着力推动传统产业转型升级，加快形成战略性新兴产业、先进制造业、现代服务业有机融合发展的产业体系，并建议从产业发展重点、产业创新驱动、产业平台建设、产业主体培育、产业项目建设和产业要素保障等六个方面推动白云区高端高质高新产业发展。

关键词： 高端高质高新产业　产业体系　广州白云

产业是白云区实施"1358"发展思路[①]的关键支撑，加快产业发展对于白云区建设国际航空枢纽、区域综合交通枢纽、区域创新枢纽意义重大，关

---

[*] 课题组成员：伍伟强，广州市白云区发展和改革局局长；文宇，广州市白云区发展和改革局副局长；李光伟，共青团广州市白云区委员会副书记；袁满，广州市白云区发展和改革局，高级经济师；陈思航，广州市白云区发展和改革局；廖洋，广州市白云区发展和改革局；郭嘉燊，广州市白云区发展和改革局。

[①] "1358"发展思路，即以建设国家重要中心城市的现代化中心城区为"一个目标"，打造航空、交通、科技创新"三大枢纽"，构建东部科技创新带、西部科技走廊、南部总部集聚区、北部临空经济区、中部城市中心等"五大功能片区"，建设黄金围新一代信息技术和人工智能产业园、神山轨道交通装备产业园、和龙科技创新谷、大田铁路经济产业园、机场南临空产业区、白云新城总部经济集聚区、大健康生物医药产业基地、现代都市消费产业园等"八大产业园区"。

乎白云区的核心竞争力和发展后劲。白云区"十三五"规划已将建设高端高质高新产业体系作为重要任务，明确了"强二优三"产业发展路径，研究制定了一批产业规划政策，谋划建设了一批平台载体，引进培育了一批企业项目，有力推动高端高质高新产业发展。

一 高端高质高新产业体系建设总体情况

2017 年白云区实现地区生产总值 1782.94 亿元，其中第一产业、第二产业、第三产业增加值分别为 33.11 亿元、327.83 亿元、1422 亿元，三次产业比例为 1.9∶18.4∶79.7。

（一）工业结构调整步伐加快，转型发展呈现积极变化

2017 年白云区工业增加值达到 289.45 亿元，同比增长 6.8%。虽然近年来工业增速有所放缓，但结构调整和转型升级呈现积极变化，2017 年白云区规模以上工业总产值 684.68 亿元，其中民营工业企业全年完成产值 533.27 亿元，同比增长 10.4%，占全区规模以上工业总产值的 77.9%；大中型工业企业全年完成产值 362.35 亿元，增长 9.2%，占全区比重为 52.9%；小微型工业企业全年完成产值 322.33 亿元，增长 5.3%，占全区比重为 47.1%。主要行业中，在以白云电器、欧派家居等重点龙头企业的带动下，顺应自主创新、智能制造、个性定制等发展方向的电气机械及器材制造业、家具制造业保持较快增速，分别增长 11.5%、18.7%。另一方面，未适应节能环保和创新变革的纺织、造纸、黑色金属冶炼、石油加工等传统行业持续低迷。园区平台集聚效应增强，民科园"一核四园"在工业整体放缓的情况下，2017 年逆势增长 16.5%，高于全区工业平均水平 9.2 个百分点，完成产值 245.32 亿元。

（二）服务业发展规模不断壮大，总部经济集聚发展势头良好

2017 年白云区营利性服务业增加值 162.94 亿元，同比增长 5.7%；非营利性服务业增加值 272.21 亿元，同比增长 11.3%。

交通运输业增速较快，是带动服务业发展引擎，成为白云区打造区域综合交通枢纽重要力量。2017年白云区交通运输、仓储和邮政业增加值439.4亿元，占全区经济总量的24.7%，同比增长9.8%；临空经济发展成效明显，白云区共有75.5平方公里纳入国家级临空经济示范区，引进了九元航空、东方航空广东分公司、华南国际商务航空、泰翔通用航空、中航油南方总部基地等一批龙头企业；铁路经济积极培育中，引进了广铁集团广州工程建设指挥部、广州东北货车外绕线铁路公司、广铁投资建设集团等涉及铁路投资、建设、运营的龙头企业。

总部经济加快聚集，白云新城总部经济发展势头迅猛，韩后化妆品、建华建材、太安堂、广州无限极等一批行业总部企业落户发展。金融业培育发展取得较好成效，拥有白云机场股份、白云电器、欧派家居等8家主板上市企业，南菱汽车、广东芭薇生物科技等28家新三板挂牌企业。批发零售业受互联网新业态、大宗商品价格波动等因素影响，增速逐步放缓，2017年白云区批发零售业增加值达到299.36亿元，同比增长3.8%。

（三）战略性新兴产业加快成长，加大力度培育IAB产业

近年来，白云区积极对接广州市发展新一代信息技术、生物与健康、新材料与高端制造、时尚创意、新能源与节能环保、新能源汽车等六大战略性新兴产业，结合区情实际谋划培育发展战略新兴产业。目前，广州民营科技企业创新基地、白云电器节能与智能电气产业基地、广州白云生物医药健康产业基地等3个基地列为市级战略产业基地，成为白云区发展新材料与高端制造、生物医药健康产业的重要载体。2017年白云区战略性新兴产业产值超过42.25亿元，形成了白云电器、和记黄埔中药、永兴环保能源等一批行业领先企业。

以建设产业集聚、创新突出的价值创新园区为导向，围绕新一代信息技术、人工智能、生物医药等IAB产业，谋划了黄金围新一代信息技术和人工智能产业园、和龙科技创新谷、大健康生物医药产业基地等价值园区。成功与华为、中节能实业、永达汽车等企业签订了战略合作协议，重点推进通达电气车联网产业园等一批重大项目。

（四）农业生产总体平稳，都市型现代农业加快发展

2017年，白云区农业总产值63.4亿元，同比下降2.8%；农业增加值达到37.21亿元，同比下降4%。农业生产方式加快转变，新型农业生产经营主体加快涌现，区级以上农业龙头企业33家（其中国家级2家、省级6家），区级以上示范性合作社14家。现代农业园区加快建设，广州白云（流溪湾一白海面）万亩都市农业观光园项目一期工程已完成工程量超过30%，白云流溪湾现代农业园区建设项目已基本完工，园区功能逐步完善。寮采村被国家农业部授予"中国最美休闲乡村"称号，长腰岭村被评为"中国裘皮之乡"。盛盈汇、和兴隆、田缘网络等一批农业相关企业在新三板挂牌。农民收入加快增长，2017农村常住居民人均可支配收入同比增长9.5%，比同期城市居民收入增速高0.6个百分点。

二 高端高质高新产业体系建设中存在的问题

（一）工业规模实力亟待提升

一是工业总量偏小，占比持续下降。近3年白云区工业增加值年均增长6.5%，低于GDP增速（8.1%）和服务业增加值增速（9%）。白云区工业增加值占全区GDP比重从2006年的26.8%持续下降到2016年的17%。工业占比过快下降，不仅影响经济稳定性和发展后劲，也影响生产性服务业的发展和自主创新水平的提升。

二是增长动力单一，新兴产业尚未形成有力支撑。工业增长对支柱产业依赖较大，2016年电气机械及器材制造业对规模以上工业增长的贡献率达83.4%。传统产业转型升级压力大，食品饮料、纺织服装、石油加工、化工等行业持续低速增长或负增长。新兴产业虽然发展较快，但规模仍然较小，近期引进的华为等一批IAB领域重大项目多数在谋划和建设期，落地生效尚需时日。

三是工业投资不足，投资结构有待优化。2016 年白云区工业投资 13.94亿元，同比下滑 47.1%。2017 年以来，全区在库工业投资项目 56 项，仅完成投资额 6.46 亿元，同比下滑 3.2%，其中技改项目 4.15 亿元。纳统工业投资项目规模小、企业技改项目纳统意愿不足等问题亟待解决。

（二）服务业发展质量效益有待提升

一是服务业效益低。2017 年，白云区服务业增加值占全区 GDP 的79.7%，高于服务业税收占全区税收的比重，服务业占经济比重与创税能力不匹配，且白云区服务业增加值含税量（服务业税收/服务业增加值）为10.8%，远低于广州的 16.9%。

二是服务业发展层次偏低。白云区服务业主要以传统物流、批发零售、住宿餐饮等服务业为主，约占服务业比重的 60%，且批发零售业在新常态下近三年平均增速仅为 4.6%。互联网、信息技术、科学技术服务等新兴服务业发展迅速，2017 年增长 30.1%，但是总量仍然较小。

三是批发零售业体量大而不强。2017 年白云区批零业增加值 299.36 亿元，占全区 GDP 比重 16.8%，是白云区第二大服务业，2014～2016 年平均增速 4.6%，年营业收入 5 亿元以上的企业 27 家。

四是租赁和商务服务业低端发展。2017 年白云区租赁和商务服务业营业收入为 163.54 亿元，且以村社集体物业和专业批发市场为主，亟待转型升级，提升质量效益。

（三）市场主体结构有待优化

一是法人单位特别是高端产业法人单位少。2016 年白云区登记注册市场主体总量 26.78 万户，但法人单位仅 3.62 万个，远低于天河区的 4.8 万个。法人单位以批发零售业、制造业、租赁和商务服务业为主，分别占比为 31.6%、28%、10.1%，合计 69.7%；而金融业和信息服务业占比仅为 0.22% 和 1.67%。

二是大型龙头企业少。2016 年白云区年营业收入 50 亿元以上企业只有9 家，且以民营企业为主，大型央企和省属国企数量明显偏少。

三是拉动经济增长的"四上"企业数量少。2017 年白云区"四上"企业数量仅为 2455 家。

四是总部企业少。2016 年广州认定的 370 家总部企业中，白云区总部企业只有 25 家，占广州比重仅为 6.8%，且主要是地区性、职能型总部或者仅在本地生产经营的企业，规模和体量也偏小，中国企业 500 强、广东企业 500 强的企业很少。

（四）创新发展能力亟待提高

一是高新技术企业规模偏小。2016 年白云区新增高新技术企业 255 家，总数为 375 家，其中电子信息类、高技术服务业仅为 96 家和 44 家。

二是研发投入特别是企业研发投入偏低。2016 年，白云区 R&D 经费支出 22.03 亿元，占 GDP 比重为 1.3%，2016 年规上企业 R&D 经费支出为 11.88 亿元。

三是发明专利等科技创新成果偏少。2016 年，白云区发明专利授权量为 387 件，占广州比重为 5.05%。

（五）支撑产业发展的高端人才较为缺乏

从行业分布看，白云区批发零售、传统物流等传统行业从业人员较多，金融、信息服务、科技服务等高端行业人才缺乏。2016 年，白云区制造业、传统物流业、批发零售业占全区社会从业人员的 34.8%、15.2%、14%，虽然制造业从业人员较多，但企业反映高级技工、工程师比较缺乏。金融业从业人员占比仅为 0.1%，中高端金融人才比较少；信息服务业从业人员占比为 1.5%。在白云区专业技术人才中，高级职称人数仅占 10%，硕士研究生以上学历人数仅占人才资源总量的 2.2%。

三　推动高端高质高新产业体系建设的思路建议

（一）产业发展重点

围绕"1358"的发展思路和"强二优三"的产业发展路径，集中力量培育壮大 IAB 产业，着力推动传统产业转型升级，加快形成战略性新兴产业、先进制造业、现代服务业有机融合发展的产业体系。

1. 战略性新兴产业方面

贯彻落实《广州市战略性新兴产业第十三个五年发展规划（2016～2020 年)》，聚焦新一代信息技术、人工智能与机器人、生物医药健康产业，突出抓好 IAB 产业重大项目建设，依托黄金围新一代信息技术和人工智能产业园、大健康生物医药产业基地、和龙科技创新谷等载体，引进和培育一批龙头企业，做好华为等已引进企业项目的对接服务工作，建立完善 IAB 产业、战略性新兴产业等派生产业统计指标和监测评价体系。到 2020 年，战略性新兴产业产值达 80 亿元。

2. 先进制造业方面

深入贯彻《广州制造 2025 战略规划》，促进工业化与信息化深度融合，提升电气机械、智能家具等支柱产业，依托神山轨道交通装备产业园、白云电器节能与智能电气产业园等，大力发展先进轨道交通、节能环保、新材料等先进制造业，推动制造业高端化发展。到 2020 年，先进制造业产值达 400 亿元。

3. 现代服务业方面

加快落实《广州服务经济发展规划（2016～2025 年)》，依托空港经济区、白云新城总部经济集聚区、大田铁路经济产业园区等，重点发展航空服务、现代物流、金融、会展等生产性服务业，优化提升商贸、文化创意、旅游、法律服务、健康养老等生活性服务业。到 2020 年，现代服务业增加值占服务业的比重达到 65% 左右。

（二）产业创新驱动

以培育高新技术企业、打造创新企业发展载体、加强研发投入、加强国际创新合作等方面进行发力，不断提升创新生态环境，打造区域创新枢纽。

1. 高新技术企业方面

实施高新技术企业和科技创新小巨人培育计划，围绕 IAB 产业、新材料与高端制造、新能源与节能环保、新能源汽车等战略性新兴产业开展重点高新技术企业靶向招商，支持创新标杆企业和科技创新小巨人企业做大做强，到2020年白云区高新技术企业超过500家、新三板挂牌企业超过50家。进一步规范白云区科技计划项目和经费管理，发挥财政科技经费对全社会研发投入的撬动作用，加强企业自主创新积极性。以龙头企业为引领，推动成立轨道装备、新一代信息技术等高新技术产业联盟。

2. 创新企业发展载体方面

实施创新驱动发展战略，培育东部科技创新带和西部科技走廊，东西两翼协同发力、各有侧重，东部科技创新带大力集聚创新型产业、生物医药产业，西部科技走廊集聚高新科技企业，打造信息技术、先进制造创新带。加快科技园区、孵化器及众创空间建设，形成"前孵化器—孵化器—加速器—专业园区"完整孵化链条。依托民科园珠三角国家自创区和国家小微企业"双创"示范基地，重点培育一批科技型中小企业。

3. 加强研发投入方面

引导企业积极创新，发扬"工匠精神"，加强品牌建设，培育一批具有核心竞争力的企业主体，实施质量强区战略，强化知识产权保护和商标品牌培育，增强企业品牌意识。2020年力争全社会研发投入强度达2.5%。争取轨道交通装备、中医药等领域省级以上新兴产业创新中心落户白云区。

4. 加强国际创新合作方面

"引进来"与"走出去"相结合，加速拓展"一带一路"沿线国际合作。协助区内企业开展与独联体国家在高新技术、人才与投资领域的合作。充分发挥紧邻天河智慧城、广州科学城、中新知识城的区位优势，积极主动参与广州科技创新走廊和广深创新走廊建设。

（三）产业平台建设

深化"1358"发展战略，聚焦国际航空、综合交通和科技创新"三大枢纽"，全力打造北部临空经济区、东部科技创新带和西部科技走廊三大引擎，着力建设神山轨道交通装备产业园、黄金围新一代信息技术和人工智能产业园等价值园区，促进产业集聚集群集约发展。

1. 北部临空经济区

紧紧围绕建设国家级临空经济示范区，依托广州航空产业运营保障基地、航空物流基地、航空服务基地、综合保税区建设，重点发展航空总部、航空服务、航空维修、跨境电商、飞机租赁、航空冷链物流、商务展览等临空产业，适度发展高端房地产、酒店公寓、城市综合体等城市配套，形成区域商业中心，对标先进地区，建设成为广州空港经济服务业核心区域。

2. 东部科技创新带

依托和龙科技创新谷、民科园，大力发展创新型产业；发挥医药龙头企业带动作用，形成国际健康产业城生物医药制造、同和京溪地区高端医药总部的大健康产业格局。同和京溪区域重点加快完善道路交通，发展楼宇经济；帽峰山一带限制发展养老名义的房地产，重点发展总部经济、创新经济，把整个片区打造成为承接科技创新的重要空间载体。

3. 西部科技走廊

围绕打造"一地两区"（践行新发展理念的最佳实践地，实现生产生活生态有机统一的引领区，广佛同城的桥头堡和区域一体化协同发展的示范区）的总目标，依托神山轨道交通装备产业园和白云火车站、大田集装箱中心站、大朗货运站，打造轨道装备制造、铁路经济全产业链。依托黄金围新一代信息技术和人工智能产业园、神山轨道交通装备产业园，集聚高新科技企业，打造信息技术、先进制造创新带。

4. 价值园区

以"系统规划、一次性收储、全面建设"思路为引领，建设产业定位清晰、生态环境优美、交通出行便捷、配套设施完善、运营管理到位的现代园区，瞄准IAB等"广州制造2025"重点产业和现代服务业，不断提升产业集聚度。先期重点推动黄金围新一代信息技术和人工智能产业园、神山轨道交通装备产业园、白云生物医药健康产业基地等价值园区建设。结合特色小镇规划建设改造提升一批"小散乱"工业园区。

（四）产业主体培育

围绕建设广州国家重要中心城市的现代化中心城区，大力实施"引入增量、做优存量、做大总量、提升质量、增强效能"，通过引进与培育并举、增量与提质并重，大中小微一起抓，全面提升企业发展能级和整体实力。

1. 加强引资引技，引入优质增量

瞄准 IAB、NEM 等"广州制造 2025"重点产业和现代服务业，充分发挥白云区航空枢纽、综合交通枢纽和优美生态环境的区位优势，对标行业领军企业引进一批航空、轨道交通、科技创新枢纽型企业；依托八大产业园区，吸引一批新一代信息技术、高端装备制造、生物医药等大型企业。

2. 加大政策扶持，做优做强存量

对标天河、黄埔等先进城区，加快研究制定或修订出台一批更有竞争力、更有针对性、更贴合企业需求的产业政策，贯彻落实好现有省、市各项促进民营经济发展、降低实体经济企业成本等专项政策。加强政策资源集聚和服务协同，重点加强对企业人才落户、子女入学等方面的扶持力度，帮助和指导一批传统企业向信息化转型，向产业链高端转移，形成一批本土骨干企业。

3. 提升营商环境，做大总量

贯彻落实好各项创新创业措施，健全创业支持和服务体系，全面改善创业环境，激发创业热情，催生更多市场主体。进一步深化商事改革力度，降低企业准入门槛和制度性交易成本，释放改革红利。积极落实挂钩企业制度，跟踪服务好白云区"四上企业"、重点监测企业、总部企业和高新技术企业，做好一对一贴身服务，切实解决企业发展困难。

4. 精准帮扶，激发企业活力和动力

实施骨干企业倍增工程，全方位加大对重点骨干企业的扶持力度。抓牢小微企业，深化"个转企、小升规、规上市"工作，建立健全小微企业发展跟踪联络机制和成长辅导机制，推动小微企业由"低、散、弱"向"高、精、优"升级发展。实施困难企业帮扶,针对困难较大、问题较多的企业实施"一企一策"。

(五)产业项目建设

坚持远近结合,实行增量与存量双轮驱动,一手抓招商引资,一手抓增资扩产,推动形成谋划储备一批、开工建设一批、建成投产一批的良性循环。

1. 积极储备项目

加快完成八大产业园区规划建设实施三年行动计划编制工作,制定产业园区策划和招商方案,认真筛选、储备符合国家产业政策和投资导向的项目,积极培育发展新一代信息技术、人工智能、生物医药、轨道装备等战略新兴产业,切实增强白云区发展后劲。

2. 全力引进项目

加强产业片区谋划和招商资源整备,以"产业+空间"的总体思路积极对连片土地进行整体谋划,引导各镇街谋划产业综合发展片区,吸引创新项目、领军人才、资本等创新要素落户,切实引进一批优质项目落地生根、开花结果。

3. 强力推进项目

以项目建设为核心,着力推进一批经济支撑力强、转型升级推动力大的重大骨干项目,争取实现以"大项目"发展促进"大产业"形成;继续落实好重点项目和重点区域联席会议制度,统筹协调落实"攻城拔寨、落地生根、开花结果"作战图及重点项目推进节点计划。

4. 做好在建项目服务

加快项目审批、注册等手续办理服务力度,力促项目尽快落地;加强对已审批、已拿地或意向拿地项目的跟进服务力度,促进项目早投产、早见效。

(六)产业要素保障

强化"人才、资金、土地、能源"等要素保障,积极破解人财物、水电气等制约产业高端化发展的各项要素资源问题,加大资源整合和优化配置

社长致辞

蓦然回首，皮书的专业化历程已经走过了二十年。20年来从一个出版社的学术产品名称到媒体热词再到智库成果研创及传播平台，皮书以专业化为主线，进行了系列化、市场化、品牌化、数字化、国际化、平台化的运作，实现了跨越式的发展。特别是在党的十八大以后，以习近平总书记为核心的党中央高度重视新型智库建设，皮书也迎来了长足的发展，总品种达到600余种，经过专业评审机制、淘汰机制遴选，目前，每年稳定出版近400个品种。"皮书"已经成为中国新型智库建设的抓手，成为国际国内社会各界快速、便捷地了解真实中国的最佳窗口。

20年孜孜以求，"皮书"始终将自己的研究视野与经济社会发展中的前沿热点问题紧密相连。600个研究领域，3万多位分布于800余个研究机构的专家学者参与了研创写作。皮书数据库中共收录了15万篇专业报告，50余万张数据图表，合计30亿字，每年报告下载量近80万次。皮书为中国学术与社会发展实践的结合提供了一个激荡智力、传播思想的入口，皮书作者们用学术的话语、客观翔实的数据谱写出了中国故事壮丽的篇章。

20年跬步千里，"皮书"始终将自己的发展与时代赋予的使命与责任紧紧相连。每年百余场新闻发布会，10万余次中外媒体报道，中、英、俄、日、韩等12个语种共同出版。皮书所具有的凝聚力正在形成一种无形的力量，吸引着社会各界关注中国的发展，参与中国的发展，它是我们向世界传递中国声音、总结中国经验、争取中国国际话语权最主要的平台。

皮书这一系列成就的取得，得益于中国改革开放的伟大时代，离不开来自中国社会科学院、新闻出版广电总局、全国哲学社会科学规划办公室等主管部门的大力支持和帮助，也离不开皮书研创者和出版者的共同努力。他们与皮书的故事创造了皮书的历史，他们对皮书的拳拳之心将继续谱写皮书的未来！

现在，"皮书"品牌已经进入了快速成长的青壮年时期。全方位进行规范化管理，树立中国的学术出版标准；不断提升皮书的内容质量和影响力，搭建起中国智库产品和智库建设的交流服务平台和国际传播平台；发布各类皮书指数，并使之成为中国指数，让中国智库的声音响彻世界舞台，为人类的发展做出中国的贡献——这是皮书未来发展的图景。作为"皮书"这个概念的提出者，"皮书"从一般图书到系列图书和品牌图书，最终成为智库研究和社会科学应用对策研究的知识服务和成果推广平台这整个过程的操盘者，我相信，这也是每一位皮书人执着追求的目标。

"当代中国正经历着我国历史上最为广泛而深刻的社会变革，也正在进行着人类历史上最为宏大而独特的实践创新。这种前无古人的伟大实践，必将给理论创造、学术繁荣提供强大动力和广阔空间。"

在这个需要思想而且一定能够产生思想的时代，皮书的研创出版一定能创造出新的更大的辉煌！

社会科学文献出版社社长

中国社会学会秘书长

2017年11月

社会科学文献出版社简介

社会科学文献出版社（以下简称"社科文献出版社"）成立于1985年，是直属于中国社会科学院的人文社会科学学术出版机构。成立至今，社科文献出版社始终依托中国社会科学院和国内外人文社会科学界丰厚的学术出版和专家学者资源，坚持"创社科经典，出传世文献"的出版理念、"权威、前沿、原创"的产品定位以及学术成果和智库成果出版的专业化、数字化、国际化、市场化的经营道路。

社科文献出版社是中国新闻出版业转型与文化体制改革的先行者。积极探索文化体制改革的先进方向和现代企业经营决策机制，社科文献出版社先后荣获"全国文化体制改革工作先进单位"、中国出版政府奖·先进出版单位奖，中国社会科学院先进集体、全国科普工作先进集体等荣誉称号。多人次荣获"第十届韬奋出版奖""全国新闻出版行业领军人才""数字出版先进人物""北京市新闻出版广电行业领军人才"等称号。

社科文献出版社是中国人文社会科学学术出版的大社名社，也是以皮书为代表的智库成果出版的专业强社。年出版图书2000余种，其中皮书400余种，出版新书字数5.5亿字，承印与发行中国社科院院属期刊72种，先后创立了皮书系列、列国志、中国史话、社科文献学术译库、社科文献学术文库、甲骨文书系等一大批既有学术影响又有市场价值的品牌，确立了在社会学、近代史、苏东问题研究等专业学科及领域出版的领先地位。图书多次荣获中国出版政府奖、"三个一百"原创图书出版工程、"五个'一'工程奖"、"大众喜爱的50种图书"等奖项，在中央国家机关"强素质·做表率"读书活动中，入选图书品种数位居各大出版社之首。

社科文献出版社是中国学术出版规范与标准的倡议者与制定者，代表全国50多家出版社发起实施学术著作出版规范的倡议，承担学术著作规范国家标准的起草工作，率先编撰完成《皮书手册》对皮书品牌进行规范化管理，并在此基础上推出中国版芝加哥手册——《社科文献出版社学术出版手册》。

社科文献出版社是中国数字出版的引领者，拥有皮书数据库、列国志数据库、"一带一路"数据库、减贫数据库、集刊数据库等4大产品线11个数据库产品，机构用户达1300余家，海外用户百余家，荣获"数字出版转型示范单位""新闻出版标准化先进单位""专业数字内容资源知识服务模式试点企业标准化示范单位"等称号。

社科文献出版社是中国学术出版走出去的践行者。社科文献出版社海外图书出版与学术合作业务遍及全球40余个国家和地区，并于2016年成立俄罗斯分社，累计输出图书500余种，涉及近20个语种，累计获得国家社科基金中华学术外译项目资助76种、"丝路书香工程"项目资助60种、中国图书对外推广计划项目资助71种以及经典中国国际出版工程资助28种，被五部委联合认定为"2015～2016年度国家文化出口重点企业"。

如今，社科文献出版社完全靠自身积累拥有固定资产3.6亿元，年收入3亿元，设置了七大出版分社、六大专业部门，成立了皮书研究院和博士后科研工作站，培养了一支近400人的高素质与高效率的编辑、出版、营销和国际推广队伍，为未来成为学术出版的大社、名社、强社，成为文化体制改革与文化企业转型发展的排头兵奠定了坚实的基础。

宏观经济类

经济蓝皮书

2018年中国经济形势分析与预测

李平/主编　2017年12月出版　定价：89.00元

◆　本书为总理基金项目，由著名经济学家李扬领衔，联合中国社会科学院等数十家科研机构、国家部委和高等院校的专家共同撰写，系统分析了2017年的中国经济形势并预测2018年中国经济运行情况。

城市蓝皮书

中国城市发展报告No.11

潘家华　单菁菁/主编　2018年9月出版　估价：99.00元

◆　本书是由中国社会科学院城市发展与环境研究中心编著的，多角度、全方位地立体展示了中国城市的发展状况，并对中国城市的未来发展提出了许多建议。该书有强烈的时代感，对中国城市发展实践有重要的参考价值。

人口与劳动绿皮书

中国人口与劳动问题报告No.19

张车伟/主编　2018年10月出版　估价：99.00元

◆　本书为中国社会科学院人口与劳动经济研究所主编的年度报告，对当前中国人口与劳动形势做了比较全面和系统的深入讨论，为研究中国人口与劳动问题提供了一个专业性的视角。

中国省域竞争力蓝皮书

中国省域经济综合竞争力发展报告（2017 ~ 2018）

李建平　李闽榕　高燕京 / 主编　2018 年 5 月出版　估价：198.00 元

◆　本书融多学科的理论为一体，深入追踪研究了省域经济发展与中国国家竞争力的内在关系，为提升中国省域经济综合竞争力提供有价值的决策依据。

金融蓝皮书

中国金融发展报告（2018）

王国刚 / 主编　2018 年 6 月出版　估价：99.00 元

◆　本书由中国社会科学院金融研究所组织编写，概括和分析了 2017 年中国金融发展和运行中的各方面情况，研讨和评论了 2017 年发生的主要金融事件，有利于读者了解掌握 2017 年中国的金融状况，把握 2018 年中国金融的走势。

区 域 经 济 类

京津冀蓝皮书

京津冀发展报告（2018）

祝合良　叶堂林　张贵祥 / 等著　2018 年 6 月出版　估价：99.00 元

◆　本书遵循问题导向与目标导向相结合、统计数据分析与大数据分析相结合、纵向分析和长期监测与结构分析和综合监测相结合等原则，对京津冀协同发展新形势与新进展进行测度与评价。

社 会 政 法 类

社会蓝皮书

2018年中国社会形势分析与预测

李培林　陈光金　张翼 / 主编　2017年12月出版　定价：89.00元

◆　本书由中国社会科学院社会学研究所组织研究机构专家、高校学者和政府研究人员撰写，聚焦当下社会热点，对2017年中国社会发展的各个方面内容进行了权威解读，同时对2018年社会形势发展趋势进行了预测。

法治蓝皮书

中国法治发展报告No.16（2018）

李林　田禾 / 主编　2018年3月出版　定价：128.00元

◆　本年度法治蓝皮书回顾总结了2017年度中国法治发展取得的成就和存在的不足，对中国政府、司法、检务透明度进行了跟踪调研，并对2018年中国法治发展形势进行了预测和展望。

教育蓝皮书

中国教育发展报告（2018）

杨东平 / 主编　2018年3月出版　定价：89.00元

◆　本书重点关注了2017年教育领域的热点，资料翔实，分析有据，既有专题研究，又有实践案例，从多角度对2017年教育改革和实践进行了分析和研究。

社会体制蓝皮书

中国社会体制改革报告 No.6（2018）

龚维斌 / 主编　2018 年 3 月出版　定价：98.00 元

◆　本书由国家行政学院社会治理研究中心和北京师范大学中国社会管理研究院共同组织编写，主要对 2017 年社会体制改革情况进行回顾和总结，对 2018 年的改革走向进行分析，提出相关政策建议。

社会心态蓝皮书

中国社会心态研究报告（2018）

王俊秀　杨宜音 / 主编　2018 年 12 月出版　估价：99.00 元

◆　本书是中国社会科学院社会学研究所社会心理研究中心"社会心态蓝皮书课题组"的年度研究成果，运用社会心理学、社会学、经济学、传播学等多种学科的方法进行了调查和研究，对于目前中国社会心态状况有较广泛和深入的揭示。

华侨华人蓝皮书

华侨华人研究报告（2018）

贾益民 / 主编　2017 年 12 月出版　估价：139.00 元

◆　本书关注华侨华人生产与生活的方方面面。华侨华人是中国建设 21 世纪海上丝绸之路的重要中介者、推动者和参与者。本书旨在全面调研华侨华人，提供最新涉侨动态、理论研究成果和政策建议。

民族发展蓝皮书

中国民族发展报告（2018）

王延中 / 主编　2018 年 10 月出版　估价：188.00 元

◆　本书从民族学人类学视角，研究近年来少数民族和民族地区的发展情况，展示民族地区经济、政治、文化、社会和生态文明"五位一体"建设取得的辉煌成就和面临的困难挑战，为深刻理解中央民族工作会议精神、加快民族地区全面建成小康社会进程提供了实证材料。

产 业 经 济 类

房地产蓝皮书

中国房地产发展报告 No.15（2018）

李春华　王业强 / 主编　2018 年 5 月出版　估价：99.00 元

◆ 2018 年《房地产蓝皮书》持续追踪中国房地产市场最新动态，深度剖析市场热点，展望 2018 年发展趋势，积极谋划应对策略。对 2017 年房地产市场的发展态势进行全面、综合的分析。

新能源汽车蓝皮书

中国新能源汽车产业发展报告（2018）

中国汽车技术研究中心　日产（中国）投资有限公司

东风汽车有限公司 / 编著　2018 年 8 月出版　估价：99.00 元

◆ 本书对中国 2017 年新能源汽车产业发展进行了全面系统的分析，并介绍了国外的发展经验。有助于相关机构、行业和社会公众等了解中国新能源汽车产业发展的最新动态，为政府部门出台新能源汽车产业相关政策法规、企业制定相关战略规划，提供必要的借鉴和参考。

行 业 及 其 他 类

旅游绿皮书

2017 ~ 2018 年中国旅游发展分析与预测

中国社会科学院旅游研究中心 / 编　2018 年 1 月出版　定价：99.00 元

◆ 本书从政策、产业、市场、社会等多个角度勾画出 2017 年中国旅游发展全貌，剖析了其中的热点和核心问题，并就未来发展作出预测。

民营医院蓝皮书

中国民营医院发展报告（2018）

薛晓林／主编　2018年11月出版　估价：99.00元

◆　本书在梳理国家对社会办医的各种利好政策的前提下，对我国民营医疗发展现状、我国民营医院竞争力进行了分析，并结合我国医疗体制改革对民营医院的发展趋势、发展策略、战略规划等方面进行了预估。

会展蓝皮书

中外会展业动态评估研究报告（2018）

张敏／主编　　2018年12月出版　估价：99.00元

◆　本书回顾了2017年的会展业发展动态，结合"供给侧改革"、"互联网＋"、"绿色经济"的新形势分析了我国展会的行业现状，并介绍了国外的发展经验，有助于行业和社会了解最新的展会业动态。

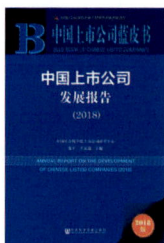

中国上市公司蓝皮书

中国上市公司发展报告（2018）

张平　王宏淼／主编　　2018年9月出版　　估价：99.00元

◆　本书由中国社会科学院上市公司研究中心组织编写的，着力于全面、真实、客观反映当前中国上市公司财务状况和价值评估的综合性年度报告。本书详尽分析了2017年中国上市公司情况，特别是现实中暴露出的制度性、基础性问题，并对资本市场改革进行了探讨。

工业和信息化蓝皮书

人工智能发展报告（2017～2018）

尹丽波／主编　　2018年6月出版　　估价：99.00元

◆　本书国家工业信息安全发展研究中心在对2017年全球人工智能技术和产业进行全面跟踪研究基础上形成的研究报告。该报告内容翔实、视角独特，具有较强的产业发展前瞻性和预测性，可为相关主管部门、行业协会、企业等全面了解人工智能发展形势以及进行科学决策提供参考。

国际问题与全球治理类

世界经济黄皮书

2018年世界经济形势分析与预测

张宇燕／主编　2018年1月出版　定价：99.00元

◆　本书由中国社会科学院世界经济与政治研究所的研究团队撰写，分总论、国别与地区、专题、热点、世界经济统计与预测等五个部分，对2018年世界经济形势进行了分析。

国际城市蓝皮书

国际城市发展报告（2018）

屠启宇／主编　2018年2月出版　定价：89.00元

◆　本书作者以上海社会科学院从事国际城市研究的学者团队为核心，汇集同济大学、华东师范大学、复旦大学、上海交通大学、南京大学、浙江大学相关城市研究专业学者。立足动态跟踪介绍国际城市发展时间中，最新出现的重大战略、重大理念、重大项目、重大报告和最佳案例。

非洲黄皮书

非洲发展报告No.20（2017～2018）

张宏明／主编　2018年7月出版　估价：99.00元

◆　本书是由中国社会科学院西亚非洲研究所组织编撰的非洲形势年度报告，比较全面、系统地分析了2017年非洲政治形势和热点问题，探讨了非洲经济形势和市场走向，剖析了大国对非洲关系的新动向；此外，还介绍了国内非洲研究的新成果。

国别类

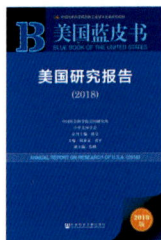

美国蓝皮书

美国研究报告（2018）

郑秉文　黄平 / 主编　2018 年 5 月出版　估价：99.00 元

◆　本书是由中国社会科学院美国研究所主持完成的研究成果，它回顾了美国 2017 年的经济、政治形势与外交战略，对美国内政外交发生的重大事件及重要政策进行了较为全面的回顾和梳理。

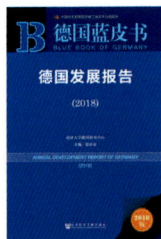

德国蓝皮书

德国发展报告（2018）

郑春荣 / 主编　2018 年 6 月出版　估价：99.00 元

◆　本报告由同济大学德国研究所组织编撰，由该领域的专家学者对德国的政治、经济、社会文化、外交等方面的形势发展情况，进行全面的阐述与分析。

俄罗斯黄皮书

俄罗斯发展报告（2018）

李永全 / 编著　2018 年 6 月出版　估价：99.00 元

◆　本书系统介绍了 2017 年俄罗斯经济政治情况，并对 2016 年该地区发生的焦点、热点问题进行了分析与回顾；在此基础上，对该地区 2018 年的发展前景进行了预测。

文 化 传 媒 类

新媒体蓝皮书

中国新媒体发展报告 No.9（2018）

唐绪军 / 主编　2018 年 6 月出版　估价：99.00 元

◆　本书是由中国社会科学院新闻与传播研究所组织编写的关于新媒体发展的最新年度报告，旨在全面分析中国新媒体的发展现状，解读新媒体的发展趋势，探析新媒体的深刻影响。

移动互联网蓝皮书

中国移动互联网发展报告（2018）

余清楚 / 主编　　2018 年 6 月出版　估价：99.00 元

◆　本书着眼于对 2017 年度中国移动互联网的发展情况做深入解析，对未来发展趋势进行预测，力求从不同视角、不同层面全面剖析中国移动互联网发展的现状、年度突破及热点趋势等。

文化蓝皮书

中国文化消费需求景气评价报告（2018）

王亚南 / 主编　2018 年 3 月出版　定价：99.00 元

◆　本书首创全国文化发展量化检测评价体系，也是至今全国唯一的文化民生量化检测评价体系，对于检验全国及各地 " 以人民为中心 " 的文化发展具有首创意义。

地方发展类

北京蓝皮书

北京经济发展报告（2017～2018）

杨松／主编　2018年6月出版　估价：99.00元

◆ 本书对2017年北京市经济发展的整体形势进行了系统性的分析与回顾，并对2018年经济形势走势进行了预测与研判，聚焦北京市经济社会发展中的全局性、战略性和关键领域的重点问题，运用定量和定性分析相结合的方法，对北京市经济社会发展的现状、问题、成因进行了深入分析，提出了可操作性的对策建议。

温州蓝皮书

2018年温州经济社会形势分析与预测

蒋儒标　王春光　金浩／主编　2018年6月出版　估价：99.00元

◆ 本书是中共温州市委党校和中国社会科学院社会学研究所合作推出的第十一本温州蓝皮书，由来自党校、政府部门、科研机构、高校的专家、学者共同撰写的2017年温州区域发展形势的最新研究成果。

黑龙江蓝皮书

黑龙江社会发展报告（2018）

王爱丽／主编　2018年1月出版　定价：89.00元

◆ 本书以千份随机抽样问卷调查和专题研究为依据，运用社会学理论框架和分析方法，从专家和学者的独特视角，对2017年黑龙江省关系民生的问题进行广泛的调研与分析，并对2017年黑龙江省诸多社会热点和焦点问题进行了有益的探索。这些研究不仅可以为政府部门更加全面深入了解省情、科学制定决策提供智力支持，同时也可以为广大读者认识、了解、关注黑龙江社会发展提供理性思考。

宏观经济类

城市蓝皮书
中国城市发展报告（No.11）
著(编)者：潘家华 单菁菁
2018年9月出版 / 估价：99.00元
PSN B-2007-091-1/1

城乡一体化蓝皮书
中国城乡一体化发展报告（2018）
著(编)者：付崇兰
2018年9月出版 / 估价：99.00元
PSN B-2011-226-1/2

城镇化蓝皮书
中国新型城镇化健康发展报告（2018）
著(编)者：张占斌
2018年8月出版 / 估价：99.00元
PSN B-2014-396-1/1

创新蓝皮书
创新型国家建设报告（2018~2019）
著(编)者：詹正茂
2018年12月出版 / 估价：99.00元
PSN B-2009-140-1/1

低碳发展蓝皮书
中国低碳发展报告（2018）
著(编)者：张希良 齐晔
2018年6月出版 / 估价：99.00元
PSN B-2011-223-1/1

低碳经济蓝皮书
中国低碳经济发展报告（2018）
著(编)者：薛进军 赵忠秀
2018年11月出版 / 估价：99.00元
PSN B-2011-194-1/1

发展和改革蓝皮书
中国经济发展和体制改革报告No.9
著(编)者：邹东涛 王再文
2018年1月出版 / 估价：99.00元
PSN B-2008-122-1/1

国家创新蓝皮书
中国创新发展报告（2017）
著(编)者：陈劲 2018年5月出版 / 估价：99.00元
PSN B-2014-370-1/1

金融蓝皮书
中国金融发展报告（2018）
著(编)者：王国刚
2018年6月出版 / 估价：99.00元
PSN B-2004-031-1/7

经济蓝皮书
2018年中国经济形势分析与预测
著(编)者：李平 2017年12月出版 / 定价：89.00元
PSN B-1996-001-1/1

经济蓝皮书春季号
2018年中国经济前景分析
著(编)者：李扬 2018年5月出版 / 估价：99.00元
PSN B-1999-008-1/1

经济蓝皮书夏季号
中国经济增长报告（2017~2018）
著(编)者：李扬 2018年9月出版 / 估价：99.00元
PSN B-2010-176-1/1

农村绿皮书
中国农村经济形势分析与预测（2017~2018）
著(编)者：魏后凯 黄秉信
2018年4月出版 / 估价：99.00元
PSN G-1998-003-1/1

人口与劳动绿皮书
中国人口与劳动问题报告No.19
著(编)者：张车伟 2018年11月出版 / 估价：99.00元
PSN G-2000-012-1/1

新型城镇化蓝皮书
新型城镇化发展报告（2017）
著(编)者：李伟 宋敏
2018年3月出版 / 定价：98.00元
PSN B-2005-038-1/1

中国省域竞争力蓝皮书
中国省域经济综合竞争力发展报告（2016~2017）
著(编)者：李建平 李闽榕
2018年2月出版 / 定价：198.00元
PSN B-2007-088-1/1

中小城市绿皮书
中国中小城市发展报告（2018）
著(编)者：中国城市经济学会中小城市经济发展委员会
中国城镇化促进会中小城市发展委员会
《中国中小城市发展报告》编纂委员会
中小城市发展战略研究院
2018年11月出版 / 估价：128.00元
PSN G-2010-161-1/1

区域经济类

东北蓝皮书
中国东北地区发展报告（2018）
著（编）者：姜晓秋　2018年11月出版 / 估价：99.00元
PSN B-2006-067-1/1

金融蓝皮书
中国金融中心发展报告（2017～2018）
著（编）者：王力 黄育华　2018年11月出版 / 估价：99.00元
PSN B-2011-186-6/7

京津冀蓝皮书
京津冀发展报告（2018）
著（编）者：祝合良 叶堂林 张贵祥
2018年6月出版 / 估价：99.00元
PSN B-2012-262-1/1

西北蓝皮书
中国西北发展报告（2018）
著（编）者：王福生 马廷旭 董秋生
2018年1月出版 / 定价：99.00元
PSN B-2012-261-1/1

西部蓝皮书
中国西部发展报告（2018）
著（编）者：璋勇 任保平　2018年8月出版 / 估价：99.00元
PSN B-2005-039-1/1

长江经济带产业蓝皮书
长江经济带产业发展报告（2018）
著（编）者：吴传清　2018年11月出版 / 估价：128.00元
PSN B-2017-666-1/1

长江经济带蓝皮书
长江经济带发展报告（2017～2018）
著（编）者：王振　2018年11月出版 / 估价：99.00元
PSN B-2016-575-1/1

长江中游城市群蓝皮书
长江中游城市群新型城镇化与产业协同发展报告（2018）
著（编）者：杨刚强　2018年11月出版 / 估价：99.00元
PSN B-2016-578-1/1

长三角蓝皮书
2017年创新融合发展的长三角
著（编）者：刘飞跃　2018年5月出版 / 估价：99.00元
PSN B-2005-038-1/1

长株潭城市群蓝皮书
长株潭城市群发展报告（2017）
著（编）者：张萍 朱有志　2018年6月出版 / 估价：99.00元
PSN B-2008-109-1/1

特色小镇蓝皮书
特色小镇智慧运营报告（2018）：顶层设计与智慧架构标准
著（编）者：陈劲　2018年1月出版 / 定价：79.00元
PSN B-2018-692-1/1

中部竞争力蓝皮书
中国中部经济社会竞争力报告（2018）
著（编）者：教育部人文社会科学重点研究基地南昌大学中国
中部经济社会发展研究中心
2018年12月出版 / 估价：99.00元
PSN B-2012-276-1/1

中部蓝皮书
中国中部地区发展报告（2018）
著（编）者：宋亚平　2018年12月出版 / 估价：99.00元
PSN B-2007-089-1/1

区域蓝皮书
中国区域经济发展报告（2017～2018）
著（编）者：赵弘　2018年5月出版 / 估价：99.00元
PSN B-2004-034-1/1

中三角蓝皮书
长江中游城市群发展报告（2018）
著（编）者：秦尊文　2018年9月出版 / 估价：99.00元
PSN B-2014-417-1/1

中原蓝皮书
中原经济区发展报告（2018）
著（编）者：李英杰　2018年6月出版 / 估价：99.00元
PSN B-2011-192-1/1

珠三角流通蓝皮书
珠三角商圈发展研究报告（2018）
著（编）者：王先庆 林至颖　2018年7月出版 / 估价：99.00元
PSN B-2012-292-1/1

社会政法类

北京蓝皮书
中国社区发展报告（2017～2018）
著（编）者：于燕燕　2018年9月出版 / 估价：99.00元
PSN B-2007-083-5/8

殡葬绿皮书
中国殡葬事业发展报告（2017～2018）
著（编）者：李伯森　2018年6月出版 / 估价：158.00元
PSN G-2010-180-1/1

城市管理蓝皮书
中国城市管理报告（2017-2018）
著（编）者：刘林 刘承水　2018年5月出版 / 估价：158.00元
PSN B-2013-336-1/1

城市生活质量蓝皮书
中国城市生活质量报告（2017）
著（编）者：张连城 张平 杨春学 郎丽华
2017年12月出版 / 定价：89.00元
PSN B-2013-326-1/1

城市政府能力蓝皮书
中国城市政府公共服务能力评估报告（2018）
著(编)者：何艳玲　2018年5月出版 / 估价：99.00元
PSN B-2013-338-1/1

创业蓝皮书
中国创业发展研究报告（2017~2018）
著(编)者：黄群慧 赵卫星 钟宏武
2018年11月出版 / 估价：99.00元
PSN B-2016-577-1/1

慈善蓝皮书
中国慈善发展报告（2018）
著(编)者：杨团　2018年6月出版 / 估价：99.00元
PSN B-2009-142-1/1

党建蓝皮书
党的建设研究报告No.2（2018）
著(编)者：崔建民 陈东平　2018年6月出版 / 估价：99.00元
PSN B-2016-523-1/1

地方法治蓝皮书
中国地方法治发展报告No.3（2018）
著(编)者：李林 田禾　2018年6月出版 / 估价：118.00元
PSN B-2015-442-1/1

电子政务蓝皮书
中国电子政务发展报告（2018）
著(编)者：李季　2018年8月出版 / 估价：99.00元
PSN B-2003-022-1/1

儿童蓝皮书
中国儿童参与状况报告（2017）
著(编)者：苑立新　2017年12月出版 / 定价：89.00元
PSN B-2017-682-1/1

法治蓝皮书
中国法治发展报告No.16（2018）
著(编)者：李林 田禾　2018年3月出版 / 定价：128.00元
PSN B-2004-027-1/3

法治蓝皮书
中国法院信息化发展报告No.2（2018）
著(编)者：李林 田禾　2018年2月出版 / 估价：118.00元
PSN B-2017-604-3/3

法治政府蓝皮书
中国法治政府发展报告（2017）
著(编)者：中国政法大学法治政府研究院
2018年3月出版 / 定价：158.00元
PSN B-2015-502-1/2

法治政府蓝皮书
中国法治政府评估报告（2018）
著(编)者：中国政法大学法治政府研究院
2018年9月出版 / 估价：168.00元
PSN B-2016-576-2/2

反腐倡廉蓝皮书
中国反腐倡廉建设报告No.8
著(编)者：张英伟　2018年12月出版 / 估价：99.00元
PSN B-2012-259-1/1

扶贫蓝皮书
中国扶贫开发报告（2018）
著(编)者：李培林 魏后凯　2018年12月出版 / 估价：128.00元
PSN B-2016-599-1/1

妇女发展蓝皮书
中国妇女发展报告No.6
著(编)者：王金玲　2018年9月出版 / 估价：158.00元
PSN B-2006-069-1/1

妇女教育蓝皮书
中国妇女教育发展报告No.3
著(编)者：张李玺　2018年10月出版 / 估价：99.00元
PSN B-2008-121-1/1

妇女绿皮书
2018年：中国性别平等与妇女发展报告
著(编)者：谭琳　2018年12月出版 / 估价：99.00元
PSN G-2006-073-1/1

公共安全蓝皮书
中国城市公共安全发展报告（2017~2018）
著(编)者：黄育华 杨文明 赵建辉
2018年6月出版 / 估价：99.00元
PSN B-2017-628-1/1

公共服务蓝皮书
中国城市基本公共服务力评价（2018）
著(编)者：钟君 刘志昌 吴正杲
2018年12月出版 / 估价：99.00元
PSN B-2011-214-1/1

公民科学素质蓝皮书
中国公民科学素质报告（2017~2018）
著(编)者：李群 陈雄 马宗文
2017年12月出版 / 定价：89.00元
PSN B-2014-379-1/1

公益蓝皮书
中国公益慈善发展报告（2016）
著(编)者：朱健刚 胡小军　2018年6月出版 / 估价：99.00元
PSN B-2012-283-1/1

国际人才蓝皮书
中国国际移民报告（2018）
著(编)者：王辉耀　2018年6月出版 / 估价：99.00元
PSN B-2012-304-3/4

国际人才蓝皮书
中国留学发展报告（2018）No.7
著(编)者：王辉耀 苗绿　2018年12月出版 / 估价：99.00元
PSN B-2012-244-2/4

海洋社会蓝皮书
中国海洋社会发展报告（2017）
著(编)者：崔凤 宋宁而　2018年3月出版 / 定价：99.00元
PSN B-2015-478-1/1

行政改革蓝皮书
中国行政体制改革报告No.7（2018）
著(编)者：魏礼群　2018年6月出版 / 估价：99.00元
PSN B-2011-231-1/1

华侨华人蓝皮书
华侨华人研究报告（2017）
著(编)者：张禹东 庄国土　2017年12月出版 / 定价：148.00元
PSN B-2011-204-1/1

互联网与国家治理蓝皮书
互联网与国家治理发展报告（2017）
著(编)者：张志安　2018年1月出版 / 定价：98.00元
PSN B-2017-671-1/1

环境管理蓝皮书
中国环境管理发展报告（2017）
著(编)者：李金惠　2017年12月出版 / 定价：98.00元
PSN B-2017-678-1/1

环境竞争力绿皮书
中国省域环境竞争力发展报告（2018）
著(编)者：李建平 李闽榕 王金南
2018年11月出版 / 估价：198.00元
PSN G-2010-165-1/1

环境绿皮书
中国环境发展报告（2017~2018）
著(编)者：李波　2018年6月出版 / 估价：99.00元
PSN G-2006-048-1/1

家庭蓝皮书
中国"创建幸福家庭活动"评估报告（2018）
著(编)者：国务院发展研究中心"创建幸福家庭活动评估"课题组
2018年12月出版 / 估价：99.00元
PSN B-2015-508-1/1

健康城市蓝皮书
中国健康城市建设研究报告（2018）
著(编)者：王鸿春 盛继洪　2018年12月出版 / 估价：99.00元
PSN B-2016-564-2/2

健康中国蓝皮书
社区首诊与健康中国分析报告（2018）
著(编)者：高和荣 杨叔禹 姜杰
2018年6月出版 / 估价：99.00元
PSN B-2017-611-1/1

教师蓝皮书
中国中小学教师发展报告（2017）
著(编)者：曾晓东 鱼霞
2018年6月出版 / 估价：99.00元
PSN B-2012-289-1/1

教育扶贫蓝皮书
中国教育扶贫报告（2018）
著(编)者：司树杰 王文静 李兴洲
2018年12月出版 / 估价：99.00元
PSN B-2016-590-1/1

教育蓝皮书
中国教育发展报告（2018）
著(编)者：杨东平　2018年3月出版 / 定价：89.00元
PSN B-2006-047-1/1

金融法治建设蓝皮书
中国金融法治建设年度报告（2015~2016）
著(编)者：朱小黄　2018年6月出版 / 估价：99.00元
PSN B-2017-633-1/1

京津冀教育蓝皮书
京津冀教育发展研究报告（2017~2018）
著(编)者：方中雄　2018年6月出版 / 估价：99.00元
PSN B-2017-608-1/1

就业蓝皮书
2018年中国本科生就业报告
著(编)者：麦可思研究院　2018年6月出版 / 估价：99.00元
PSN D 2009 146-1/2

就业蓝皮书
2018年中国高职高专生就业报告
著(编)者：麦可思研究院　2018年6月出版 / 估价：99.00元
PSN B-2015-472-2/2

科学教育蓝皮书
中国科学教育发展报告（2018）
著(编)者：王康友　2018年10月出版 / 估价：99.00元
PSN B-2015-487-1/1

劳动保障蓝皮书
中国劳动保障发展报告（2018）
著(编)者：刘燕斌　2018年9月出版 / 估价：158.00元
PSN B-2014-415-1/1

老龄蓝皮书
中国老年宜居环境发展报告（2017）
著(编)者：党俊武 周燕珉　2018年6月出版 / 估价：99.00元
PSN B-2013-320-1/1

连片特困区蓝皮书
中国连片特困区发展报告（2017~2018）
著(编)者：游俊 冷志明 丁建军
2018年6月出版 / 估价：99.00元
PSN B-2013-321-1/1

流动儿童蓝皮书
中国流动儿童教育发展报告（2017）
著(编)者：杨东平　2018年6月出版 / 估价：99.00元
PSN B-2017-600-1/1

民调蓝皮书
中国民生调查报告（2018）
著(编)者：谢耘耕　2018年12月出版 / 估价：99.00元
PSN B-2014-398-1/1

民族发展蓝皮书
中国民族发展报告（2018）
著(编)者：王延中　2018年10月出版 / 估价：188.00元
PSN B-2006-070-1/1

女性生活蓝皮书
中国女性生活状况报告No.12（2018）
著(编)者：韩湘景　2018年7月出版 / 估价：99.00元
PSN B-2006-071-1/1

汽车社会蓝皮书
中国汽车社会发展报告（2017~2018）
著(编)者：王俊秀　2018年6月出版 / 估价：99.00元
PSN B-2011-224-1/1

青年蓝皮书
中国青年发展报告（2018）No.3
著(编)者：廉思　2018年6月出版 / 估价：99.00元
PSN B-2013-333-1/1

青少年蓝皮书
中国未成年人互联网运用报告（2017~2018）
著(编)者：季为民 李文革 沈杰
2018年11月出版 / 估价：99.00元
PSN B-2010-156-1/1

人权蓝皮书
中国人权事业发展报告No.8（2018）
著(编)者：李君如　2018年9月出版 / 估价：99.00元
PSN B-2011-215-1/1

社会保障绿皮书
中国社会保障发展报告No.9（2018）
著(编)者：王延中　2018年6月出版 / 估价：99.00元
PSN G-2001-014-1/1

社会风险评估蓝皮书
风险评估与危机预警报告（2017~2018）
著(编)者：唐钧　2018年8月出版 / 估价：99.00元
PSN B-2012-293-1/1

社会工作蓝皮书
中国社会工作发展报告（2016~2017）
著(编)者：民政部社会工作研究中心
2018年8月出版 / 估价：99.00元
PSN B-2009-141-1/1

社会管理蓝皮书
中国社会管理创新报告No.6
著(编)者：连玉明　2018年11月出版 / 估价：99.00元
PSN B-2012-300-1/1

社会蓝皮书
2018年中国社会形势分析与预测
著(编)者：李培林 陈光金 张翼
2017年12月出版 / 定价：89.00元
PSN B-1998-002-1/1

社会体制蓝皮书
中国社会体制改革报告No.6（2018）
著(编)者：龚维斌　2018年3月出版 / 定价：98.00元
PSN B-2013-330-1/1

社会心态蓝皮书
中国社会心态研究报告（2018）
著(编)者：王俊秀　2018年12月出版 / 估价：99.00元
PSN B-2011-199-1/1

社会组织蓝皮书
中国社会组织报告（2017-2018）
著(编)者：黄晓勇　2018年6月出版 / 估价：99.00元
PSN B-2008-118-1/2

社会组织蓝皮书
中国社会组织评估发展报告（2018）
著(编)者：徐家良　2018年12月出版 / 估价：99.00元
PSN B-2013-366-2/2

生态城市绿皮书
中国生态城市建设发展报告（2018）
著(编)者：刘举科 孙伟平 胡文臻
2018年9月出版 / 估价：158.00元
PSN G-2012-269-1/1

生态文明绿皮书
中国省域生态文明建设评价报告（ECI 2018）
著(编)者：严耕　2018年12月出版 / 估价：99.00元
PSN G-2010-170-1/1

退休生活蓝皮书
中国城市居民退休生活质量指数报告（2017）
著(编)者：杨一帆　2018年6月出版 / 估价：99.00元
PSN B-2017-618-1/1

危机管理蓝皮书
中国危机管理报告（2018）
著(编)者：文学国 范正青
2018年8月出版 / 估价：99.00元
PSN B-2010-171-1/1

学会蓝皮书
2018年中国学会发展报告
著(编)者：麦可思研究院　2018年12月出版 / 估价：99.00元
PSN B-2016-597-1/1

医改蓝皮书
中国医药卫生体制改革报告（2017~2018）
著(编)者：文学国 房志武
2018年11月出版 / 估价：99.00元
PSN B-2014-432-1/1

应急管理蓝皮书
中国应急管理报告（2018）
著(编)者：宋英华　2018年9月出版 / 估价：99.00元
PSN B-2016-562-1/1

政府绩效评估蓝皮书
中国地方政府绩效评估报告 No.2
著(编)者：贠杰　2018年12月出版 / 估价：99.00元
PSN B-2017-672-1/1

政治参与蓝皮书
中国政治参与报告（2018）
著(编)者：房宁　2018年8月出版 / 估价：128.00元
PSN B-2011-200-1/1

政治文化蓝皮书
中国政治文化报告（2018）
著(编)者：邢元敏 魏大鹏 龚克
2018年8月出版 / 估价：128.00元
PSN B-2017-615-1/1

中国传统村落蓝皮书
中国传统村落保护现状报告（2018）
著(编)者：胡彬彬 李向军 王晓波
2018年12月出版 / 估价：99.00元
PSN B-2017-663-1/1

中国农村妇女发展蓝皮书
农村流动女性城市生活发展报告（2018）
著(编)者：谢丽华 2018年12月出版 / 估价：99.00元
PSN B-2014-434-1/1

宗教蓝皮书
中国宗教报告（2017）
著(编)者：邱永辉 2018年8月出版 / 估价：99.00元
PSN B-2008-117-1/1

产业经济类

保健蓝皮书
中国保健服务产业发展报告 No.2
著(编)者：中国保健协会　中共中央党校
2018年7月出版 / 估价：198.00元
PSN B-2012-272-3/3

保健蓝皮书
中国保健食品产业发展报告 No.2
著(编)者：中国保健协会
　　　　中国社会科学院食品药品产业发展与监管研究中心
2018年8月出版 / 估价：198.00元
PSN B-2012-271-2/3

保健蓝皮书
中国保健用品产业发展报告 No.2
著(编)者：中国保健协会
　　　　国务院国有资产监督管理委员会研究中心
2018年6月出版 / 估价：198.00元
PSN B-2012-270-1/3

保险蓝皮书
中国保险业竞争力报告（2018）
著(编)者：保监会 2018年12月出版 / 估价：99.00元
PSN B-2013-311-1/1

冰雪蓝皮书
中国冰上运动产业发展报告（2018）
著(编)者：孙承华 杨占武 刘戈 张鸿俊
2018年9月出版 / 估价：99.00元
PSN B-2017-648-3/3

冰雪蓝皮书
中国滑雪产业发展报告（2018）
著(编)者：孙承华 伍斌 魏庆华 张鸿俊
2018年9月出版 / 估价：99.00元
PSN B-2016-559-1/3

餐饮产业蓝皮书
中国餐饮产业发展报告（2018）
著(编)者：邢颖
2018年6月出版 / 估价：99.00元
PSN B-2009-151-1/1

茶业蓝皮书
中国茶产业发展报告（2018）
著(编)者：杨江帆 李闽榕
2018年10月出版 / 估价：99.00元
PSN B-2010-164-1/1

产业安全蓝皮书
中国文化产业安全报告（2018）
著(编)者：北京印刷学院文化产业安全研究院
2018年12月出版 / 估价：99.00元
PSN B-2014-378-12/14

产业安全蓝皮书
中国新媒体产业安全报告（2016～2017）
著(编)者：肖丽 2018年6月出版 / 估价：99.00元
PSN B-2015-500-14/14

产业安全蓝皮书
中国出版传媒产业安全报告（2017～2018）
著(编)者：北京印刷学院文化产业安全研究院
2018年6月出版 / 估价：99.00元
PSN B-2014-384-13/14

产业蓝皮书
中国产业竞争力报告 （2018）No.8
著(编)者：张其仔 2018年12月出版 / 估价：168.00元
PSN B-2010-175-1/1

动力电池蓝皮书
中国新能源汽车动力电池产业发展报告（2018）
著(编)者：中国汽车技术研究中心
2018年8月出版 / 估价：99.00元
PSN B-2017-639-1/1

杜仲产业绿皮书
中国杜仲橡胶资源与产业发展报告（2017～2018）
著(编)者：杜红岩 胡文臻 俞锐
2018年6月出版 / 估价：99.00元
PSN G-2013-350-1/1

房地产蓝皮书
中国房地产发展报告No.15（2018）
著(编)者：李春华 王业强
2018年5月出版 / 估价：99.00元
PSN B-2004-028-1/1

服务外包蓝皮书
中国服务外包产业发展报告（2017～2018）
著(编)者：王晓红 刘德军
2018年6月出版 / 估价：99.00元
PSN B-2013-331-2/2

服务外包蓝皮书
中国服务外包竞争力报告（2017～2018）
著(编)者：刘春生 王力 黄育华
2018年12月出版 / 估价：99.00元
PSN B-2011-216-1/2

工业和信息化蓝皮书
世界信息技术产业发展报告（2017～2018）
著(编)者：尹丽波　2018年6月出版 / 估价：99.00元
PSN B-2015-449-2/6

工业和信息化蓝皮书
战略性新兴产业发展报告（2017～2018）
著(编)者：尹丽波　2018年6月出版 / 估价：99.00元
PSN B-2015-450-3/6

海洋经济蓝皮书
中国海洋经济发展报告（2015～2018）
著(编)者：殷克东　高金田　方胜民
2018年3月出版 / 定价：128.00元
PSN B-2018-697-1/1

康养蓝皮书
中国康养产业发展报告（2017）
著(编)者：何莽　2017年12月出版 / 定价：88.00元
PSN B-2017-685-1/1

客车蓝皮书
中国客车产业发展报告（2017～2018）
著(编)者：姚蔚　2018年10月出版 / 估价：99.00元
PSN B-2013-361-1/1

流通蓝皮书
中国商业发展报告（2018～2019）
著(编)者：王雪峰　林诗慧
2018年7月出版 / 估价：99.00元
PSN B-2009-152-1/2

能源蓝皮书
中国能源发展报告（2018）
著(编)者：崔民选　王军生　陈义和
2018年12月出版 / 估价：99.00元
PSN B-2006-049-1/1

农产品流通蓝皮书
中国农产品流通产业发展报告（2017）
著(编)者：贾敬敦　张东科　张玉玺　张鹏毅　周伟
2018年6月出版 / 估价：99.00元
PSN B-2012-288-1/1

汽车工业蓝皮书
中国汽车工业发展年度报告（2018）
著(编)者：中国汽车工业协会
　　　　　中国汽车技术研究中心
　　　　　丰田汽车公司
2018年5月出版 / 估价：168.00元
PSN B-2015-463-1/2

汽车工业蓝皮书
中国汽车零部件产业发展报告（2017～2018）
著(编)者：中国汽车工业协会
　　　　　中国汽车工程研究院深圳市沃特玛电池有限公司
2018年9月出版 / 估价：99.00元
PSN B-2016-515-2/2

汽车蓝皮书
中国汽车产业发展报告（2018）
著(编)者：中国汽车工程学会
　　　　　大众汽车集团（中国）
2018年11月出版 / 估价：99.00元
PSN B-2008-124-1/1

世界茶业蓝皮书
世界茶业发展报告（2018）
著(编)者：李闽榕　冯廷佺
2018年5月出版 / 估价：168.00元
PSN B-2017-619-1/1

世界能源蓝皮书
世界能源发展报告（2018）
著(编)者：黄晓勇　2018年6月出版 / 估价：168.00元
PSN B-2013-349-1/1

石油蓝皮书
中国石油产业发展报告（2018）
著(编)者：中国石油化工集团公司经济技术研究院
　　　　　中国国际石油化工联合有限责任公司
　　　　　中国社会科学院数量经济与技术经济研究所
2018年2月出版 / 定价：98.00元
PSN B-2018-690-1/1

体育蓝皮书
国家体育产业基地发展报告（2016～2017）
著(编)者：李颖川　2018年6月出版 / 估价：168.00元
PSN B-2017-609-5/5

体育蓝皮书
中国体育产业发展报告（2018）
著(编)者：阮伟　钟秉枢
2018年12月出版 / 估价：99.00元
PSN B-2010-179-1/5

文化金融蓝皮书
中国文化金融发展报告（2018）
著(编)者：杨涛　金巍
2018年6月出版 / 估价：99.00元
PSN B-2017-610-1/1

新能源汽车蓝皮书
中国新能源汽车产业发展报告（2018）
著(编)者：中国汽车技术研究中心
　　　　　日产（中国）投资有限公司
　　　　　东风汽车有限公司
2018年8月出版 / 估价：99.00元
PSN B-2013-347-1/1

薏仁米产业蓝皮书
中国薏仁米产业发展报告No.2（2018）
著(编)者：李发耀　石明　秦礼康
2018年8月出版 / 估价：99.00元
PSN B-2017-645-1/1

邮轮绿皮书
中国邮轮产业发展报告（2018）
著(编)者：汪泓　2018年10月出版 / 估价：99.00元
PSN G-2014-419-1/1

智能养老蓝皮书
中国智能养老产业发展报告（2018）
著(编)者：朱勇　2018年10月出版 / 估价：99.00元
PSN B-2015-488-1/1

中国节能汽车蓝皮书
中国节能汽车发展报告（2017～2018）
著(编)者：中国汽车工程研究院股份有限公司
2018年9月出版 / 估价：99.00元
PSN B-2016-565-1/1

中国陶瓷产业蓝皮书
中国陶瓷产业发展报告（2018）
著(编)者：左和平 黄速建
2018年10月出版 / 估价：99.00元
PSN B-2016-573-1/1

装备制造业蓝皮书
中国装备制造业发展报告（2018）
著(编)者：徐东华
2018年12月出版 / 估价：118.00元
PSN B-2015-505-1/1

行业及其他类

"三农"互联网金融蓝皮书
中国"三农"互联网金融发展报告（2018）
著(编)者：李勇坚 王弢
2018年8月出版 / 估价：99.00元
PSN B-2016-560-1/1

SUV蓝皮书
中国SUV市场发展报告（2017~2018）
著(编)者：靳军 2018年9月出版 / 估价：99.00元
PSN B-2016-571-1/1

冰雪蓝皮书
中国冬季奥运会发展报告（2018）
著(编)者：孙承华 伍斌 魏庆华 张鸿俊
2018年9月出版 / 估价：99.00元
PSN B-2017-647-2/3

彩票蓝皮书
中国彩票发展报告（2018）
著(编)者：益彩基金 2018年6月出版 / 估价：99.00元
PSN B-2015-462-1/1

测绘地理信息蓝皮书
测绘地理信息供给侧结构性改革研究报告（2018）
著(编)者：库热西·买合苏提
2018年12月出版 / 估价：168.00元
PSN B-2009-145-1/1

产权市场蓝皮书
中国产权市场发展报告（2017）
著(编)者：曹和平
2018年5月出版 / 估价：99.00元
PSN B-2009-147-1/1

城投蓝皮书
中国城投行业发展报告（2018）
著(编)者：华景斌
2018年11月出版 / 估价：300.00元
PSN B-2016-514-1/1

城市轨道交通蓝皮书
中国城市轨道交通运营发展报告（2017~2018）
著(编)者：崔学忠 贾文峥
2018年3月出版 / 定价：89.00元
PSN B-2018-694-1/1

大数据蓝皮书
中国大数据发展报告（No.2）
著(编)者：连玉明 2018年5月出版 / 估价：99.00元
PSN B-2017-620-1/1

大数据应用蓝皮书
中国大数据应用发展报告No.2（2018）
著(编)者：陈军君 2018年8月出版 / 估价：99.00元
PSN B-2017-644-1/1

对外投资与风险蓝皮书
中国对外直接投资与国家风险报告（2018）
著(编)者：中债资信评估有限责任公司
中国社会科学院世界经济与政治研究所
2018年6月出版 / 估价：189.00元
PSN B-2017-606-1/1

工业和信息化蓝皮书
人工智能发展报告（2017~2018）
著(编)者：尹丽波 2018年6月出版 / 估价：99.00元
PSN B-2015-448-1/6

工业和信息化蓝皮书
世界智慧城市发展报告（2017~2018）
著(编)者：尹丽波 2018年6月出版 / 估价：99.00元
PSN B-2017-624-6/6

工业和信息化蓝皮书
世界网络安全发展报告（2017~2018）
著(编)者：尹丽波 2018年6月出版 / 估价：99.00元
PSN B-2015-452-5/6

工业和信息化蓝皮书
世界信息化发展报告（2017~2018）
著(编)者：尹丽波 2018年6月出版 / 估价：99.00元
PSN B-2015-451-4/6

工业设计蓝皮书
中国工业设计发展报告（2018）
著(编)者：王晓红 于炜 张立群 2018年9月出版 / 估价：168.00元
PSN B-2014-420-1/1

公共关系蓝皮书
中国公共关系发展报告（2017）
著(编)者：柳斌杰 2018年1月出版 / 定价：89.00元
PSN B-2016-579-1/1

公共关系蓝皮书
中国公共关系发展报告（2018）
著（编）者：柳斌杰　2018年11月出版 / 估价：99.00元
PSN B-2016-579-1/1

管理蓝皮书
中国管理发展报告（2018）
著（编）者：张晓东　2018年10月出版 / 估价：99.00元
PSN B-2014-416-1/1

轨道交通蓝皮书
中国轨道交通行业发展报告（2017）
著（编）者：仲建华　李闽榕
2017年12月出版 / 定价：98.00元
PSN B-2017-674-1/1

海关发展蓝皮书
中国海关发展前沿报告（2018）
著（编）者：千春晖　2018年6月出版 / 估价：99.00元
PSN B-2017-616-1/1

互联网医疗蓝皮书
中国互联网健康医疗发展报告（2018）
著（编）者：芮晓武　2018年6月出版 / 估价：99.00元
PSN B-2016-567-1/1

黄金市场蓝皮书
中国商业银行黄金业务发展报告（2017~2018）
著（编）者：平安银行　2018年6月出版 / 估价：99.00元
PSN B-2016-524-1/1

会展蓝皮书
中外会展业动态评估研究报告（2018）
著（编）者：张敏　任中峰　聂鑫焱　牛盼强
2018年12月出版 / 估价：99.00元
PSN B-2013-327-1/1

基金会蓝皮书
中国基金会发展报告（2017~2018）
著（编）者：中国基金会发展报告课题组
2018年6月出版 / 估价：99.00元
PSN B-2013-368-1/1

基金会绿皮书
中国基金会发展独立研究报告（2018）
著（编）者：基金会中心网　中央民族大学基金会研究中心
2018年6月出版 / 估价：99.00元
PSN G-2011-213-1/1

基金会透明度蓝皮书
中国基金会透明度发展研究报告（2018）
著（编）者：基金会中心网
　　　　　　清华大学廉政与治理研究中心
2018年9月出版 / 估价：99.00元
PSN B-2013-339-1/1

建筑装饰蓝皮书
中国建筑装饰行业发展报告（2018）
著（编）者：葛道顺　刘晓一
2018年10月出版 / 估价：198.00元
PSN B-2016-553-1/1

金融监管蓝皮书
中国金融监管报告（2018）
著（编）者：胡滨　2018年3月出版 / 定价：98.00元
PSN B-2012-281-1/1

金融蓝皮书
中国互联网金融行业分析与评估（2018~2019）
著（编）者：黄国平　伍旭川　2018年12月出版 / 估价：99.00元
PSN B-2016-585-7/7

金融科技蓝皮书
中国金融科技发展报告（2018）
著（编）者：李扬　孙国峰　2018年10月出版 / 估价：99.00元
PSN B-2014-374-1/1

金融信息服务蓝皮书
中国金融信息服务发展报告（2018）
著（编）者：李平　2018年5月出版 / 估价：99.00元
PSN B-2017-621-1/1

金蜜蜂企业社会责任蓝皮书
金蜜蜂中国企业社会责任报告研究（2017）
著（编）者：殷格非 于志宏 管竹笋
2018年1月出版 / 定价：99.00元
PSN B-2018-693-1/1

京津冀金融蓝皮书
京津冀金融发展报告（2018）
著（编）者：王爱俭 王璟怡　2018年10月出版 / 估价：99.00元
PSN B-2016-527-1/1

科普蓝皮书
国家科普能力发展报告（2018）
著（编）者：王康友　2018年5月出版 / 估价：138.00元
PSN B-2017-632-4/4

科普蓝皮书
中国基层科普发展报告（2017~2018）
著（编）者：赵立新 陈玲　2018年9月出版 / 估价：99.00元
PSN B-2016-568-3/4

科普蓝皮书
中国科普基础设施发展报告（2017~2018）
著（编）者：任福君　2018年6月出版 / 估价：99.00元
PSN B-2010-174-1/3

科普蓝皮书
中国科普人才发展报告（2017~2018）
著（编）者：郑念 任嵘嵘　2018年7月出版 / 估价：99.00元
PSN B-2016-512-2/4

科普能力蓝皮书
中国科普能力评价报告（2018~2019）
著（编）者：李富强 李群　2018年8月出版 / 估价：99.00元
PSN B-2016-555-1/1

临空经济蓝皮书
中国临空经济发展报告（2018）
著（编）者：连玉明　2018年9月出版 / 估价：99.00元
PSN B-2014-421-1/1

旅游安全蓝皮书
中国旅游安全报告（2018）
著(编)者：郑向敏 谢朝武　2018年5月出版 / 估价：158.00元
PSN B-2012-280-1/1

旅游绿皮书
2017~2018年中国旅游发展分析与预测
著(编)者：宋瑞　2018年1月出版 / 定价：99.00元
PSN G-2002-018-1/1

煤炭蓝皮书
中国煤炭工业发展报告（2018）
著(编)者：岳福斌　2018年12月出版 / 估价：99.00元
PSN B-2008-123-1/1

民营企业社会责任蓝皮书
中国民营企业社会责任报告（2018）
著(编)者：中华全国工商业联合会
2018年12月出版 / 估价：99.00元
PSN B-2015-510-1/1

民营医院蓝皮书
中国民营医院发展报告（2017）
著(编)者：薛晓林　2017年12月出版 / 定价：89.00元
PSN B-2012-299-1/1

闽商蓝皮书
闽商发展报告（2018）
著(编)者：李闽榕 王日根 林琛
2018年12月出版 / 估价：99.00元
PSN B-2012-298-1/1

农业应对气候变化蓝皮书
中国农业气象灾害及其灾损评估报告（No.3）
著(编)者：矫梅燕　2018年6月出版 / 估价：118.00元
PSN B-2014-413-1/1

品牌蓝皮书
中国品牌战略发展报告（2018）
著(编)者：汪同三　2018年10月出版 / 估价：99.00元
PSN B-2016-580-1/1

企业扶贫蓝皮书
中国企业扶贫研究报告（2018）
著(编)者：钟宏武　2018年12月出版 / 估价：99.00元
PSN B-2016-593-1/1

企业公益蓝皮书
中国企业公益研究报告（2018）
著(编)者：钟宏武 汪杰 黄晓娟
2018年12月出版 / 估价：99.00元
PSN B-2015-501-1/1

企业国际化蓝皮书
中国企业全球化报告（2018）
著(编)者：王辉耀 苗绿　2018年11月出版 / 估价：99.00元
PSN B-2014-427-1/1

企业蓝皮书
中国企业绿色发展报告No.2（2018）
著(编)者：李红玉 朱光辉
2018年8月出版 / 估价：99.00元
PSN B-2015-481-2/2

企业社会责任蓝皮书
中资企业海外社会责任研究报告（2017~2018）
著(编)者：钟宏武 叶柳红 张蒽
2018年6月出版 / 估价：99.00元
PSN B-2017-603-2/2

企业社会责任蓝皮书
中国企业社会责任研究报告（2018）
著(编)者：黄群慧 钟宏武 张蒽 汪杰
2018年11月出版 / 估价：99.00元
PSN B-2009-149-1/2

汽车安全蓝皮书
中国汽车安全发展报告（2018）
著(编)者：中国汽车技术研究中心
2018年8月出版 / 估价：99.00元
PSN B-2014-385-1/1

汽车电子商务蓝皮书
中国汽车电子商务发展报告（2018）
著(编)者：中华全国工商业联合会汽车经销商商会
　　　　　北方工业大学
　　　　　北京易观智库网络科技有限公司
2018年10月出版 / 估价：158.00元
PSN B-2015-485-1/1

汽车知识产权蓝皮书
中国汽车产业知识产权发展报告（2018）
著(编)者：中国汽车工程研究院股份有限公司
　　　　　中国汽车工程学会
　　　　　重庆长安汽车股份有限公司
2018年12月出版 / 估价：99.00元
PSN B-2016-594-1/1

青少年体育蓝皮书
中国青少年体育发展报告（2017）
著(编)者：刘扶民 杨桦　2018年6月出版 / 估价：99.00元
PSN B-2015-482-1/1

区块链蓝皮书
中国区块链发展报告（2018）
著(编)者：李伟　2018年9月出版 / 估价：99.00元
PSN B-2017-649-1/1

群众体育蓝皮书
中国群众体育发展报告（2017）
著(编)者：刘国永 戴健　2018年5月出版 / 估价：99.00元
PSN B-2014-411-1/3

群众体育蓝皮书
中国社会体育指导员发展报告（2018）
著(编)者：刘国永 王欢　2018年6月出版 / 估价：99.00元
PSN B-2016-520-3/3

人力资源蓝皮书
中国人力资源发展报告（2018）
著(编)者：余兴安　2018年11月出版 / 估价：99.00元
PSN B-2012-287-1/1

融资租赁蓝皮书
中国融资租赁业发展报告（2017~2018）
著(编)者：李光荣 王力　2018年8月出版 / 估价：99.00元
PSN B-2015-443-1/1

商会蓝皮书
中国商会发展报告No.5（2017）
著(编)者：王钦敏　2018年7月出版／估价：99.00元
PSN B-2008-125-1/1

商务中心区蓝皮书
中国商务中心区发展报告No.4（2017~2018）
著(编)者：李国红　单菁菁　2018年9月出版／估价：99.00元
PSN B-2015-444-1/1

设计产业蓝皮书
中国创新设计发展报告（2018）
著(编)者：王晓红　张立群　于炜
2018年11月出版／估价：99.00元
PSN B-2016-581-2/2

社会责任管理蓝皮书
中国上市公司社会责任能力成熟度报告No.4（2018）
著(编)者：肖红军　王晓光　李伟阳
2018年12月出版／估价：99.00元
PSN B-2015-507-2/2

社会责任管理蓝皮书
中国企业公众透明度报告No.4（2017~2018）
著(编)者：黄速建　熊梦　王晓光　肖红军
2018年6月出版／估价：99.00元
PSN B-2015-440-1/2

食品药品蓝皮书
食品药品安全与监管政策研究报告（2016~2017）
著(编)者：唐民皓　2018年6月出版／估价：99.00元
PSN B-2009-129-1/1

输血服务蓝皮书
中国输血行业发展报告（2018）
著(编)者：孙俊　2018年12月出版／估价：99.00元
PSN B-2016-582-1/1

水利风景区蓝皮书
中国水利风景区发展报告（2018）
著(编)者：董建文　兰思仁
2018年10月出版／估价：99.00元
PSN B-2015-480-1/1

数字经济蓝皮书
全球数字经济竞争力发展报告（2017）
著(编)者：王振　2017年12月出版／定价：79.00元
PSN B-2017-673-1/1

私募市场蓝皮书
中国私募股权市场发展报告（2017~2018）
著(编)者：曹和平　2018年12月出版／估价：99.00元
PSN B-2010-162-1/1

碳排放权交易蓝皮书
中国碳排放权交易报告（2018）
著(编)者：孙永平　2018年11月出版／估价：99.00元
PSN B-2017-652-1/1

碳市场蓝皮书
中国碳市场报告（2018）
著(编)者：定金彪　2018年11月出版／估价：99.00元
PSN B-2014-430-1/1

体育蓝皮书
中国公共体育服务发展报告（2018）
著(编)者：戴健　2018年12月出版／估价：99.00元
PSN B-2013-367-2/5

土地市场蓝皮书
中国农村土地市场发展报告（2017~2018）
著(编)者：李光荣　2018年6月出版／估价：99.00元
PSN B-2016-526-1/1

土地整治蓝皮书
中国土地整治发展研究报告（No.5）
著(编)者：国土资源部土地整治中心
2018年7月出版／估价：99.00元
PSN B-2014-401-1/1

土地政策蓝皮书
中国土地政策研究报告（2018）
著(编)者：高延利　张建平　吴次芳
2018年1月出版／定价：98.00元
PSN B-2015-506-1/1

网络空间安全蓝皮书
中国网络空间安全发展报告（2018）
著(编)者：惠志斌　覃庆玲
2018年11月出版／估价：99.00元
PSN B-2015-466-1/1

文化志愿服务蓝皮书
中国文化志愿服务发展报告（2018）
著(编)者：张永新　良警宇　2018年11月出版／估价：128.00元
PSN B-2016-596-1/1

西部金融蓝皮书
中国西部金融发展报告（2017~2018）
著(编)者：李忠民　2018年8月出版／估价：99.00元
PSN B-2010-160-1/1

协会商会蓝皮书
中国行业协会商会发展报告（2017）
著(编)者：景朝阳　李勇　2018年6月出版／估价：99.00元
PSN B-2015-461-1/1

新三板蓝皮书
中国新三板市场发展报告（2018）
著(编)者：王力　2018年8月出版／估价：99.00元
PSN B-2016-533-1/1

信托市场蓝皮书
中国信托业市场报告（2017~2018）
著(编)者：用益金融信托研究院
2018年6月出版／估价：198.00元
PSN B-2014-371-1/1

信息化蓝皮书
中国信息化形势分析与预测（2017~2018）
著(编)者：周宏仁　2018年8月出版／估价：99.00元
PSN B-2010-168-1/1

信用蓝皮书
中国信用发展报告（2017~2018）
著(编)者：章政　田侃　2018年6月出版／估价：99.00元
PSN B-2013-328-1/1

休闲绿皮书
2017~2018年中国休闲发展报告
著(编)者：宋瑞　　2018年7月出版 / 估价：99.00元
PSN G-2010-158-1/1

休闲体育蓝皮书
中国休闲体育发展报告（2017~2018）
著(编)者：李相如 钟秉枢
2018年10月出版 / 估价：99.00元
PSN B-2016-516-1/1

养老金融蓝皮书
中国养老金融发展报告（2018）
著(编)者：董克用 姚余栋
2018年9月出版 / 估价：99.00元
PSN B-2016-583-1/1

遥感监测绿皮书
中国可持续发展遥感监测报告（2017）
著(编)者：顾行发 汪克强 潘教峰 李闽榕 徐东华 王琦安
2018年6月出版 / 估价：298.00元
PSN B-2017-629-1/1

药品流通蓝皮书
中国药品流通行业发展报告（2018）
著(编)者：佘鲁林 温再兴
2018年7月出版 / 估价：198.00元
PSN B-2014-429-1/1

医疗器械蓝皮书
中国医疗器械行业发展报告（2018）
著(编)者：王宝亭 耿鸿武
2018年10月出版 / 估价：99.00元
PSN B-2017-661-1/1

医院蓝皮书
中国医院竞争力报告（2017~2018）
著(编)者：庄一强　　2018年3月出版 / 定价：108.00元
PSN B-2016-528-1/1

瑜伽蓝皮书
中国瑜伽业发展报告（2017~2018）
著(编)者：张永建 徐华锋 朱泰余
2018年6月出版 / 估价：198.00元
PSN B-2017-625-1/1

债券市场蓝皮书
中国债券市场发展报告（2017~2018）
著(编)者：杨农　　2018年10月出版 / 估价：99.00元
PSN B-2016-572-1/1

志愿服务蓝皮书
中国志愿服务发展报告（2018）
著(编)者：中国志愿服务联合会
2018年11月出版 / 估价：99.00元
PSN B-2017-664-1/1

中国上市公司蓝皮书
中国上市公司发展报告（2018）
著(编)者：张鹏 张平 黄胤英
2018年9月出版 / 估价：99.00元
PSN B-2014-414-1/1

中国新三板蓝皮书
中国新三板创新与发展报告（2018）
著(编)者：刘平安 闻召林
2018年8月出版 / 估价：158.00元
PSN B-2017-638-1/1

中国汽车品牌蓝皮书
中国乘用车品牌发展报告（2017）
著(编)者：《中国汽车报》社有限公司
　　　　　博世（中国）投资有限公司
　　　　　中国汽车技术研究中心数据资源中心
2018年1月出版 / 定价：89.00元
PSN B-2017-679-1/1

中医文化蓝皮书
北京中医药文化传播发展报告（2018）
著(编)者：毛嘉陵　　2018年6月出版 / 估价：99.00元
PSN B-2015-468-1/2

中医文化蓝皮书
中国中医药文化传播发展报告（2018）
著(编)者：毛嘉陵　　2018年7月出版 / 估价：99.00元
PSN B-2016-584-2/2

中医药蓝皮书
北京中医药知识产权发展报告No.2
著(编)者：汪洪 屠志涛　　2018年6月出版 / 估价：168.00元
PSN B-2017-602-1/1

资本市场蓝皮书
中国场外交易市场发展报告（2016~2017）
著(编)者：高峦　　2018年6月出版 / 估价：99.00元
PSN B-2009-153-1/1

资产管理蓝皮书
中国资产管理行业发展报告（2018）
著(编)者：郑智　　2018年7月出版 / 估价：99.00元
PSN B-2014-407-2/2

资产证券化蓝皮书
中国资产证券化发展报告（2018）
著(编)者：沈炳熙 曹彤 李哲平
2018年4月出版 / 估价：98.00元
PSN B-2017-660-1/1

自贸区蓝皮书
中国自贸区发展报告（2018）
著(编)者：王力 黄育华
2018年6月出版 / 估价：99.00元
PSN B-2016-558-1/1

国际问题与全球治理类

"一带一路"跨境通道蓝皮书
"一带一路"跨境通道建设研究报（2017~2018）
著(编)者：余鑫 张秋生　2018年1月出版 / 定价：89.00元
PSN B-2016-557-1/1

"一带一路"蓝皮书
"一带一路"建设发展报告（2018）
著(编)者：李永全　2018年3月出版 / 定价：98.00元
PSN B-2016-552-1/1

"一带一路"投资安全蓝皮书
中国"一带一路"投资与安全研究报告（2018）
著(编)者：邹statusCode钎 梁昊光　2018年4月出版 / 定价：98.00元
PSN B-2017-612-1/1

"一带一路"文化交流蓝皮书
中阿文化交流发展报告（2017）
著(编)者：王辉　2017年12月出版 / 定价：89.00元
PSN B-2017-655-1/1

G20国家创新竞争力黄皮书
二十国集团（G20）国家创新竞争力发展报告（2017~2018）
著(编)者：李建平 李闽榕 赵新力 周天勇
2018年7月出版 / 定价：168.00元
PSN Y-2011-229-1/1

阿拉伯黄皮书
阿拉伯发展报告（2016~2017）
著(编)者：罗林　2018年6月出版 / 估价：99.00元
PSN Y-2014-381-1/1

北部湾蓝皮书
泛北部湾合作发展报告（2017~2018）
著(编)者：吕余生　2018年12月出版 / 估价：99.00元
PSN B-2008-114-1/1

北极蓝皮书
北极地区发展报告（2017）
著(编)者：刘惠荣　2018年7月出版 / 估价：99.00元
PSN B-2017-634-1/1

大洋洲蓝皮书
大洋洲发展报告（2017~2018）
著(编)者：喻常森　2018年10月出版 / 估价：99.00元
PSN B-2013-341-1/1

东北亚区域合作蓝皮书
2017年"一带一路"倡议与东北亚区域合作
著(编)者：刘亚政 金美花
2018年5月出版 / 估价：99.00元
PSN B-2017-631-1/1

东盟黄皮书
东盟发展报告（2017）
著(编)者：杨晓强 庄国土　2018年6月出版 / 估价：99.00元
PSN Y-2012-303-1/1

东南亚蓝皮书
东南亚地区发展报告（2017~2018）
著(编)者：王勤　2018年12月出版 / 估价：99.00元
PSN B-2012-240-1/1

非洲黄皮书
非洲发展报告No.20（2017~2018）
著(编)者：张宏明　2018年7月出版 / 估价：99.00元
PSN Y-2012-239-1/1

非传统安全蓝皮书
中国非传统安全研究报告（2017~2018）
著(编)者：潇枫 罗中枢　2018年8月出版 / 估价：99.00元
PSN B-2012-273-1/1

国际安全蓝皮书
中国国际安全研究报告（2018）
著(编)者：刘慧　2018年7月出版 / 估价：99.00元
PSN B-2016-521-1/1

国际城市蓝皮书
国际城市发展报告（2018）
著(编)者：屠启宇　2018年2月出版 / 定价：89.00元
PSN B-2012-260-1/1

国际形势黄皮书
全球政治与安全报告（2018）
著(编)者：张宇燕　2018年1月出版 / 定价：99.00元
PSN Y-2001-016-1/1

公共外交蓝皮书
中国公共外交发展报告（2018）
著(编)者：赵启正 雷蔚真　2018年6月出版 / 估价：99.00元
PSN B-2015-457-1/1

海丝蓝皮书
21世纪海上丝绸之路研究报告（2017）
著(编)者：华侨大学海上丝绸之路研究院
2017年12月出版 / 定价：89.00元
PSN B-2017-684-1/1

金砖国家黄皮书
金砖国家综合创新竞争力发展报告（2018）
著(编)者：赵新力 李闽榕 黄茂兴
2018年8月出版 / 定价：128.00元
PSN Y-2017-643-1/1

拉美黄皮书
拉丁美洲和加勒比发展报告（2017~2018）
著(编)者：袁东振　2018年6月出版 / 估价：99.00元
PSN Y-1999-007-1/1

澜湄合作蓝皮书
澜沧江-湄公河合作发展报告（2018）
著(编)者：刘稚　2018年9月出版 / 估价：99.00元
PSN B-2011-196-1/1

欧洲蓝皮书
欧洲发展报告（2017~2018）
著(编)者：黄平 周弘 程卫东
2018年6月出版 / 估价：99.00元
PSN B-1999-009-1/1

葡语国家蓝皮书
葡语国家发展报告（2016~2017）
著(编)者：王成安 张敏 刘金兰
2018年6月出版 / 估价：99.00元
PSN B-2015-503-1/2

葡语国家蓝皮书
中国与葡语国家关系发展报告·巴西（2016）
著(编)者：张曙光
2018年8月出版 / 估价：99.00元
PSN R-2016-563-2/2

气候变化绿皮书
应对气候变化报告（2018）
著(编)者：王伟光 郑国光
2018年11月出版 / 估价：99.00元
PSN G-2009-144-1/1

全球环境竞争力绿皮书
全球环境竞争力报告（2018）
著(编)者：李建平 李闽榕 王金南
2018年12月出版 / 估价：198.00元
PSN G-2013-363-1/1

全球信息社会蓝皮书
全球信息社会发展报告（2018）
著(编)者：丁波涛 唐涛　　2018年10月出版 / 估价：99.00元
PSN B-2017-665-1/1

日本经济蓝皮书
日本经济与中日经贸关系研究报告（2018）
著(编)者：张季风　　2018年6月出版 / 估价：99.00元
PSN B-2008-102-1/1

上海合作组织黄皮书
上海合作组织发展报告（2018）
著(编)者：李进峰　　2018年6月出版 / 估价：99.00元
PSN Y-2009-130-1/1

世界创新竞争力黄皮书
世界创新竞争力发展报告（2017）
著(编)者：李建平 李闽榕 赵新力
2018年6月出版 / 估价：168.00元
PSN Y-2013-318-1/1

世界经济黄皮书
2018年世界经济形势分析与预测
著(编)者：张宇燕　　2018年1月出版 / 定价：99.00元
PSN Y-1999-006-1/1

世界能源互联互通蓝皮书
世界能源清洁发展与互联互通评估报告（2017）：欧洲篇
著(编)者：国网能源研究院
2018年1月出版 / 定价：128.00元
PSN B-2018-695-1/1

丝绸之路蓝皮书
丝绸之路经济带发展报告（2018）
著(编)者：任宗哲 白宽犁 谷孟宾
2018年1月出版 / 定价：89.00元
PSN B-2014-410-1/1

新兴经济体蓝皮书
金砖国家发展报告（2018）
著(编)者：林跃勤 周文
2018年8月出版 / 估价：99.00元
PSN B-2011-195-1/1

亚太蓝皮书
亚太地区发展报告（2018）
著(编)者：李向阳　　2018年5月出版 / 估价：99.00元
PSN B-2001-015-1/1

印度洋地区蓝皮书
印度洋地区发展报告（2018）
著(编)者：汪戎　　2018年6月出版 / 估价：99.00元
PSN B-2013-334-1/1

印度尼西亚经济蓝皮书
印度尼西亚经济发展报告（2017）：增长与机会
著(编)者：左志刚　　2017年11月出版 / 定价：89.00元
PSN B-2017-675-1/1

渝新欧蓝皮书
渝新欧沿线国家发展报告（2018）
著(编)者：杨柏 黄森
2018年6月出版 / 估价：99.00元
PSN B-2017-626-1/1

中阿蓝皮书
中国-阿拉伯国家经贸发展报告（2018）
著(编)者：张廉 段庆林 王林聪 杨巧红
2018年12月出版 / 估价：99.00元
PSN B-2016-598-1/1

中东黄皮书
中东发展报告No.20（2017~2018）
著(编)者：杨光　　2018年10月出版 / 估价：99.00元
PSN Y-1998-004-1/1

中亚黄皮书
中亚国家发展报告（2018）
著(编)者：孙力
2018年3月出版 / 定价：98.00元
PSN Y-2012-238-1/1

国别类

澳大利亚蓝皮书
澳大利亚发展报告（2017-2018）
著(编)者：孙有中 韩锋　2018年12月出版 / 估价：99.00元
PSN B-2016-587-1/1

巴西黄皮书
巴西发展报告（2017）
著(编)者：刘国枝　2018年5月出版 / 估价：99.00元
PSN Y-2017-614-1/1

德国蓝皮书
德国发展报告（2018）
著(编)者：郑春荣　2018年6月出版 / 估价：99.00元
PSN B-2012-278-1/1

俄罗斯黄皮书
俄罗斯发展报告（2018）
著(编)者：李永全　2018年6月出版 / 估价：99.00元
PSN Y-2006-061-1/1

韩国蓝皮书
韩国发展报告（2017）
著(编)者：牛林杰 刘宝全　2018年6月出版 / 估价：99.00元
PSN B-2010-155-1/1

加拿大蓝皮书
加拿大发展报告（2018）
著(编)者：唐小松　2018年9月出版 / 估价：99.00元
PSN B-2014-389-1/1

美国蓝皮书
美国研究报告（2018）
著(编)者：郑秉文 黄平　2018年5月出版 / 估价：99.00元
PSN B-2011-210-1/1

缅甸蓝皮书
缅甸国情报告（2017）
著(编)者：祝湘辉
2017年11月出版 / 定价：98.00元
PSN B-2013-343-1/1

日本蓝皮书
日本研究报告（2018）
著(编)者：杨伯江　2018年4月出版 / 定价：99.00元
PSN B-2002-020-1/1

土耳其蓝皮书
土耳其发展报告（2018）
著(编)者：郭长刚 刘义　2018年9月出版 / 估价：99.00元
PSN B-2014-412-1/1

伊朗蓝皮书
伊朗发展报告（2017~2018）
著(编)者：冀开运　2018年10月 / 估价：99.00元
PSN B-2016-574-1/1

以色列蓝皮书
以色列发展报告（2018）
著(编)者：张倩红　2018年8月出版 / 估价：99.00元
PSN B-2015-483-1/1

印度蓝皮书
印度国情报告（2017）
著(编)者：吕昭义　2018年6月出版 / 估价：99.00元
PSN B-2012-241-1/1

英国蓝皮书
英国发展报告（2017~2018）
著(编)者：王展鹏　2018年12月出版 / 估价：99.00元
PSN B-2015-486-1/1

越南蓝皮书
越南国情报告（2018）
著(编)者：谢林城　2018年11月出版 / 估价：99.00元
PSN B-2006-056-1/1

泰国蓝皮书
泰国研究报告（2018）
著(编)者：庄国土 张禹东 刘文正
2018年10月出版 / 估价：99.00元
PSN B-2016-556-1/1

文化传媒类

"三农"舆情蓝皮书
中国"三农"网络舆情报告（2017~2018）
著(编)者：农业部信息中心
2018年6月出版 / 估价：99.00元
PSN B-2017-640-1/1

传媒竞争力蓝皮书
中国传媒国际竞争力研究报告（2018）
著(编)者：李本乾 刘强 王大可
2018年8月出版 / 估价：99.00元
PSN B-2013-356-1/1

传媒蓝皮书
中国传媒产业发展报告（2018）
著(编)者：崔保国
2018年5月出版 / 估价：99.00元
PSN B-2005-035-1/1

传媒投资蓝皮书
中国传媒投资发展报告（2018）
著(编)者：张向东 谭云明
2018年6月出版 / 估价：148.00元
PSN B-2015-474-1/1

非物质文化遗产蓝皮书
中国非物质文化遗产发展报告（2018）
著(编)者: 陈平　2018年6月出版 / 估价: 128.00元
PSN B-2015-469-1/2

非物质文化遗产蓝皮书
中国非物质文化遗产保护发展报告（2018）
著(编)者: 宋俊华　2018年10月出版 / 估价: 128.00元
PSN B-2016-586-2/2

广电蓝皮书
中国广播电影电视发展报告（2018）
著(编)者: 国家新闻出版广电总局发展研究中心
2018年7月出版 / 估价: 99.00元
PSN B-2006-072-1/1

广告主蓝皮书
中国广告主营销传播趋势报告No.9
著(编)者: 黄升民 杜国清 邵华冬 等
2018年10月出版 / 估价: 158.00元
PSN B-2005-041-1/1

国际传播蓝皮书
中国国际传播发展报告（2018）
著(编)者: 胡正荣 李继东 姬德强
2018年12月出版 / 估价: 99.00元
PSN B-2014-408-1/1

国家形象蓝皮书
中国国家形象传播报告（2017）
著(编)者: 张昆　2018年6月出版 / 估价: 128.00元
PSN B-2017-605-1/1

互联网治理蓝皮书
中国网络社会治理研究报告（2018）
著(编)者: 罗昕 支庭荣
2018年9月出版 / 估价: 118.00元
PSN B-2017-653-1/1

纪录片蓝皮书
中国纪录片发展报告（2018）
著(编)者: 何苏六　2018年10月出版 / 估价: 99.00元
PSN B-2011-222-1/1

科学传播蓝皮书
中国科学传播报告（2016~2017）
著(编)者: 詹正茂　2018年6月出版 / 估价: 99.00元
PSN B-2008-120-1/1

两岸创意经济蓝皮书
两岸创意经济研究报告（2018）
著(编)者: 罗昌智 董泽平
2018年10月出版 / 估价: 99.00元
PSN B-2014-437-1/1

媒介与女性蓝皮书
中国媒介与女性发展报告（2017~2018）
著(编)者: 刘利群　2018年5月出版 / 估价: 99.00元
PSN B-2013-345-1/1

媒体融合蓝皮书
中国媒体融合发展报告（2017~2018）
著(编)者: 梅宁华 支庭荣
2017年12月出版 / 定价: 98.00元
PSN B-2015-479-1/1

全球传媒蓝皮书
全球传媒发展报告（2017~2018）
著(编)者: 胡正荣 李继东　2018年6月出版 / 估价: 99.00元
PSN B-2012-237-1/1

少数民族非遗蓝皮书
中国少数民族非物质文化遗产发展报告（2018）
著(编)者: 肖远平（彝）柴立（满）
2018年10月出版 / 估价: 118.00元
PSN B-2015-467-1/1

视听新媒体蓝皮书
中国视听新媒体发展报告（2018）
著(编)者: 国家新闻出版广电总局发展研究中心
2018年7月出版 / 估价: 118.00元
PSN B-2011-184-1/1

数字娱乐产业蓝皮书
中国动画产业发展报告（2018）
著(编)者: 孙立军 孙平 牛兴侦
2018年10月出版 / 估价: 99.00元
PSN B-2011-198-1/2

数字娱乐产业蓝皮书
中国游戏产业发展报告（2018）
著(编)者: 孙立军 刘跃军　2018年10月出版 / 估价: 99.00元
PSN B-2017-662-2/2

网络视听蓝皮书
中国互联网视听行业发展报告（2018）
著(编)者: 陈鹏　2018年2月出版 / 定价: 148.00元
PSN B-2018-688-1/1

文化创新蓝皮书
中国文化创新报告（2017·No.8）
著(编)者: 傅才武　2018年6月出版 / 估价: 99.00元
PSN B-2009-143-1/1

文化建设蓝皮书
中国文化发展报告（2018）
著(编)者: 江畅 孙伟平 戴茂堂
2018年5月出版 / 估价: 99.00元
PSN B-2014-392-1/1

文化科技蓝皮书
文化科技创新发展报告（2018）
著(编)者: 于平 李凤亮　2018年10月出版 / 估价: 99.00元
PSN B-2013-342-1/1

文化蓝皮书
中国公共文化服务发展报告（2017~2018）
著(编)者: 刘新成 张永新 张旭
2018年12月出版 / 估价: 99.00元
PSN B-2007-093-2/10

文化蓝皮书
中国少数民族文化发展报告（2017~2018）
著(编)者: 武翠英 张晓明 任乌晶
2018年9月出版 / 估价: 99.00元
PSN B-2013-369-9/10

文化蓝皮书
中国文化产业供需协调检测报告（2018）
著(编)者: 王亚南　2018年3月出版 / 定价: 99.00元
PSN B-2013-323-8/10

文化蓝皮书
中国文化消费需求景气评价报告（2018）
著(编)者：王亚南　2018年3月出版／定价：99.00元
PSN B-2011-236-4/10

文化蓝皮书
中国公共文化投入增长测评报告（2018）
著(编)者：王亚南　2018年3月出版／定价：99.00元
PSN B-2014-435-10/10

文化品牌蓝皮书
中国文化品牌发展报告（2018）
著(编)者：欧阳友权　2018年5月出版／估价：99.00元
PSN B-2012-277-1/1

文化遗产蓝皮书
中国文化遗产事业发展报告（2017~2018）
著(编)者：苏杨 张颖岚 卓杰 白海峰 陈晨 陈叙图
2018年8月出版／估价：99.00元
PSN B-2008-119-1/1

文学蓝皮书
中国文情报告（2017~2018）
著(编)者：白烨　2018年5月出版／估价：99.00元
PSN B-2011-221-1/1

新媒体蓝皮书
中国新媒体发展报告No.9（2018）
著(编)者：唐绪军　2018年7月出版／估价：99.00元
PSN B-2010-169-1/1

新媒体社会责任蓝皮书
中国新媒体社会责任研究报告（2018）
著(编)者：钟瑛　2018年12月出版／估价：99.00元
PSN B-2014-423-1/1

移动互联网蓝皮书
中国移动互联网发展报告（2018）
著(编)者：余清楚　2018年6月出版／估价：99.00元
PSN B-2012-282-1/1

影视蓝皮书
中国影视产业发展报告（2018）
著(编)者：司若 陈鹏 陈锐
2018年6月出版／估价：99.00元
PSN B-2016-529-1/1

舆情蓝皮书
中国社会舆情与危机管理报告（2018）
著(编)者：谢耘耕
2018年9月出版／估价：138.00元
PSN B-2011-235-1/1

中国大运河蓝皮书
中国大运河发展报告（2018）
著(编)者：吴欣　2018年2月出版／估价：128.00元
PSN B-2018-691-1/1

地方发展类-经济

澳门蓝皮书
澳门经济社会发展报告（2017~2018）
著(编)者：吴志良 郝雨凡
2018年7月出版／估价：99.00元
PSN B-2009-138-1/1

澳门绿皮书
澳门旅游休闲发展报告（2017~2018）
著(编)者：郝雨凡 林广志
2018年5月出版／估价：99.00元
PSN G-2017-617-1/1

北京蓝皮书
北京经济发展报告（2017~2018）
著(编)者：杨松　2018年6月出版／估价：99.00元
PSN B-2006-054-2/8

北京旅游绿皮书
北京旅游发展报告（2018）
著(编)者：北京旅游学会
2018年7月出版／估价：99.00元
PSN G-2012-301-1/1

北京体育蓝皮书
北京体育产业发展报告（2017~2018）
著(编)者：钟秉枢 陈杰 杨铁黎
2018年9月出版／估价：99.00元
PSN B-2015-475-1/1

滨海金融蓝皮书
滨海新区金融发展报告（2017）
著(编)者：王爱俭 李向前　2018年4月出版／估价：99.00元
PSN B-2014-424-1/1

城乡一体化蓝皮书
北京城乡一体化发展报告（2017~2018）
著(编)者：吴宝新 张宝秀 黄序
2018年5月出版／估价：99.00元
PSN B-2012-258-2/2

非公有制企业社会责任蓝皮书
北京非公有制企业社会责任报告（2018）
著(编)者：宋贵伦 冯培
2018年6月出版／估价：99.00元
PSN B-2017-613-1/1

福建旅游蓝皮书
福建省旅游产业发展现状研究（2017~2018）
著(编)者：陈敏华 黄远水　2018年12月出版 / 估价：128.00元
PSN B-2016-591-1/1

福建自贸区蓝皮书
中国(福建)自由贸易试验区发展报告(2017~2018)
著(编)者：黄茂兴　2018年6月出版 / 估价：118.00元
PSN B-2016-531-1/1

甘肃蓝皮书
甘肃经济发展分析与预测（2018）
著(编)者：安文华 罗哲　2018年1月出版 / 定价：99.00元
PSN B-2013-312-1/6

甘肃蓝皮书
甘肃商贸流通发展报告（2018）
著(编)者：张应华 王福生 王晓芳
2018年1月出版 / 定价：99.00元
PSN B-2016-522-6/6

甘肃蓝皮书
甘肃县域和农村发展报告（2018）
著(编)者：包东红 朱智文 王建兵
2018年1月出版 / 定价：99.00元
PSN B-2013-316-5/6

甘肃农业科技绿皮书
甘肃农业科技发展研究报告（2018）
著(编)者：魏胜文 乔德华 张东伟
2018年12月出版 / 估价：198.00元
PSN B-2016-592-1/1

甘肃气象保障蓝皮书
甘肃农业对气候变化的适应与风险评估报告（No.1）
著(编)者：鲍文中 周广胜
2017年12月出版 / 定价：108.00元
PSN B-2017-677-1/1

巩义蓝皮书
巩义经济社会发展报告（2018）
著(编)者：丁同民 朱军　2018年6月出版 / 估价：99.00元
PSN B-2016-532-1/1

广东外经贸蓝皮书
广东对外经济贸易发展研究报告（2017~2018）
著(编)者：陈万灵　2018年6月出版 / 估价：99.00元
PSN B-2012-286-1/1

广西北部湾经济区蓝皮书
广西北部湾经济区开放开发报告（2017~2018）
著(编)者：广西壮族自治区北部湾经济区和东盟开放合作办公室
　　　　广西社会科学院
　　　　广西北部湾发展研究院
2018年5月出版 / 估价：99.00元
PSN B-2010-181-1/1

广州蓝皮书
广州城市国际化发展报告（2018）
著(编)者：张跃国　2018年8月出版 / 估价：99.00元
PSN B-2012-246-11/14

广州蓝皮书
中国广州城市建设与管理发展报告（2018）
著(编)者：张其学 陈小钢 王宏伟　2018年8月出版 / 估价：99.00元
PSN B-2007-087-4/14

广州蓝皮书
广州创新型城市发展报告（2018）
著(编)者：尹涛　2018年6月出版 / 估价：99.00元
PSN B-2012-247-12/14

广州蓝皮书
广州经济发展报告（2018）
著(编)者：张跃国 尹涛　2018年7月出版 / 估价：99.00元
PSN B-2005-040-1/14

广州蓝皮书
2018年中国广州经济形势分析与预测
著(编)者：魏明海 谢博能 李华
2018年6月出版 / 估价：99.00元
PSN B-2011-185-9/14

广州蓝皮书
中国广州科技创新发展报告（2018）
著(编)者：于欣伟 陈爽 邓佑满　2018年8月出版 / 估价：99.00元
PSN B-2006-065-2/14

广州蓝皮书
广州农业发展报告（2018）
著(编)者：朱名宏　2018年7月出版 / 估价：99.00元
PSN B-2010-167-8/14

广州蓝皮书
广州汽车产业发展报告（2018）
著(编)者：杨再高 冯兴亚　2018年7月出版 / 估价：99.00元
PSN B-2006-066-3/14

广州蓝皮书
广州商贸业发展报告（2018）
著(编)者：张跃国 陈杰 荀振英
2018年7月出版 / 估价：99.00元
PSN B-2012-245-10/14

贵阳蓝皮书
贵阳城市创新发展报告No.3（白云篇）
著(编)者：连玉明　2018年5月出版 / 估价：99.00元
PSN B-2015-491-3/10

贵阳蓝皮书
贵阳城市创新发展报告No.3（观山湖篇）
著(编)者：连玉明　2018年5月出版 / 估价：99.00元
PSN B-2015-497-9/10

贵阳蓝皮书
贵阳城市创新发展报告No.3（花溪篇）
著(编)者：连玉明　2018年5月出版 / 估价：99.00元
PSN B-2015-490-2/10

贵阳蓝皮书
贵阳城市创新发展报告No.3（开阳篇）
著(编)者：连玉明　2018年5月出版 / 估价：99.00元
PSN B-2015-492-4/10

贵阳蓝皮书
贵阳城市创新发展报告No.3（南明篇）
著(编)者：连玉明　2018年5月出版 / 估价：99.00元
PSN B-2015-496-8/10

贵阳蓝皮书
贵阳城市创新发展报告No.3（清镇篇）
著(编)者：连玉明　2018年5月出版 / 估价：99.00元
PSN B-2015-489-1/10

贵阳蓝皮书
贵阳城市创新发展报告No.3（乌当篇）
著(编)者：连玉明　2018年5月出版 / 估价：99.00元
PSN B-2015-495-7/10

贵阳蓝皮书
贵阳城市创新发展报告No.3（息烽篇）
著(编)者：连玉明　2018年5月出版 / 估价：99.00元
PSN B-2015-493-5/10

贵阳蓝皮书
贵阳城市创新发展报告No.3（修文篇）
著(编)者：连玉明　2018年5月出版 / 估价：99.00元
PSN R-2015-494-6/10

贵阳蓝皮书
贵阳城市创新发展报告No.3（云岩篇）
著(编)者：连玉明　2018年5月出版 / 估价：99.00元
PSN B-2015-498-10/10

贵州房地产蓝皮书
贵州房地产发展报告No.5（2018）
著(编)者：武廷方　2018年7月出版 / 估价：99.00元
PSN B-2014-426-1/1

贵州蓝皮书
贵州册亨经济社会发展报告（2018）
著(编)者：黄德林　2018年6月出版 / 估价：99.00元
PSN B-2016-525-8/9

贵州蓝皮书
贵州地理标志产业发展报告（2018）
著(编)者：李发耀 黄其松　2018年8月出版 / 估价：99.00元
PSN B-2017-646-10/10

贵州蓝皮书
贵安新区发展报告（2017~2018）
著(编)者：马长青 吴大华　2018年6月出版 / 估价：99.00元
PSN B-2015-459-4/10

贵州蓝皮书
贵州国家级开放创新平台发展报告（2017~2018）
著(编)者：申晓庆 吴大华 季泓
2018年11月出版 / 估价：99.00元
PSN B-2016-518-7/10

贵州蓝皮书
贵州国有企业社会责任发展报告（2017~2018）
著(编)者：郭丽　2018年12月出版 / 估价：99.00元
PSN B-2015-511-6/10

贵州蓝皮书
贵州民航业发展报告（2017）
著(编)者：申振东 吴大华　2018年6月出版 / 估价：99.00元
PSN B-2015-471-5/10

贵州蓝皮书
贵州民营经济发展报告（2017）
著(编)者：杨静 吴大华　2018年6月出版 / 估价：99.00元
PSN B-2016-530-9/9

杭州都市圈蓝皮书
杭州都市圈发展报告（2018）
著(编)者：洪庆华 沈翔　2018年4月出版 / 定价：98.00元
PSN B-2012-302-1/1

河北经济蓝皮书
河北省经济发展报告（2018）
著(编)者：马树强 金浩 张贵　2018年6月出版 / 估价：99.00元
PSN B-2014-380-1/1

河北蓝皮书
河北经济社会发展报告（2018）
著(编)者：康振海　2018年1月出版 / 定价：99.00元
PSN B-2014-372-1/3

河北蓝皮书
京津冀协同发展报告（2018）
著(编)者：陈璐　2017年12月出版 / 定价：79.00元
PSN B-2017-601-2/3

河南经济蓝皮书
2018年河南经济形势分析与预测
著(编)者：王世炎　2018年3月出版 / 定价：89.00元
PSN B-2007-086-1/1

河南蓝皮书
河南城市发展报告（2018）
著(编)者：张占仓 王建国　2018年5月出版 / 估价：99.00元
PSN B-2009-131-3/9

河南蓝皮书
河南工业发展报告（2018）
著(编)者：张占仓　2018年5月出版 / 估价：99.00元
PSN B-2013-317-5/9

河南蓝皮书
河南金融发展报告（2018）
著(编)者：喻新安 谷建全
2018年6月出版 / 估价：99.00元
PSN B-2014-390-7/9

河南蓝皮书
河南经济发展报告（2018）
著(编)者：张占仓 完世伟
2018年6月出版 / 估价：99.00元
PSN B-2010-157-4/9

河南蓝皮书
河南能源发展报告（2018）
著(编)者：国网河南省电力公司经济技术研究院
　　　　河南省社会科学院
2018年6月出版 / 估价：99.00元
PSN B-2017-607-9/9

河南商务蓝皮书
河南商务发展报告（2018）
著(编)者：焦锦淼 穆荣国　2018年5月出版 / 估价：99.00元
PSN B-2014-399-1/1

河南双创蓝皮书
河南创新创业发展报告（2018）
著(编)者：喻新安 杨雪梅
2018年8月出版 / 估价：99.00元
PSN B-2017-641-1/1

黑龙江蓝皮书
黑龙江经济发展报告（2018）
著(编)者：朱宇　2018年1月出版 / 定价：89.00元
PSN B-2011-190-2/2

湖南城市蓝皮书
区域城市群整合
著(编)者：童中贤 韩未名   2018年12月出版 / 估价：99.00元
PSN B-2006-064-1/1

湖南蓝皮书
湖南城乡一体化发展报告（2018）
著(编)者：陈文胜 王文强 陆福兴
2018年8月出版 / 估价：99.00元
PSN B-2015-477-8/8

湖南蓝皮书
2018年湖南电子政务发展报告
著(编)者：梁志峰   2018年5月出版 / 估价：128.00元
PSN B-2014-394-6/8

湖南蓝皮书
2018年湖南经济发展报告
著(编)者：卞鹰   2018年5月出版 / 估价：128.00元
PSN B-2011-207-2/8

湖南蓝皮书
2016年湖南经济展望
著(编)者：梁志峰   2018年5月出版 / 估价：128.00元
PSN B-2011-206-1/8

湖南蓝皮书
2018年湖南县域经济社会发展报告
著(编)者：梁志峰   2018年5月出版 / 估价：128.00元
PSN B-2014-395-7/8

湖南县域绿皮书
湖南县域发展报告（No.5）
著(编)者：袁准 周小毛 黎仁寅
2018年6月出版 / 估价：99.00元
PSN G-2012-274-1/1

沪港蓝皮书
沪港发展报告（2018）
著(编)者：尤安山   2018年9月出版 / 估价：99.00元
PSN B-2013-362-1/1

吉林蓝皮书
2018年吉林经济社会形势分析与预测
著(编)者：邵汉明   2017年12月出版 / 定价：89.00元
PSN B-2013-319-1/1

吉林省城市竞争力蓝皮书
吉林省城市竞争力报告（2017~2018）
著(编)者：崔岳春 张磊
2018年3月出版 / 定价：89.00元
PSN B-2016-513-1/1

济源蓝皮书
济源经济社会发展报告（2018）
著(编)者：喻新安   2018年6月出版 / 估价：99.00元
PSN B-2014-387-1/1

江苏蓝皮书
2018年江苏经济发展分析与展望
著(编)者：王庆五 吴先满
2018年7月出版 / 估价：128.00元
PSN B-2017-635-1/3

江西蓝皮书
江西经济社会发展报告（2018）
著(编)者：陈石俊 龚建文   2018年10月出版 / 估价：128.00元
PSN B-2015-484-1/2

江西蓝皮书
江西设区市发展报告（2018）
著(编)者：姜玮 梁勇
2018年10月出版 / 估价：99.00元
PSN B-2016-517-2/2

经济特区蓝皮书
中国经济特区发展报告（2017）
著(编)者：陶一桃   2018年1月出版 / 估价：99.00元
PSN B-2009-139-1/1

辽宁蓝皮书
2018年辽宁经济社会形势分析与预测
著(编)者：梁启东 魏红江   2018年6月出版 / 估价：99.00元
PSN B-2006-053-1/1

民族经济蓝皮书
中国民族地区经济发展报告（2018）
著(编)者：李曦辉   2018年7月出版 / 估价：99.00元
PSN B-2017-630-1/1

南宁蓝皮书
南宁经济发展报告（2018）
著(编)者：胡建华   2018年9月出版 / 估价：99.00元
PSN B-2016-569-2/3

内蒙古蓝皮书
内蒙古精准扶贫研究报告（2018）
著(编)者：张志华   2018年1月出版 / 定价：89.00元
PSN B-2017-681-2/2

浦东新区蓝皮书
上海浦东经济发展报告（2018）
著(编)者：周小平 徐美芳
2018年1月出版 / 定价：89.00元
PSN B-2011-225-1/1

青海蓝皮书
2018年青海经济社会形势分析与预测
著(编)者：陈玮   2018年1月出版 / 定价：98.00元
PSN B-2012-275-1/2

青海科技绿皮书
青海科技发展报告（2017）
著(编)者：青海省科学技术信息研究所
2018年3月出版 / 定价：98.00元
PSN G-2018-701-1/1

山东蓝皮书
山东经济形势分析与预测（2018）
著(编)者：李广杰   2018年7月出版 / 估价：99.00元
PSN B-2014-404-1/5

山东蓝皮书
山东省普惠金融发展报告（2018）
著(编)者：齐鲁财富网
2018年9月出版 / 估价：99.00元
PSN B2017-676-5/5

山西蓝皮书
山西资源型经济转型发展报告（2018）
著(编)者：李志强　2018年7月出版 / 估价：99.00元
PSN B-2011-197-1/1

陕西蓝皮书
陕西经济发展报告（2018）
著(编)者：任宗哲 白宽犁 裴成荣
2018年1月出版 / 定价：89.00元
PSN B-2009-135-1/6

陕西蓝皮书
陕西精准脱贫研究报告（2018）
著(编)者：任宗哲 白宽犁 王建康
2018年4月出版 / 定价：89.00元
PSN B-2017-623-6/6

上海蓝皮书
上海经济发展报告（2018）
著(编)者：沈开艳　2018年2月出版 / 定价：89.00元
PSN B-2006-057-1/7

上海蓝皮书
上海资源环境发展报告（2018）
著(编)者：周冯琦 胡静　2018年2月出版 / 定价：89.00元
PSN B-2006-060-4/7

上海蓝皮书
上海奉贤经济发展分析与研判（2017~2018）
著(编)者：张兆安 朱平芳　2018年3月出版 / 定价：99.00元
PSN B-2018-698-8/8

上饶蓝皮书
上饶发展报告（2016~2017）
著(编)者：廖其志　2018年6月出版 / 估价：128.00元
PSN B-2014-377-1/1

深圳蓝皮书
深圳经济发展报告（2018）
著(编)者：张骁儒　2018年6月出版 / 估价：99.00元
PSN B-2008-112-3/7

四川蓝皮书
四川城镇化发展报告（2018）
著(编)者：侯水平 陈炜　2018年6月出版 / 估价：99.00元
PSN B-2015-456-7/7

四川蓝皮书
2018年四川经济形势分析与预测
著(编)者：杨钢　2018年1月出版 / 定价：158.00元
PSN B-2007-098-2/7

四川蓝皮书
四川企业社会责任研究报告（2017~2018）
著(编)者：侯水平 盛毅　2018年5月出版 / 估价：99.00元
PSN B-2014-386-4/7

四川蓝皮书
四川生态建设报告（2018）
著(编)者：李晟之　2018年5月出版 / 估价：99.00元
PSN B-2015-455-6/7

四川蓝皮书
四川特色小镇发展报告（2017）
著(编)者：吴志强　2017年11月出版 / 定价：89.00元
PSN B-2017-670-8/8

体育蓝皮书
上海体育产业发展报告（2017~2018）
著(编)者：张林 黄海燕
2018年10月出版 / 估价：99.00元
PSN B-2015-454-4/5

体育蓝皮书
长三角地区体育产业发展报（2017~2018）
著(编)者：张林　2018年6月出版 / 估价：99.00元
PSN B-2015-453-3/5

天津金融蓝皮书
天津金融发展报告（2018）
著(编)者：王爱俭 孔德昌
2018年5月出版 / 估价：99.00元
PSN B-2014-418-1/1

图们江区域合作蓝皮书
图们江区域合作发展报告（2018）
著(编)者：李铁　2018年6月出版 / 估价：99.00元
PSN B-2015-464-1/1

温州蓝皮书
2018年温州经济社会形势分析与预测
著(编)者：蒋儒标 王春光 金浩
2018年6月出版 / 估价：99.00元
PSN B-2008-105-1/1

西咸新区蓝皮书
西咸新区发展报告（2018）
著(编)者：李扬 王军
2018年6月出版 / 估价：99.00元
PSN B-2016-534-1/1

修武蓝皮书
修武经济社会发展报告（2018）
著(编)者：张占仓 袁凯声
2018年10月出版 / 估价：99.00元
PSN B-2017-651-1/1

偃师蓝皮书
偃师经济社会发展报告（2018）
著(编)者：张占仓 袁凯声 何武周
2018年7月出版 / 估价：99.00元
PSN B-2017-627-1/1

扬州蓝皮书
扬州经济社会发展报告（2018）
著(编)者：陈扬
2018年12月出版 / 估价：108.00元
PSN B-2011-191-1/1

长垣蓝皮书
长垣经济社会发展报告（2018）
著(编)者：张占仓 袁凯声 秦保建
2018年10月出版 / 估价：99.00元
PSN B-2017-654-1/1

遵义蓝皮书
遵义发展报告（2018）
著(编)者：邓彦 曾征 龚永育
2018年9月出版 / 估价：99.00元
PSN B-2014-433-1/1

地方发展类-社会

安徽蓝皮书
安徽社会发展报告（2018）
著(编)者：程桦　2018年6月出版 / 估价：99.00元
PSN B-2013-325-1/1

安徽社会建设蓝皮书
安徽社会建设分析报告（2017~2018）
著(编)者：黄家海　蔡宪
2018年11月出版 / 估价：99.00元
PSN B-2013-322-1/1

北京蓝皮书
北京公共服务发展报告（2017~2018）
著(编)者：施昌奎　2018年6月出版 / 估价：99.00元
PSN B-2008-103-7/8

北京蓝皮书
北京社会发展报告（2017~2018）
著(编)者：李伟东
2018年7月出版 / 估价：99.00元
PSN B-2006-055-3/8

北京蓝皮书
北京社会治理发展报告（2017~2018）
著(编)者：殷星辰　2018年7月出版 / 估价：99.00元
PSN B-2014-391-8/8

北京律师蓝皮书
北京律师发展报告No.4（2018）
著(编)者：王隽　2018年12月出版 / 估价：99.00元
PSN B-2011-217-1/1

北京人才蓝皮书
北京人才发展报告（2018）
著(编)者：敏华　2018年12月出版 / 估价：128.00元
PSN B-2011-201-1/1

北京社会心态蓝皮书
北京社会心态分析报告（2017~2018）
北京市社会心理服务促进中心
2018年10月出版 / 估价：99.00元
PSN B-2014-422-1/1

北京社会组织管理蓝皮书
北京社会组织发展与管理（2018）
著(编)者：黄江松
2018年6月出版 / 估价：99.00元
PSN B-2015-446-1/1

北京养老产业蓝皮书
北京居家养老发展报告（2018）
著(编)者：陆杰华　周明明
2018年8月出版 / 估价：99.00元
PSN B-2015-465-1/1

法治蓝皮书
四川依法治省年度报告No.4（2018）
著(编)者：李林　杨天宗　田禾
2018年3月出版 / 定价：118.00元
PSN B-2015-447-2/3

福建妇女发展蓝皮书
福建省妇女发展报告（2018）
著(编)者：刘群英　2018年11月出版 / 估价：99.00元
PSN B-2011-220-1/1

甘肃蓝皮书
甘肃社会发展分析与预测（2018）
著(编)者：安文华　谢增虎　包晓霞
2018年1月出版 / 定价：99.00元
PSN B-2013-313-2/6

广东蓝皮书
广东全面深化改革研究报告（2018）
著(编)者：周林生　涂成林
2018年12月出版 / 估价：99.00元
PSN B-2015-504-3/3

广东蓝皮书
广东社会工作发展报告（2018）
著(编)者：罗观翠　2018年6月出版 / 估价：99.00元
PSN B-2014-402-2/3

广州蓝皮书
广州青年发展报告（2018）
著(编)者：徐柳　张强
2018年8月出版 / 估价：99.00元
PSN B-2013-352-13/14

广州蓝皮书
广州社会保障发展报告（2018）
著(编)者：张跃国　2018年8月出版 / 估价：99.00元
PSN B-2014-425-14/14

广州蓝皮书
2018年中国广州社会形势分析与预测
著(编)者：张强　郭志勇　何镜清
2018年6月出版 / 估价：99.00元
PSN B-2008-110-5/14

贵州蓝皮书
贵州法治发展报告（2018）
著(编)者：吴大华　2018年5月出版 / 估价：99.00元
PSN B-2012-254-2/10

贵州蓝皮书
贵州人才发展报告（2017）
著(编)者：于杰　吴大华
2018年9月出版 / 估价：99.00元
PSN B-2014-382-3/10

贵州蓝皮书
贵州社会发展报告（2018）
著(编)者：王兴骥　2018年6月出版 / 估价：99.00元
PSN B-2010-166-1/10

杭州蓝皮书
杭州妇女发展报告（2018）
著(编)者：魏颖
2018年10月出版 / 估价：99.00元
PSN B-2014-403-1/1

河北蓝皮书
河北法治发展报告（2018）
著(编)者：康振海　2018年6月出版 / 估价：99.00元
PSN B-2017-622-3/3

河北食品药品安全蓝皮书
河北食品药品安全研究报告（2018）
著(编)者：丁锦霞
2018年10月出版 / 估价：99.00元
PSN B-2015-473-1/1

河南蓝皮书
河南法治发展报告（2018）
著(编)者：张林海　2018年7月出版 / 估价：99.00元
PSN B-2014-376-6/9

河南蓝皮书
2018年河南社会形势分析与预测
著(编)者：牛苏林　2018年5月出版 / 估价：99.00元
PSN B-2005-043-1/9

河南民办教育蓝皮书
河南民办教育发展报告（2018）
著(编)者：胡大白　2018年9月出版 / 估价：99.00元
PSN B-2017-642-1/1

黑龙江蓝皮书
黑龙江社会发展报告（2018）
著(编)者：王爱丽　2018年1月出版 / 定价：89.00元
PSN B-2011-189-1/2

湖南蓝皮书
2018年湖南两型社会与生态文明建设报告
著(编)者：卞鹰　2018年5月出版 / 估价：128.00元
PSN B-2011-208-3/8

湖南蓝皮书
2018年湖南社会发展报告
著(编)者：卞鹰　2018年5月出版 / 估价：128.00元
PSN B-2014-393-5/8

健康城市蓝皮书
北京健康城市建设研究报告（2018）
著(编)者：王鸿春 盛继洪
2018年9月出版 / 估价：99.00元
PSN B-2015-460-1/2

江苏法治蓝皮书
江苏法治发展报告No.6（2017）
著(编)者：蔡道通 龚廷泰
2018年8月出版 / 估价：99.00元
PSN B-2012-290-1/1

江苏蓝皮书
2018年江苏社会发展分析与展望
著(编)者：王庆五 刘旺洪
2018年8月出版 / 估价：128.00元
PSN B-2017-636-2/3

民族教育蓝皮书
中国民族教育发展报告（2017·内蒙古卷）
著(编)者：陈中永
2017年12月出版 / 定价：198.00元
PSN B-2017-669-1/1

南宁蓝皮书
南宁法治发展报告（2018）
著(编)者：杨维超　2018年12月出版 / 估价：99.00元
PSN B-2015-509-1/3

南宁蓝皮书
南宁社会发展报告（2018）
著(编)者：胡建华　2018年10月出版 / 估价：99.00元
PSN B-2016-570-3/3

内蒙古蓝皮书
内蒙古反腐倡廉建设报告 No.2
著(编)者：张志华　2018年6月出版 / 估价：99.00元
PSN B-2013-365-1/1

青海蓝皮书
2018年青海人才发展报告
著(编)者：王宇燕　2018年9月出版 / 估价：99.00元
PSN B-2017-650-2/2

青海生态文明建设蓝皮书
青海生态文明建设报告（2018）
著(编)者：张西明 高华　2018年12月出版 / 估价：99.00元
PSN B-2016-595-1/1

人口与健康蓝皮书
深圳人口与健康发展报告（2018）
著(编)者：陆杰华 傅崇辉
2018年11月出版 / 估价：99.00元
PSN B-2011-228-1/1

山东蓝皮书
山东社会形势分析与预测（2018）
著(编)者：李善峰　2018年6月出版 / 估价：99.00元
PSN B-2014-405-2/5

陕西蓝皮书
陕西社会发展报告（2018）
著(编)者：任宗哲 白宽犁 牛昉
2018年1月出版 / 定价：89.00元
PSN B-2009-136-2/6

上海蓝皮书
上海法治发展报告（2018）
著(编)者：叶必丰　2018年9月出版 / 估价：99.00元
PSN B-2012-296-6/7

上海蓝皮书
上海社会发展报告（2018）
著(编)者：杨雄 周海旺
2018年2月出版 / 定价：89.00元
PSN B-2006-058-2/7

社会建设蓝皮书
2018年北京社会建设分析报告
著(编)者：宋贵伦 冯虹　2018年9月出版 / 估价：99.00元
PSN B-2010-173-1/1

深圳蓝皮书
深圳法治发展报告（2018）
著(编)者：张骁儒　2018年6月出版 / 估价：99.00元
PSN B-2015-470-6/7

深圳蓝皮书
深圳劳动关系发展报告（2018）
著(编)者：汤庭芬　2018年8月出版 / 估价：99.00元
PSN B-2007-097-2/7

深圳蓝皮书
深圳社会治理与发展报告（2018）
著(编)者：张骁儒　2018年6月出版 / 估价：99.00元
PSN B-2008-113-4/7

生态安全绿皮书
甘肃国家生态安全屏障建设发展报告（2018）
著(编)者：刘举科 喜文华
2018年10月出版 / 估价：99.00元
PSN G-2017-659-1/1

顺义社会建设蓝皮书
北京市顺义区社会建设发展报告（2018）
著(编)者：王学武　2018年9月出版 / 估价：99.00元
PSN B-2017-658-1/1

四川蓝皮书
四川法治发展报告（2018）
著(编)者：郑泰安　2018年6月出版 / 估价：99.00元
PSN B-2015-441-5/7

四川蓝皮书
四川社会发展报告（2018）
著(编)者：李羚　2018年6月出版 / 估价：99.00元
PSN B-2008-127-3/7

四川社会工作与管理蓝皮书
四川省社会工作人力资源发展报告（2017）
著(编)者：边慧敏　2017年12月出版 / 定价：89.00元
PSN B-2017-683-1/1

云南社会治理蓝皮书
云南社会治理年度报告（2017）
著(编)者：晏雄 韩全芳
2018年5月出版 / 估价：99.00元
PSN B-2017-667-1/1

地方发展类-文化

北京传媒蓝皮书
北京新闻出版广电发展报告（2017~2018）
著(编)者：王志　2018年11月出版 / 估价：99.00元
PSN B-2016-588-1/1

北京蓝皮书
北京文化发展报告（2017~2018）
著(编)者：李建盛　2018年5月出版 / 估价：99.00元
PSN B-2007-082-4/8

创意城市蓝皮书
北京文化创意产业发展报告（2018）
著(编)者：郭万超 张京成　2018年12月出版 / 估价：99.00元
PSN B-2012-263-1/7

创意城市蓝皮书
天津文化创意产业发展报告（2017~2018）
著(编)者：谢思全　2018年6月出版 / 估价：99.00元
PSN B-2016-536-7/7

创意城市蓝皮书
武汉文化创意产业发展报告（2018）
著(编)者：黄永林 陈汉桥　2018年12月出版 / 估价：99.00元
PSN B-2013-354-4/7

创意上海蓝皮书
上海文化创意产业发展报告（2017~2018）
著(编)者：王慧敏 王兴全　2018年8月出版 / 估价：99.00元
PSN B-2016-561-1/1

非物质文化遗产蓝皮书
广州市非物质文化遗产保护发展报告（2018）
著(编)者：宋俊华　2018年12月出版 / 估价：99.00元
PSN B-2016-589-1/1

甘肃蓝皮书
甘肃文化发展分析与预测（2018）
著(编)者：马廷旭 戚晓萍　2018年1月出版 / 定价：99.00元
PSN B-2013-314-3/6

甘肃蓝皮书
甘肃舆情分析与预测（2018）
著(编)者：王俊莲 张谦元　2018年1月出版 / 定价：99.00元
PSN B-2013-315-4/6

广州蓝皮书
中国广州文化发展报告（2018）
著(编)者：屈哨兵 陆志强　2018年6月出版 / 估价：99.00元
PSN B-2009-134-7/14

广州蓝皮书
广州文化创意产业发展报告（2018）
著(编)者：徐咏虹　2018年7月出版 / 估价：99.00元
PSN B-2008-111-6/14

海淀蓝皮书
海淀区文化和科技融合发展报告（2018）
著(编)者：陈名杰 孟景伟　2018年5月出版 / 估价：99.00元
PSN B-2013-329-1/1

河南蓝皮书
河南文化发展报告（2018）
著(编)者：卫绍生　2018年7月出版 / 估价：99.00元
PSN B-2008-106-2/9

湖北文化产业蓝皮书
湖北省文化产业发展报告（2018）
著(编)者：黄晓华　2018年9月出版 / 估价：99.00元
PSN B-2017-656-1/1

湖北文化蓝皮书
湖北文化发展报告（2017~2018）
著(编)者：湖北大学高等人文研究院
　　　　中华文化发展湖北省协同创新中心
2018年10月出版 / 估价：99.00元
PSN B-2016-566-1/1

江苏蓝皮书
2018年江苏文化发展分析与展望
著(编)者：王庆五　樊和平　2018年9月出版 / 估价：128.00元
PSN B-2017-637-3/3

江西文化蓝皮书
江西非物质文化遗产发展报告（2018）
著(编)者：张圣才　傅安平　2018年12月出版 / 估价：128.00元
PSN B-2015-499-1/1

洛阳蓝皮书
洛阳文化发展报告（2018）
著(编)者：刘福兴　陈启明　2018年7月出版 / 估价：99.00元
PSN B-2015-476-1/1

南京蓝皮书
南京文化发展报告（2018）
著(编)者：中共南京市委宣传部
2018年12月出版 / 估价：99.00元
PSN B-2014-439-1/1

宁波文化蓝皮书
宁波"一人一艺"全民艺术普及发展报告（2017）
著(编)者：张爱琴　2018年11月出版 / 估价：128.00元
PSN B-2017-668-1/1

山东蓝皮书
山东文化发展报告（2018）
著(编)者：涂可国　2018年5月出版 / 估价：99.00元
PSN B-2014-406-3/5

陕西蓝皮书
陕西文化发展报告（2018）
著(编)者：任宗哲　白宽犁　王长寿
2018年1月出版 / 定价：89.00元
PSN B-2009-137-3/6

上海蓝皮书
上海传媒发展报告（2018）
著(编)者：强荧　焦雨虹　2018年2月出版 / 定价：89.00元
PSN B-2012-295-5/7

上海蓝皮书
上海文学发展报告（2018）
著(编)者：陈圣来　2018年6月出版 / 估价：99.00元
PSN B-2012-297-7/7

上海蓝皮书
上海文化发展报告（2018）
著(编)者：荣跃明　2018年6月出版 / 估价：99.00元
PSN B-2006-059-3/7

深圳蓝皮书
深圳文化发展报告（2018）
著(编)者：张晓儒　2018年7月出版 / 估价：99.00元
PSN B-2016-554-7/7

四川蓝皮书
四川文化产业发展报告（2018）
著(编)者：向宝云　张立伟　2018年6月出版 / 估价：99.00元
PSN B-2006-074-1/7

郑州蓝皮书
2018年郑州文化发展报告
著(编)者：王哲　2018年9月出版 / 估价：99.00元
PSN B-2008-107-1/1

✤ 皮书起源 ✤

"皮书"起源于十七、十八世纪的英国，主要指官方或社会组织正式发表的重要文件或报告，多以"白皮书"命名。在中国，"皮书"这一概念被社会广泛接受，并被成功运作、发展成为一种全新的出版形态，则源于中国社会科学院社会科学文献出版社。

✤ 皮书定义 ✤

皮书是对中国与世界发展状况和热点问题进行年度监测，以专业的角度、专家的视野和实证研究方法，针对某一领域或区域现状与发展态势展开分析和预测，具备原创性、实证性、专业性、连续性、前沿性、时效性等特点的公开出版物，由一系列权威研究报告组成。

✤ 皮书作者 ✤

皮书系列的作者以中国社会科学院、著名高校、地方社会科学院的研究人员为主，多为国内一流研究机构的权威专家学者，他们的看法和观点代表了学界对中国与世界的现实和未来最高水平的解读与分析。

✤ 皮书荣誉 ✤

皮书系列已成为社会科学文献出版社的著名图书品牌和中国社会科学院的知名学术品牌。2016年，皮书系列正式列入"十三五"国家重点出版规划项目；2013~2018年，重点皮书列入中国社会科学院承担的国家哲学社会科学创新工程项目；2018年，59种院外皮书使用"中国社会科学院创新工程学术出版项目"标识。

中国皮书网

（网址：www.pishu.cn）

发布皮书研创资讯，传播皮书精彩内容
引领皮书出版潮流，打造皮书服务平台

栏目设置

关于皮书：何谓皮书、皮书分类、皮书大事记、皮书荣誉、

皮书出版第一人、皮书编辑部

最新资讯：通知公告、新闻动态、媒体聚焦、网站专题、视频直播、下载专区

皮书研创：皮书规范、皮书选题、皮书出版、皮书研究、研创团队

皮书评奖评价：指标体系、皮书评价、皮书评奖

互动专区：皮书说、社科数托邦、皮书微博、留言板

所获荣誉

2008 年、2011 年，中国皮书网均在全
国新闻出版业网站荣誉评选中获得"最具商
业价值网站"称号；

2012 年，获得"出版业网站百强"称号。

网库合一

2014 年，中国皮书网与皮书数据库端
口合一，实现资源共享。

权威报告・一手数据・特色资源

皮书数据库
ANNUAL REPORT(YEARBOOK)
DATABASE

当代中国经济与社会发展高端智库平台

所获荣誉

- 2016年，入选"'十三五'国家重点电子出版物出版规划骨干工程"
- 2015年，荣获"搜索中国正能量 点赞2015""创新中国科技创新奖"
- 2013年，荣获"中国出版政府奖・网络出版物奖"提名奖
- 连续多年荣获中国数字出版博览会"数字出版・优秀品牌"奖

成为会员

通过网址www.pishu.com.cn或使用手机扫描二维码进入皮书数据库网站，进行手机号码验证或邮箱验证即可成为皮书数据库会员（建议通过手机号码快速验证注册）。

会员福利

- 使用手机号码首次注册的会员，账号自动充值100元体验金，可直接购买和查看数据库内容（仅限使用手机号码快速注册）。
- 已注册用户购书后可免费获赠100元皮书数据库充值卡。刮开充值卡涂层获取充值密码，登录并进入"会员中心"—"在线充值"—"充值卡充值"，充值成功后即可购买和查看数据库内容。

数据库服务热线：400-008-6695
数据库服务QQ：2475522410
数据库服务邮箱：database@ssap.cn

图书销售热线：010-59367070/7028
图书服务QQ：1265056568
图书服务邮箱：duzhe@ssap.cn

力度，构建高端高质高新现代产业发展新体系。

1. 留"人才"

加强创新人才引进，完善人才职称评定、住房补贴、医疗生育、子女就学、家属就业等制度，着力解决人才后顾之忧，引进一批产业发展急需的创新科研团队和领军人才；加强人才培育，推进企业与大学院校、科研机构对接实施"订单式、定向型"人才培养，积极创造条件为企业家成长提供良好的环境；加大人才引进平台搭建力度，加快园区科技孵化器和科技创业服务中心等平台建设。通过"优惠政策"吸引人才，"柔性策略"留住人才，聚集一批专业人才。

2. 拓"财源"

准确把握国家投资导向，吃准吃透国家、省市各项扶持政策，谋划一批基础设施、民生工程、产业发展等方面的上级财政性投资项目，争取将更多事关白云长远发展的重点项目纳入国家、省市资金扶持的"笼子"；积极拓展融资渠道，充分发挥"白云基金"的杠杆作用，引导和吸引社会资本进入关键产业投资领域；鼓励并支持金融机构创新融资模式，促进银企合作和产融对接，着力支持白云区先进制造业、战略性新兴产业的发展。

3. 挖"地源"

加强产业用地储备，协调上级部门加快落实黄金围新一代信息技术产业园、神山轨道交通装备产业园等园区产业用地指标，加快白云新城、民科园、国际健康产业城等平台产业用地出让；加快土地报批，主动加强与上级国土规划建设部门的汇报、协调，争取建设用地指标确保重点产业项目建设需求；着力在存量土地中挖掘产业用地，积极盘活存量用地，全面清理闲置用地，推行集约节约用地，用好用足"三旧"改造政策，确保土地资源高效利用。

4. 保"能源"

设法克服解决水、电、气等资源供需矛盾，落实电网规划，大力推进供水和污水处理管网规划建设，强化电力供应体系建设，重点保障主导产业重大项目、重点企业的能源需要。

参考文献

广州市发改委：《广州市高端高质高新产业体系建设情况报告》，http：//economy. southcn. com/e/2017 - 12/19/content_ 179724171. htm，2017。

广州市白云区统计局： 《2017 年广州市白云区国民经济和社会发展统计公报》，http：//www. by. gov. cn/qfgj/tjgb/201802/c3572ce8c4c34bfea104da826f6468e7. shtml，2018。

广州市白云区统计局： 《2016 年广州市白云区国民经济和社会发展统计公报》，http：//www. by. gov. cn/qfgj/tjgb/201704/79c3f57893154921a68a8970cc180adc. shtml，2017。

广州市白云区统计局： 《2015 年广州市白云区国民经济和社会发展统计公报》，http：//www. by. gov. cn/by/tjgb/201603/d7a5a7361bdf4407beb0d59e818e0bff. shtml，2016。

广州市白云区统计局：《广州市白云区统计年鉴2017》，2017。

广州市白云区统计局：《广州市白云区统计年鉴2016》，2016。

广州市白云区统计局：《广州市白云区统计年鉴2015》，2015。

区 域 经 济

Regional Economy

B.13

广州融入粤港澳大湾区建设的思路研究

卢方琦*

摘　要：　粤港澳大湾区是国家近年来提出的重大发展战略。广州是粤港澳大湾区的核心城市之一，全面融入并积极引领大湾区建设，对广州加快迈向更具影响力的全球城市意义重大。本文对涉及粤港澳大湾区的几个重要问题进行了探讨，分析了广州融入粤港澳大湾区建设的优劣势，提出了广州在粤港澳大湾区建设中的定位，并建议从创新驱动发展战略、加快产业转型升级、织密交通信息网络、集聚高端金融资源、贸易投资自由化便利化、发挥南沙示范引领作用、提升城市环境品质、拓展对外交往空间等方面推进广州融入粤港澳大湾区建设。

---

* 卢方琦，广州市人民政府研究室财经贸易处，研究方向为财经贸易。

关键词： 粤港澳大湾区　思路研究　广州

粤港澳大湾区包括广东省广州、深圳、珠海、佛山、东莞、惠州、中山、江门、肇庆9市和香港、澳门两个特别行政区，是珠三角城市群的升级版。2017年3月，李克强总理在《政府工作报告》中提出研究制定粤港澳大湾区城市群发展规划，迅速引起社会强烈反响，全国尤其是粤港澳三地掀起研究的热潮。党的十八大以来，国家经济发展进入新常态，珠三角九市经济增速普遍放缓，香港、澳门发展也面临许多问题，粤港澳大湾区建设为十一个城市转型升级、构筑发展新优势提供了新的历史机遇。

一　对粤港澳大湾区若干问题的认识

粤港澳大湾区概念的由来、在全球湾区中的方位、引领建设的核心城市有哪些，是当前大湾区研究不可回避的三个重要问题，理清这些问题有助于建构起大湾区基础理论框架。

（一）概念由来

湾区是西方学者提出的一个地理概念和经济形态，国内对湾区的系统研究和探索大约发端于20世纪90年代。1994年，时任香港科技大学校长吴家玮提出建设以香港为核心、对标旧金山湾区的"香港湾区"（后又称"港深湾区"），此后学术界纷纷阐发"环珠江口湾区""伶仃洋湾区""港珠澳湾区""华南湾区"等概念。进入21世纪，"湾区"概念逐渐为省级以上政府机构吸纳和重视，先后出现在各种规划文件里。2005年8月，广东省人民政府发布《珠江三角洲城镇群协调发展规划（2004～2020年）》，提出八大重大行动计划，其中之一就是"发展'湾区'"，并将湾区指向为环珠江口的广州、深圳、珠海、东莞、中山五市的部分地区。2008年12月，国家发改委印发《珠江三角洲地区改革发展规划纲要

（2008～2020 年）》，提出"编制环珠江口'湾区'宜居区域建设重点行动计划"，此时的"湾区"所指范围大为扩大，包含了珠三角地区和香港、澳门两个特别行政区，与当前的粤港澳大湾区范围一致。"粤港澳大湾区"一词于 2015 年 3 月首次出现在政府公开文件里，国家发改委、外交部、商务部发布的《推动共建丝绸之路经济带和 21 世纪海上丝绸之路的愿景与行动》，提出"充分发挥深圳前海、广州南沙、珠海横琴、福建平潭等开放合作区作用，深化与港澳台合作，打造粤港澳大湾区"。其后，国家"十三五"规划纲要、广东省 2016 和 2017 年政府工作报告、国务院 2017 年政府工作报告、党的十九大报告等重要文件均述及粤港澳大湾区。为了加快启动大湾区建设，2017 年 7 月，在习近平主席见证下，国家发改委和粤港澳三地政府签署《深化粤港澳合作推进大湾区建设框架协议》（以下简称《协议》）。

（二）全球方位

湾区是资源集聚吸附器，世界银行 2010 年发布的一项研究表明，全球 60%的经济总量集中在入海口，75%的大城市、70%的工业资本和人口集中在距海岸 100 公里的海岸带地区。从 GaWC 发布的最新《世界级城市名册》也可以看出，49 个世界一线城市中，90%以上都是湾区城市。粤港澳大湾区土地面积 5.6 万平方公里，常住人口约 6800 万，2017 年地区生产总值 9.8 万亿元（约合 1.45 万亿美元），以占全国（含港澳）0.6%的国土面积、4.9%的人口创造了全国 12%的 GDP 总量，人均 GDP 达 14.4 万元（约合 2.13 万美元），是全国平均水平的 2.4 倍。东京湾区、纽约湾区和旧金山湾区是全球久负盛名的三大湾区，城市化率超过 80%，GDP 产值占国家比重是土地面积占国家比重的 4 倍以上，科技创新成果迭出，金融实力全球领先。与三大湾区相比（见表 1），粤港澳大湾区呈现出三大特点：一是地广人多，土地面积、常住人口均约为东京湾区与纽约湾区之和；二是交通枢纽地位突出，港口集装箱吞吐量、机场旅客吞吐量均远远高于三大湾区；三是经济发展质量有待提高，GDP 总量虽然与前两名的东京湾区、纽约湾区接近，但人均 GDP、地均产值、世界 500 强企业总部数等都落后于三大湾区。

表1　全球四大湾区比较（数据截至 2016 年底）

项目	单位	粤港澳大湾区	东京湾区	纽约湾区	旧金山湾区
土地面积	万平方公里	5.6	3.7	2.2	1.8
常住人口	万人	6775	4383	2340	760
地区生产总值	万亿美元	1.4	1.8	1.6	0.8
人均 GDP	万美元/人	2.1	4.1	6.8	10.5
地均产值	亿美元/平方公里	0.25	0.49	0.74	0.45
港口集装箱吞吐量	万标箱	7824	766	465	227
机场旅客吞吐量	亿人次	1.86	1.12	1.3	0.71
世界 500 强企业总部数	家	17	39	30	21

资料来源：粤港澳大湾区数据主要采自《广东统计年鉴 2017》、《香港统计年刊（2017 年版）》、《澳门统计年鉴 2016》，东京湾区、纽约湾区、旧金山湾区数据主要采自何诚颖、张立超《国际湾区经济建设的主要经验借鉴及横向比较》（《特区经济》2017 年第 9 期），并根据世界银行、《财富》中文网（数据截至 2017 年 7 月）等进行修正计算所得。

（三）核心城市

湾区内部的集聚效应和对外的辐射效应离不开核心城市的带动，全球三大湾区各由一个核心城市带动，粤港澳大湾区欲对标国际湾区标准来打造，也需要合理确定引领发展的核心城市。广州、深圳、香港三城的经济实力遥遥领先其他八个城市，且广州是广东省省会和国家重要中心城市，深圳是经济特区，香港是中国特别行政区，三者的政治、经济地位突出，一道进入大湾区的核心城市之列争议不大。除此三城外，笔者认为澳门也应列为核心城市，原因有两点：一是从国家大政方针来看，澳门虽然经济总量仅相当于香港的 1/7，但也属于中国特别行政区，是"一国两制"的实践榜样，确立澳门在大湾区建设中的核心地位，有利于保持澳门长期繁荣稳定，为国家发展营造良好的外部环境；二是从地理位置来看，珠江东西两岸城市发展水平存在很大差别，而广州处于珠江口，深圳、香港处于珠江东岸，三者对珠江西岸的影响远远不及对珠江东岸的辐射，这就要求珠江西岸也要树立一个起标杆作用的城市，在不断增强自身实力的同时，也带动周边几个城市共同发展，而澳门政治地位特殊、经济实力居前、城市国际化水平高，适合当珠江西岸城市群发展的排头兵。粤港澳大湾区涉及"一个国家、两种制度、三个关税区"和四个核心城市，这些都与全球三大湾区存在巨大差异，它的建设必然要求打破常规定势，创新发展模式和路径，形成中国特色的湾区发展实践。

二 广州融入粤港澳大湾区建设的条件分析

广州作为大湾区建设的重要核心城市，在承担促进大湾区内部资源整合提升、引领大湾区走向世界广阔舞台的历史使命上，既有自身的独特优势，也还存在不少短板。

（一）优势条件

1. 地理位置优越

广州地处珠江口，是联结珠江两岸城市群的纽带，南沙更是大湾区的地理几何中心，具有沟通各大城市、集散资源要素的强大功能。广州行政区划面积7434.4平方公里，分别是深圳、香港的3.7倍、6.7倍，充足的土地资源为经济社会发展提供了战略支撑。背靠泛珠三角地区，辐射全国约1/5的国土、1/3的人口，广阔的经济腹地给城市的可持续发展拓宽了空间、创造了机遇。广州临江傍海、河网密布、水运发达，是中国"海上丝绸之路"的重要发祥地，对外通商历史长达两千多年，明清时期一度成为中国唯一通商口岸，当前仍是中国货运吞吐量排名前六的重要港口。

2. 枢纽网络完善

近年来，广州大力推进枢纽型网络城市建设，构建四面八方、四通八达的综合交通体系。白云机场近80家航空公司进驻运营，开通全球航点220个，2017年旅客吞吐量突破6500万人次，稳居全国第三，与东北亚、东南亚、南亚城市形成"4小时航空圈",与全球主要城市实现12小时通达。广州港拥有10万吨级以上集装箱泊位22个,开通国际航线89条,建立国际友好港41个,是中国连接非洲、地中海地区的核心枢纽港,2016年成功跨入2000万标箱港口行列。地铁线网里程390.6公里,居全国第三、世界前十,日均客流量超过800万人次,客流强度国内第一,客运量占广州公共交通总客运量近五成。开通直达欧洲、南亚、东南亚等地区的国际货运班列,"广货"行销全球。

3. 产业基础雄厚

广州是制造大市,工业门类齐全,工业占三产比重约为三成,规上工业总产值与广州GDP总量相当。产业集群集聚发展态势显著,拥有汽车制造、石油化工、电子产品等9个超千亿级和船舶、冶金、纺织服装等24个超百亿级产业,孕育了网易、阿里UC、腾讯微信等知名品牌。当前,广州大力发展IAB(新一代信息技术、人工智能、生物医药)、NEM(新能源、新材料)等新兴产业,成功引进思科、微软、富士康、通用电气等一批全球知名企业落户,目前在穗发展的世界500强企业达297家、投资项目921个。广州良好的产业发展环境赢得国内外权威机构的高度认可,5次荣登《福布斯》中文版"中国大陆最佳商业城市"榜首,连续两年被普华永道、中国发展研究基金会评为中国"机遇之城"第一名,还名列粤港澳大湾区研究院中国城市营商环境之首。

4. 对外交往广泛

广州有外国驻穗总领事馆62个,数量仅次于上海,与70个城市建立友好交流合作关系。拥有"广交会""金交会""海交会"等一系列知名会展品牌,其中"广交会"是中国第一大展,2017年春秋两季展览总面积236.5万平方米,吸引境外采购商38.84万人,促成出口成交601.8亿美元。近几年,广州举办了中美商贸联委会、G20协调人会议、《财富》全球论坛等众多大型会议,其中《财富》论坛参会世界500强企业152家、全球副总裁以上高层代表118人,两项数据均创出历届新高。2018~2020年,广州还将举行世界航线大会、世界港口大会、世界大都市协会世界大会等国际会议。广州不断拓展对外联系网络，城市"显示度"明显提升，2017 年 6 月世界城市研究机构 GaWC 发布的 2016 年世界级城市名册显示，广州首次进入世界一线城市行列。

5. 教育文化发达

广州有普通高等院校 82 所，中山大学、华南理工大学等五所高校进入全国"双一流"高校或学科建设名单，在校大学生 115 万人，基础人才储备丰富。广州是岭南文化的主要发源地，粤语、粤剧、粤曲等都是其中最具代表性的文化符号，粤语更是全球华人使用最多的语言之一；广州饮食文化源远流长，"食在广州"享誉世界。深厚的文化底蕴可有效拉近大湾区各城市之间的心理距离，增强海外华人对祖国的认同感和荣誉感，为大湾区走向世界创造有利条件。

（二）存在短板

1. 发展动能有待夯实

2013 年以来，广州经济增速从 11.6% 逐年下滑到 8% 以下，稳增长的压力越来越大。从产业来看，工业增长缓慢，过去五年增速均落后于 GDP 增速；三大主导产业中，石化产业约占广州 GDP 总量的 12%，从 2016 年起开始出现负增长，对广州发展产生了负面影响；近年来发展较快的 IAB 等战略性新兴产业，产值仅占广州 GDP 10% 左右，经济拉动作用有限。从需求来看，固定资产投资增速长期低于全省平均水平，近两年降低至个位数，与广州 GDP 增速较为接近，投资对稳增长的关键作用还需加强。

2. 科技创新有待增强

研发投入强度不足，研发投入占 GDP 比重长期徘徊在 1.8% ~ 2.4% 之间，与北京、上海、深圳、天津存在较大差距。高新技术企业数量偏少，虽然总量约 8700 家，但仍比上海、深圳少 1/5，比北京少 2/3，类似华为的创新龙头企业尤其缺乏。自主创新能力不足，每万人口发明专利拥有量仅为北京、深圳、上海的三成、三成、六成，国际专利申请量更是大幅低于深圳、北京。高层次科技人才储备不足，"两院院士""千人计划"人才数量与北京、上海差距较大。从实验室到市场的创新链不完整，高校、科研院所重学术轻应用的现象较为普遍，风投创投不够活跃，科技中介机构少，创新成果交易市场有待壮大。

3. 金融实力有待提升

金融业体量较轻，金融业增加值约占广州 GDP 的 9%，比北京、上海均少 8 个百分点，比深圳少 5 个多百分点，也略低于天津、重庆。金融服务实体经济能力不够强，存贷款余额与其他三个一线城市差距明显，银企对接机制不健全，企业融资成本较高。高规格金融平台较少，全国性金融交易平台仅有一个——中证报价系统，资金规模、影响力与上海、深圳、香港的证券交易所和北京的全国股转系统存在差距。资本市场利用不充分，上市公司数量约 140 家、市值 2.6 万亿元，其中总数量是北京、上海、深圳的 27%、37%、40%，与杭州相当，总市值则是北京、上海、深圳、杭州的 11%、35%、26%、53%。

4. 城市环境有待优化

交通拥堵严重，断头路、瓶颈路为数不少，中心城区停车资源紧张，在交通运输部规划研究院等发布的《中国主要城市交通分析报告》中，近几个季度连续上榜全国十大"堵城"，交通基础设施亟待提升，智能化、信息化服务水平亟待提高。大气、水环境欠佳，细微颗粒物（PM2.5）、可吸入颗粒物（PM10）偏高，空气质量在广东省环保厅发布的全省城市排名中长期靠后；广州 51 条重点河涌中有 35 条存在黑臭水体，水污染涉及面广、影响因素多，治理进度不理想。城市管理不够精细，连片城中村数量多，卫生状况堪忧，安全隐忧较大。营商环境仍需优化，"大门已开、小门未开"等隐性准入门槛不同程度存在，房地产等要素上涨推高城市生产生活成本，减税降费力度与企业群众心理预期还有差距。

三　广州融入粤港澳大湾区建设的基本定位和对策建议

粤港澳大湾区的建设目标是更具活力的经济区、宜居宜业宜游的优质生活圈和内地与港澳深度合作的示范区，成为国际一流湾区和世界级城市群。

宏大的发展前景给身处其中的每个城市都将带来巨大的发展机遇，而优先做好精准定位是把握机遇实现新的跨越式发展的前提。

（一）基本定位

综合考虑粤港澳大湾区的发展目标、广东的使命任务、广州的发展战略和相较于其他城市的优劣势等因素，笔者认为广州在大湾区建设中的基本定位如下。

1. 科技产业创新中心

这是《协议》对广东的目标定位，也是湾区经济向更高阶段迈进的必然要求。全球三大湾区都走过了港口经济、工业经济、服务经济阶段，现在处于创新经济这一高级阶段。创新经济意味着经济发展由要素驱动向创新驱动转变，由速度规模型向质量效益型转变，由成本、价格优势为主向以技术、标准、品牌、质量、服务等为核心的综合竞争优势转变。科技创新与产业创新相互依存、共生共荣，科技创新是产业创新的源头和基础，产业创新是科技创新的支撑和动力。

2. 国际综合交通枢纽

发达的交通是将大湾区十一个城市紧密联系在一起的基础。广州建设服务大湾区发展的国际综合交通枢纽，具有"天时""地利""人和"优势。《协议》把"推进基础设施互联互通"作为粤港澳合作首要的重点领域，这是"天时"优势；广州拥有海、陆、空、地下和信息多个维度较为完善的交通网络，这是"地利"优势；广州是广东省省会和国家重要中心城市，有使命与省内各个城市和全国主要城市建立快捷高效交通体系，其他城市也有与广州保持密切往来的愿望，这是"人和"优势。

3. 区域金融发展高地

金融是现代经济的"血液"，广州构建现代化经济体系必须有坚强的金融保障。在大湾区的框架内，广州发展金融既需与香港这一国际金融中心尽量避开同质化竞争，也要与深圳实现错位发展，当前提出的打造区域性金融中心目标切合实际。虽然定位是区域性金融中心，但发展的视野仍需投向全球，金融资源、金融创新绝不限于一国一地，只有打开门来发展金融，才能不断提高金融的国际化水平，为经济发展输送永不枯竭的能量。

4. 全球资源配置中心

城市发展到一定阶段，必然要求持续扩大资源配置的范围。近年来，北上广深四个一线城市均提出了全球化发展战略，面向全球集聚和配置资源的步伐日益加快。广州是千年商都，与海外的商业贸易十分频繁，现阶段也提出打造全球投资首选地和最佳发展地、国际贸易中心、国际交往中心等目标，可以说建设全球资源配置中心，既是传承历史积淀，也是现实发展需要。全球资源配置中心的功能定位意味着全球的产品、人才等要素在广州汇聚，实现极大的配置效能。

5. 宜居宜业宜游乐土

城市发展既需要产业、交通、科技等方面的"硬实力"，也离不开城市环境这样的"软实力"。好的城市环境应让定居生活者有健全的就业、教育、医疗、住房等社会保障，让创新创业者有丰富的发展平台，让游客感受城市的无穷魅力。广州对照世界一流标准，深入打造宜居宜业宜游城市，有利于进一步增强经济发展新动能，有利于引领打造大湾区最优质生活圈，提升大湾区在全球湾区中的竞争力和影响力。

（二）对策建议

基于以上定位，建议广州重点从以下八个方面集中发力，争取在大湾区建设中赢得更多主动权。

1. 实施创新驱动发展战略

强化与深圳、东莞的创新协作，共建广深科技创新走廊，补齐做强区域创新链条，力争到"十三五"期末，主要创新指标达到或超过创新型国家（地区）水平，成为大湾区建设国际科技创新中心的主要承载区。积极承担国家、省重大科技专项，高标准建设一批国家实验室、大科学装置和创新基础平台，夯实国际科技创新枢纽的"四梁八柱"。支持中新国际联合研究院、中乌巴顿焊接研究院、中国（广州）智能装备研究院等新型研发机构建设，鼓励企业、高等院校、社会机构等搭建各类创新平台，加大科技研发投入，加强前瞻性、颠覆性和关键共性技术研究，形成更多原创科技成果，树立"广州创新"品牌。建立政府、企业、院校、金融机构等多方参与的重点领域技术创新战略联盟，形成政产学研资协同创新体系，加快高新技术市场化、产业化。优化科技创新功能布局，引导各个板块突出特色、优势互补，打造若干个引领产业和区域发展的价值创新园区。加强知识产权工作，全力争取国家知识产权改革试点，加快建设广州知识产权交易中心等运营机构，强化跨部门、跨区域联合执法，健全社会信用监督体系。着力培养引进一大批"高精尖缺"导向的创新人才和团队，针对人才关心的住房、子女教育等关键问题出台管用的实招。

2. 加快产业转型升级

大力培育农业龙头企业、合作社、家庭农场等新型农业经营主体，加快现代农业园区建设，促进农业适度规模经营，提高生产质量和效益。推进"中国制造2025"试点示范城市建设，坚持先进制造业、现代服务业"双轮驱动"，推动IAB、NEM计划"比翼齐飞"，形成若干个具有全球影响力的产业集群。着力发展智能制造，扩大互联网、大数据、人工智能、云计算等先进技术在实体经济领域的应用。落实服务经济中长期发展规划，大力发展信息、金融、商务、节能环保等生产性服务业，发展教育培训、健康、法律等生活性服务业，推动住宿餐饮、纺织服装等传统行业借助"互联网+"、市场采购贸易方式试点等契机实现转型发展，加快服务业全面迈向中高端。深化供给侧结构性改革，扎实推进"三去一降一补"工作，淘汰一批落后产能和"僵尸"企业，强化房地产市场调控，加强小额贷款、融资担保等类金融机构监管，扩大减税降费清费受益面，着重补齐基建、金融、科技创新等短板。构建"亲""清"新型政商关系，完善重点项目、重点企业服务工作制度，协助解决企业现实困难和问题。大力弘扬劳模精神、工匠精神，宣传爱岗敬业先进典型，积极开展职业技能比拼，形成强烈的示范带动效应。

3. 织密交通信息网络

围绕构建主城区、外围郊区"半小时经济圈"和大湾区"一小时经济圈"目标，加快推进水、陆、空、地下交通和信息网络建设。推进广州港与佛山港、东莞港、中山港等港口资源整合，积极开拓国际航线、建立国际友好港，强化国际航运枢纽地位。推进白云机场扩容提质、第二机场规划落地和临空经济示范区建设，大力争取空域优化、过境免签等便利化政策，高质量办好2018世界航线大会，加深与全球主要城市、航空公司的联系。建设一批、规划一批连接大湾区城市的国铁、城际、地铁、高快速路等重大交通走廊项目，促进各种运输方式无缝对接，促进公共交通同城化、智能化、低碳化发展。推进国家现代物流创新试点城市建设，完善空铁、铁水、公铁、公水等多式联运体系，提高物流监管信息化水平。创新投融资方式，加快海绵城市和地下综合管廊建设，充实城市"里子"，提高城市运行效率。加大新一代信息技术基础设施建设力度，扩大互联网国际出入口、超级计算、跨境电商等领域的竞争优势，建设更加宽广畅通的信息高速公路。

4. 集聚高端金融资源

与波士顿、麦肯锡、普华永道等国际顶尖咨询机构合作，加强金融国际化发展路径的规划设计。充分发挥国际金融论坛、中国风险投资论坛、金交会等高端平台作用，吸引国内外知名金融机构落户国际金融城、国际金融岛等功能区。强化与国家"一行三会"的沟通协调，争取创新型期货交易所尽快批筹，争取新设花城银行（民营银行）、合资全牌照证券公司、科技保险公司等法人金融机构。充实拟上市挂牌公司后备资源库，强化业务指导，与上海、深圳、香港证券交易所开展战略性合作，加快推进广州企业赴境内外资本市场上市挂牌，倒逼企业建立现代企业制度。大力发展绿色金融、跨境金融、融资租赁等金融新业态，高标准推进相关改革试点试验区建设，争创金融后发优势。加大政策支持力度，吸引创投、天使等各类股权投资机构集聚广州，常态化举办投融资路演活动，促进资本与项目深度对接，降低企业融资成本。促进金融与科技的深度融合，推广移动支付、区块链等技术应用，培育经济新增长点，方便企业群众生产生活。完善省市金融风险监测防控平台，加大对互联网＋非法传销＋非法集资等新型犯罪打击力度，筑牢金融安全防线。

5. 促进贸易投资自由化便利化

深化"三互"大通关改革，强化大通关协作机制，实现口岸管理由"串联"作业向"并联"作业转变；完善广州国际贸易"单一窗口"功能，探索推进"单一窗口"与港澳、"一带一路"沿线国家口岸互联互通，严格规范进出口环节经营性收费，降低企业通关时间和成本。大力培育经认证经营者（AEO）企业，助推企业享受国内国际通关便利和优惠。推进自贸区进出口商品质量监管国际化规则示范区建设，完善覆盖所有进出口商品的全球质量溯源体系，实现外贸"优进优出"。率先加大营商环境改革力度，建立市级层面营商环境改革统筹协调机制，加快落实准入前国民待遇加负面清单管理制度，实施外商投资企业设立及变更备案管理，严格保护外商投资合法权益。采用政府与社会资本合作（PPP）、建设—经营—转让（BOT）等方式，引导民营企业广泛参与公共服务设施投资建设，为民营经济发展拓宽空间。完善对外投资合作政策促进、服务保障和风险防控体系，建设境外投资"一站式"综合服务平台，为广州走出去企业提供强大的智力支持。

6. 发挥南沙示范引领作用

以南沙港区为核心，加快广州港口资源整合，学习借鉴上海洋山深水港四期码头建设经验，提高港口自动化装卸、智能化生产水平；以改革创新精神探索建设自由贸易港，促进国际中转和离岸贸易发展，提升对外贸易能级。发挥国家级新区、自贸试验区、自主创新示范区和人才管理改革试验区等多重顶级功能区叠加的政策优势，出台招商引资引技引智优惠政策，吸引世界500强和行业领军企业落户发展。加快交通基础设施建设，推进与佛山、东莞、中山等城市的地铁衔接和快速路网建设，把大湾区的地理几何中心转化为资源集散中心。高起点谋划社会设施建设，推动国内外名校、名医院在南沙设立分校、分院，打造一流的教育医疗资源，完善城市综合服务体系，发展邮轮度假、滨海休闲、岭南水乡等特色旅游，打响宜居宜游南沙品牌。推进粤港澳深度合作区建设，扩大服务业对外开放，加强与港澳在科技创新、法律、教育、旅游、民生等领域合作，探索建立与国际标准相适应的专业服务体系。

7. 提升城市环境品质

加强交通问题整治系统研究，合理控制城市人口规模，加大地铁、轻轨、BRT等快捷交通设施建设力度，尽快打通断头路、瓶颈路，运用信息化手段提高停车资源利用效率，加大重点区域、重点路段人工疏导力度，支持人工智能在交通体系中的应用，实现城市交通从末端管理向源头治理转变。强化环保"硬约束"，逐步扩大碳排放权市场交易范围，加快公共交通电动化进程，鼓励市民绿色出行，让"广州蓝"成为常态。完善"河长制"配套制度建设，加强河涌上下游流域辖区、城市的管控防治合作，严厉打击企业违规违法排污行为，加大环境监管失职追责力度。积极实施城市更新改造，稳妥推进城中村拆迁，对一时难以拆迁的改善道路、卫生、消防等条件，满足群众安居愿望。强化基层网格化管理，推动公安、安监、城管等专业网格与基础网格互联互动，壮大志愿者队伍、社工队伍，鼓励全民参与垃圾分类、禁毒防艾等活动，推动社会治理共建共治共享。深入推进"放管服"改革，全面压缩行政审批事项、流程、时限，面向基层合理下放审批权限，推广政务服务"一窗受理""一网通办"，为市场主体蓬勃发展清障松绑。

8. 拓展对外交往空间

响应国家总体外交布局，积极开展城市外交，不断拓展广州"朋友圈"，密切友城之间的高层往来、企业互动和民间交流，增进科技创新、产业发展、社会治理等领域合作。在全球主要城市有序增设办事机构，为引进国外优质资源特别是优质创新主体发挥基础性作用。提升广交会、金交会、海交会等国际交往平台影响力，推动文交会、时尚设计周等提质升级，争取举办更多国际性、区域性、行业性会展会议，提升国际交流对话能级，提高全球资源配置能力。围绕建设世界旅游名城目标，加强广州旅游资源开发、整合，广泛参与世界旅游组织、亚太城市旅游振兴机构等高端平台，着力讲好"广州故事"，以旅游为纽带拓宽对外合作渠道。深入对接"一带一路"倡议，加大海丝联合申遗协调工作力度，加快推进中国—沙特吉赞经济城、广东—马六甲皇京港临海工业园等重大项目建设，鼓励大湾区企业通过广州到"一带一路"沿线国家投资发展，传递中国声音，壮大中国力量，为推动构建人类命运共同体做出积极贡献。

参考文献

习近平：《决胜全面建成小康社会夺取新时代中国特色社会主义伟大胜利——在中国共产党第十九次全国代表大会上的报告》，《人民日报》2017年10月28日第1版。

李克强：《2018年政府工作报告》，中华人民共和国中央人民政府网站，2018年3月5日，http：//www. gov. cn/premier/2018 – 03/05/content_ 5271083. htm。

国家发展和改革委员会：《在习近平主席见证下我委与粤港澳三地政府共同签署〈深化粤港澳合作推进大湾区建设框架协议〉》，国家发展和改革委员会网站，2017年7月3日，http：//dqs. ndrc. gov. cn/qygh/201707/t20170703_ 853864. html。

广东省统计局：《2017年广东国民经济和社会发展统计公报》，广东统计信息网，2018年3月2日，http：//www. gdstats. gov. cn/tjzl/tjgb/201803/t20180302_ 381919. html。

香港特别行政区政府统计处：《香港统计年刊（2017年版）》，香港特别行政区政府统计处网站，2017年10月，http：//www. censtatd. gov. hk/hkstat/index_ tc. jsp。

香港特别行政区政府统计处：《香港统计数字一览（最新数字）》，香港特别行政区政府统计处网站，2017年12月，http：//www. censtatd. gov. hk/hkif/index _ tc. jsp。

澳门特别行政区统计暨普查局：《澳门统计年鉴2016》，澳门特别行政区统计暨普查局网站，2017年8月，http：//www. dsec. gov. mo/Statistic. aspx？ NodeGuid = d45bf8ce – 2b35 – 45d9 – ab3a – ed645e8af4bb。

澳门特别行政区统计暨普查局：《澳门主要统计指标》，澳门特别行政区统计暨普查局网站，2017年12月，http：//www. dsec. gov. mo/Statistic. aspx？ NodeGuid = dc9859c9 – 480f – 4f5d – 96ce – 0e4242455672。

广州市统计局：《广州统计年鉴2017》，广州市统计局网站，2017年11月6日，http：//210. 72. 4. 52/gzStat1/chaxun/njsj. jsp。

邓焕彬：《构建粤港澳大湾区一体化交通体系》，《中国港口》2017年第5期。

何诚颖、张立超：《国际湾区经济建设的主要经验借鉴及横向比较》，《特区经济》2017年第9期。

B.14
加快推进广州创新型园区建设的对策研究

广州市国土资源和规划委员会课题组*

摘　要：　创新发展是我国新时代重要发展理念和发展战略之一，广州
　　　　　明确提出建设国际科技创新枢纽和国家创新中心城市，引领
　　　　　粤港澳大湾区发展和广深科技创新走廊建设。本文梳理了创
　　　　　新型园区的基本内涵，介绍了国内外创新中心城市和创新型
　　　　　园区建设情况和成功经验，通过深入地实地调研，分析了广
　　　　　州创新型园区建设现状和存在问题，并从融入广深科技创新
　　　　　走廊、强化金融支撑作用、完善创新空间培育等三方面提出
　　　　　了加快推进广州创新型园区规划建设的对策建议。

关键词：　创新型园区　规划建设　广州

　　创新发展是我国新时代重要发展理念和发展战略之一，党的十九大提出
坚定实施创新驱动发展战略。广州市委、市政府明确提出建设国际科技创新
枢纽和国家创新中心城市，引领粤港澳大湾区发展和广深科技创新走廊建设
目标要求。为此，广州市国土资源和规划委员会组织调研组对国际国内创新
中心城市建设经验进行梳理，对广州创新型产业资源及园区建设现状进行深
入实地调研，分析总结了园区发展现状及存在问题，提出了广州创新型园区
规划建设的初步建议。

---

* 课题组成员：黄亮华、刘禹、张启芳、叶嫱君、陈晓明、陈嘉平。

一 创新型园区基本内涵和国内外发展经验

（一）创新型园区基本内涵

创新型园区/地区是指以科技创新为主要驱动力实现发展的园区与地区，是创新集群发展的空间载体，也是区域创新体系、城市创新空间体系的重要组成部分，是实施创新发展战略的重要载体和平台。总的来说，创新型园区主要包括以下四项功能。

1. 孵化加速功能

技术互动和改进是创客实现创意创新的核心过程，因此创客活动非常依赖于面对面的交流。大部分的众创空间都具有设计交流模块，包括常设的咖啡厅、办公场地，主要协助初创团队实现"从0到1"的过程。随着企业逐步壮大和团队人数逐步增长，企业需要相对较大且独立的办公场所，强化企业内部交流。因此，大部分园区针对成长期企业提供相对较大的办公单元空间——"加速器"。每个加速器面积500～1000平方米，部分单元有相对独立的会议室和办公室等，支撑企业逐步"从1到100"。

2. 生活配套功能

基本配套需求包括面向园区员工和管理人员的生活性配套服务和周边基础设施建设。生活性配套服务包括人才公寓和商业中心、医疗卫生、文化体育等公共服务设施，是园区企业吸引和留住人才的核心要素。生活配套服务，一方面可以通过企业自身配套解决，按目前产业用地政策，工业用地面积的7%和总建筑面积的14%可用于配套行政办公及生活服务设施，部分企业会配套投影会议室、茶水间、餐厅甚至是健身房、儿童游乐场地和人才公寓等设施；另一方面可以通过"邻里中心"模式，由园区集中配套统一解决。

3. 生产性服务功能

生产性服务是孵化器和创新型园区的核心价值所在，包括三个层次。第一层次为基础企业服务，包括公司注册、财务管理、人才招聘、法律咨询、知识产权服务等面向所有企业的综合型服务，一般的创新型园区、孵化器和众创空间均具备这一服务能力；第二层次为融资及创业辅导服务，园区会为企业配备投资人导师，提供或推荐天使投资，为创业者灌输企业运营意识，协助企业融资，以降低创业失败率，并通过股权溢价实现盈利，但融资及创业辅导对园区资金和实力有较高要求；第三层次是专业型公共平台服务，包括公共实验室、公共检测平台、行业协会交流等面向特定行业的专业型服务。专业型的公共平台服务由于前期投入较大，而且切合特定行业的专业性需求，因此一般是特定领域的龙头企业主导的或者有政府背景的创新型园区才能支撑。

4. 宣传推广功能

众创空间会协助创意团队面向消费者展示和推广产品，包括在官方网站上进行产品的介绍和定期举办创意市集、创客嘉年华、创客大会和创客节等活动；部分众创空间（如广州创客街、深圳大公坊创客基地）还聘有品牌策划和市场推广团队为入孵企业提供服务。

（二）国内外发展情况

早在 21 世纪初，《在线》杂志（WIRE2000）就提出了全球科技创新中心（Global Hubs of Technological Innovation）的概念，并通过咨询各政府、企业、媒体等人士评选出硅谷、波士顿、特拉维夫等 46 个全球科技创新中心，这一概念很快得到了世界银行和各界的认可，下文重点对特拉维夫—雅法、纽约以及我国的上海等国内外创新中心城市开展研究。

1. 特拉维夫—雅法：中东产业金融创新中心

特拉维夫位于以色列地中海沿岸，距耶路撒冷约 60 公里，成立于 1909 年，是以色列金融中心、技术中心、文化中心以及高新技术产业基地，在 GaWC 的全球城市排名中位于 Beta + 级别。特拉维夫—雅法的高新技术产业对内以辐射以色列本国经济为主，对外形成了中东产业金融创新中心。特拉维夫—雅法有高科技企业约 2000 家，占以色列全国高新技术企业数的1/4。

（1）创新园区建设情况

Kiryat Atidim 高新区是特拉维夫的主要高新区，距市中心约 13km，集聚了许多国际风险投资公司和高科技企业公司总部，有超过 700 家初创企业和研发中心。

机场城（Airport City）是以本—古里安机场为核心的周边镇区和产业园区，距特拉维夫城市中心约 23km，总用地面积为 43 万英亩。园区内部有 18 个的高科技集聚区，依托交通枢纽的作用迅速发展为国际性的高科技园区。

（2）创新中心城市建设经验

特拉维夫—雅法市高新技术产业发展迅猛，从"农业小镇"迅速成长为创新科技之都，主要得益于政府提出的一系列推动高新技术产业发展的措施机制。

积极发展风险投资，鼓励高新技术创业。以色列是世界上风险投资最为密集的地区之一，1991~2000 年，以色列的私人风险资本支出从 5800 万美元/年增加到 33 亿美元/年，增长率达到近 60 倍。除此之外，特拉维夫政府鼓励知识共享，推动实行公开数据政策，降低早期创业公司的纳税水平，创立市级创业委员会，支持初创高新技术企业在公共空间进行技术试点。

打造共享工作空间，营造成熟的创业生态系统。在创新创业实体服务空间方面，政府在城市内部建设了"The Library""Atidim 科技创业中心""Sosa"等一系列孵化器市政项目。该类项目是风险投资高科基金中心，从营销、融资和技术管理等方面为初创高新企业的发展运作提供帮助。在创新创业虚拟服务空间方面，特拉维夫创办了官方运营的创业者服务网站（Tel Aviv Nonstop City），不仅为创业者提供创业所需的各类信息，而且在当地创业者和投资者之间搭建起了信息交流平台。

吸引国际研发中心与外国企业落户。特拉维夫—雅法致力于吸引国际研发中心与外国企业入驻，积极推动与其他国家的双边技术合作。特拉维夫全球经济发展部门计划为规模以上国外高新技术企业提供城市减税、"红地毯"一揽子计划（"red carpet" package）等优惠政策，并协助高新技术企业举办国际性科技活动。2011 年英国大使馆在特拉维夫—雅法成立了"英国——以色列技术中心"，由英国大使馆主导经营，目前已完成的项目价值累计高达数十亿英镑。

2. 纽约：美国第二大科技重镇

目前，纽约已超越波士顿成为美国第二大科技重镇，创新生态系统已经形成。根据 NYCEDC 的统计，纽约市的创新生态系统创造了 29.1 万个就业岗位，经济总量超过 1247 亿美元。纽约市的 7500 多家技术公司在 2016 年筹集了超过 96 亿美元的风险投资，在过去十年中技术部门就业人数增长了18%，许多高科技行业的大鳄，如谷歌、雅虎、亚马逊等，均选择落户纽约。

（1）创新园区建设情况

纽约作为世界级的商业、金融、媒体、艺术中心，本身就有得天独厚的优势，这也让纽约的很多科技创业具备"枢纽特色"。目前纽约已形成了硅巷和布鲁克林科技三角区两个主要创新组团。

"硅巷"诞生于互联网科技兴起的年代，在经历了 20 世纪 90 年代的科技股泡沫后，现已成为 700 多家跨界广告公司、1400 多家设计公司、600 多家 IT 企业的集聚地。2007～2011 年，"硅巷"风投交易量增长了 32%；2014 年上半年，吸引风险投资资金 21 亿美元。这使得纽约成为初创公司，尤其是消费者事业、电子商务、广告、媒体以及时尚等领域初创者优先选择的落脚点。

布鲁克林科技三角区（Brooklyn Tech Triangle）正式成立于 2013 年，由布鲁克林市中心（Downtown，用于办公室和各大公司总部）、曼哈顿桥下区域（DUMBO－Down Under the Manhattan Bridge，用于广告和设计服务）、布鲁克林造船厂区（Brooklyn Navy Yard，用于工厂和物流中心）三个点围合而成，分别由三个非营利组织机构管理和引导其发展。这也是曼哈顿岛之外纽约最大的科技活动聚集中心。2013 年的一份研究报告显示，布鲁克林科技三角区已有 523 家创业公司，雇员超过 9600 人，因公司进驻带动周边产业产生的就业岗位超过 2.3 万个，创造的经济收益已达 31亿美元。

（2）创新中心城市建设经验

进入 21 世纪后，纽约不断调整城市的发展方向，从"过去依赖金融服务业"开始转向"更多元的经济发展战略"，为解决纽约拥有强大科研实力却缺乏向商业转化的问题，纽约市政府采取积极的应对措施。

发展战略上，重视并重新发现纽约经济发展的机遇，通过发布《五大行政区经济机遇计划》（*the Five Borough Economic Opportunity Plan*）和《多元化城市：纽约经济多样化项目》（*Diversecity NYC Economic Diversification Program*）等一系列综合发展战略规划实现战略转型。

人才培养上，提出"应用科学计划"（Applied Science NYC），即通过大力吸引世界顶级理工院校来共建大学和科技园区，培养一批优秀的应用科学人才，从而根本上改变纽约高校长期以来"文科强、工科弱"的格局，弥补纽约在应用科学方面的短板。

资金和政策扶持上，纽约市除提供拨款用于建设世界顶级理工院校的校区外，还投入大量资金和配套政策用于加强纽约市生命科学产业创新生态系统建设，包括投资 1 亿美元创建一个应用科学园区；提供 5000 万美元用以增加生命科研设施网络；提供 3 亿美元的税收优惠政策，吸引投资于生命科学业务的商业实验室等。

3. 上海：全球影响力的科技创新中心

上海科创中心建设成效显著，势头良好，知识经济特征显著。2016 年上海万人研发人员全时当量达到 76 人年，约为全国平均水平的三倍；知识密集型产业从业人员占全市从业人员比重达到 26.9%，上海每万人口发明专利拥有量 35.2 件，排名全国第二位。2017 年上海信息传输、软件和信息技术服务业增加值达到 1862.3 亿元，同比增长 18.9%，高于全市 GDP 增速 12 个百分点，是上海第三产业中增速最快的行业。与科技成果转移转化密切相关的科技推广及相关服务业、科技信息服务业增加值增长率都超过15%，创新辐射带动效应显著。

（1）创新园区建设情况

上海新一轮城市总体规划提出上海将建设具有全球影响力的科技创新中

心。在空间层次规划上，将构建"综合性国家科学中心——重点创新功能集聚区——科技商务社区"三级创新空间体系，分级推进城市创新空间体系建设。

第一层级为上海张江综合性国家科学中心，建设世界级重大科学基础设施集群和具有世界领先水平的综合性科学研究试验基地，形成上海创新中心体系的核心。

第二层级为紫竹、漕河泾、杨浦、嘉定、临港等高新技术产业园区、大学城和重要产业基地，建设高能级创新功能集聚区。

第三层级结合城市更新和工业用地转型，促进创新功能与城市功能融合，发展复合科技、商务、文化等功能的嵌入式创新空间和科技商务社区。

（2）创新中心城市建设经验

针对科技研发、新产业、新业态等用地需求，上海创新性地提出研发总部用地（C65）用地类型，出台《关于增设研发总部类用地相关工作的试点意见》，细化完善研发总部类用地管理政策，明确相关规划控制标准。

类型方面，将研发总部类用地细分为研发总部产业项目类用地和研发总部通用类用地；供应方式上，研发总部产业项目类用地和研发总部通用类用地分别采用带产业项目挂牌方式和公开招拍挂方式供应；在出让年限上，研发总部类用地实施弹性年期出让方式，最高出让年限为50年。

研发总部类用地的设立和相关管理细则的出台，有效满足设计研发、企业总部、信息技术服务等新型产业的用地需要，规范产业用地分类管理，优化产业用地空间布局。

4. 创新中心城市建设经验小结

（1）轴带发展是先进地区创新空间组织的主要形态

区域体系上，依托快速交通，串联重要创新核心和节点，形成科技创新走廊。科技走廊沿线重视城市创新职能分工，并重点促进"产学研资"一体化发展，形成了"带状 + 聚落"布局模式、专业互补的协作分工、优质宜居的城市环境，不断吸引创新要素集聚。

（2）高等级大学和科研机构是国际科技创新中心的核心要素

每一个科技创新中心发展的背后都是凭借和充分发挥了当地的高等院校和科学研究机构作用。国际上很多科技城的建设都是从引入知名研究机构开始起步的。

（3）多样化和城市活力是创新的重要源泉

创新活动与城市活力高度融合，形成创新城区。创新城区的出现揭示了一种新的大趋势的出现，这一趋势将改变民众与企业的区位偏好。相比于环境优良的绿色区域，知识密集型的著名企业更倾向于将企业内的关键性机构布局在接近其他同类企业、研发实验室以及大学的区域内。在后者的范围内，上述机构之间能够分享创意，进而形成一种"开放创新"的机制。

二　广州创新型园区发展现状分析

课题组针对全市创新型园区现状发展情况，走访了市工信委、科创委、金融局等部门，赴越秀、天河、海珠、番禺、南沙、黄埔等 10 多个产业园区、众创空间进行实地调研，获得了详细的调查数据和情况，分析总结了广州创新型园区总体发展情况与存在问题。

（一）广州创新型园区总体情况

广州开全国特大城市先河，率先完成"三规合一"工作，统筹工业发展空间布局，积极引导工业集聚进园，全市划定 95 个产业区块，并制定相关产业政策，推动产业转型升级和促进土地节约集约利用。该产业政策及其提高工业用地使用效率等的配套政策执行效果较好。

在"三规合一"工作基础上，广州市工信委和科创委进一步完善全市产业园区布局。目前，全市基本形成以国家自主创新区"一区十九园"为主体，其他重要工业园区为补充的园区发展格局，其中国家自主创新区"一区十九园"是经广州市科创委认定的创新型园区，其他重要工业园区主要是在"一区十九园"基础上整合市工信委《广州市工业园区空间布局规划（2016～2020年）》划定的产业区块，共计园区区块128个，总用地面积约570平方公里（见表1）。

表1 广州创新型园区总体情况

园区类型	数量	来源	编制主体
国家自主创新区"一区十九园"	96个区块	《珠三角（广州）国家自主创新示范区空间发展规划（2016～2025年）》（送审稿）	科创委
广州市工业园区（产业区块）	32个区块	广州市工业园区空间布局规划（2016～2020年）	工信委

说明：《广州市工业园区空间布局规划（2016～2020年）》共划定工业园区64个，其中32个已纳入《珠三角（广州）国家自主创新示范区空间发展规划（2016～2025年）》（送审稿）"一区十九园"，故不再单独划线统计。

在地区分布上，园区主要集中在天河、黄埔、花都、番禺、南沙等区。结合新一轮城市总体规划全域数字化现状数据，园区现状建设用地360平方公里，以工业用地为主，面积约121平方公里，占现状建设用地比重33%，其次为居住用地（含村庄居住用地）和教育科研用地，面积分别为47平方公里和33平方公里，分别占现状建设用地的13%和9%。

（二）广州创新型园区主要类型

目前广州创新型园区主要包括以下五类模式。

1. 传统产业升级型

按照产业升级规律，传统制造业随着规模做大，形成升级发展需求，逐步沿着产业价值链向微笑曲线两端延伸发展，形成较大的生产性服务需求，逐步推进传统产业园区升级。

番禺巨大产业园基本实现从传统制造业园区向创新园区转型升级。园区位于番禺石北工业区内，地铁2号线会江站上盖，是巨大集团（主营音响的研究、开发、生产制造、营销）为强化自身的研发和工业设计功能而建设的产业园区。园区首先引入集团的科技研发和工业设计功能，为自身服务。随着园区建设开发和生产性服务功能的逐步培育，已经形成与石北工业区其他制造企业的良性互动，逐步吸引工业区内的中小企业总部和设计部门入驻，并承接市中心部分信息服务、文化创意、工业设计等中小企业总部外溢。目前园区已经发展成为番禺区九大产业园之一，是带动石北工业区转型升级的动力核心。

2. 金融驱动型

金融和资本是创新创业的核心要素和重要支撑，而科技金融和风险投资是创新创业园区的两大核心功能。海珠区洋湾 2025 创新岛通过打造广州创投小镇，积极引入风险投资机构支撑园区创新创业发展。

海珠区洋湾 2025 创新岛原来是华南汽贸城，业态为传统汽车交易市场，但随着传统汽车交易行业的瓶颈期到来，园区开始转型升级，陆续将汽车相关企业清退出去，并且寻找新的产业代替。结合园区交通区位优势及海珠湖得天独厚的自然景观资源，园区最终明确了创新创投功能转型。目前，洋湾 2025 创新岛已成功吸引 IDG 资本等一批风投机构和金融机构入驻，并引进了中国风险投资研究院、广东省创业投资协会、广州市股权交易中心科创板运营中心、广州市科技金融创新联盟等一大批金融类的公共服务平台进驻，预计 3 ~ 5 年内资金管理规模达 300 亿 ~ 500 亿元，孵化创新型企业 100 ~ 250 家。

3. 龙头企业带动型

该模式创新创业的主导者通常为大型科技企业，拥有雄厚的资金实力，前期不以追求初创企业为孵化器带来盈利，而是着眼于鼓励创业者在其现有先进技术平台上实现突破和创新，为龙头企业带来新模式，为企业上游带来新技术。市内较为成功的案例有达安创谷。

达安创谷是依托达安基因已有资源与渠道，重点围绕医疗与大健康领域进行企业孵化的创新创业平台。除了提供孵化场地、股权投资、创业辅导等一般孵化服务功能外，达安创谷还依托达安基因的上下游产业资源，为初创企业提供全国 70% 的大中型医院、近 2 万家医疗机构和实验室、几十万家 OTC 门店和多元的互联网销售渠道等客户资源，最大程度解决企业产品输出的问题。截至 2016 年底，园区已经成功孵化了 8 家新三板上市企业，另有 20 家企业进入上市流程，是国家专业化众创空间示范单位和 2016 年中国新经济十大优秀案例。

4. 高校/科研机构辐射型

园区通过依托大学、科研机构并充分利用其智力、技术、实验设备等知识资源，以大学和科研机构为主创办，建在大学校园内或者附近，从事科技成果转化活动。

创意大道位于国家级高新区——黄花岗科技园内，周边有中国科学院等著名科研机构，建筑总面积逾 3 万平方米，已建成和改造 6 座楼宇，包括创意企业总部集聚区、公共研发区和公共服务区三大组成部分的建设及创意大道公共技术服务平台的打造，现已形成根植于越秀区的知识密集型服务业的特色产业高度集聚区和核心区。目前创意大道已经与中国科学院地理科学与资源研究所、广东省科学院广州地理研究所共建"广东地理科技与文化创新创意产业园"，由中国科学院院士周成虎为首席科学家，围绕"互联网＋地理信息"技术，构建地理信息产业、地理文化产业、地理咨询（智库）产业和地理教育产业的四大核心产业集聚体系。

5. 共享办公型（新型地产型）

新型地产类园区模式较单一，靠出租办公位，并提供共享办公设备和网络等办公空间为盈利模式。部分园区会定期邀请创业导师来举办沙龙或讲座为创业者答疑解惑，指点迷津。在资金支持方面，园区一般不提供创业投资基金，但部分园区会邀请创投机构驻场，定期开展路演或项目对接活动，为创新创业企业提供融资接口。

（三）广州创新型园区存在问题

1. 园区周边基础设施建设有待完善

部分调研园区希望政府结合城市更新，对园区周边道路交通和城市环境进行综合整治提升，以充分发挥园区发展对周边的带动提升作用。如巨大产业园和洋湾 2025 创新岛均是按照国际化品质化标准打造自身园区，但园区周边存在道路等级低，客货混杂，交通拥堵，旧厂房业态低端等问题（见图1），困扰着园区招商引资，也不利于城市功能的整体转型和空间品质的整体提升。

图1　洋湾 2025 创新岛园区内外照片对比

2. 园区产业发展空间有待保障

经综合调研发现，目前园区主要有四类空间需求。其一，园区物业为自有产权，由于产业发展态势良好，进驻面积比例已达90%以上，扩建需求强烈，希望地方政府整合周边资源，协助园区扩建。其二，园区物业为自有产权，但规划调整、项目验收等手续未完善，希望政府协助完善手续。其三，园区物业为合法租赁物业，希望政府提供产业用地支持园区发展，建议制定针对孵化器用地的相应投资准入标准，为创新创业平台提供发展空间。其四，园区为集体历史用地物业，希望通过原状整饬、局部拆建、全面改造等模式对园区进行改造升级，建设众创空间。

3. 产权分割政策有待落地

目前部分园区提出为孵化毕业企业提供发展空间，对园区物业进行分割出让，减轻园区运营资金压力。按已出台的《关于科技企业孵化器建设用地的若干（试行）规定》，工业用地建设的科技企业孵化器，可以幢、层等有固定界限的部分为基本单元进行产权登记，土地出让时已明确建成后科技企业孵化器房屋可分割转让的，在不改变科技企业孵化服务用途的前提下，可将不超过科技企业孵化器用地上房屋建筑总面积30%的部分分割转让给入驻本孵化器的科技研发企业或机构。但目前各区均未有出台具体实施细则，导致该项政策难以落地操作。

三 推进广州创新型园区建设的对策建议

（一）融入广深科技创新走廊，引领粤港澳大湾区创新驱动发展

空间布局上，全面落实广深科技创新走廊"一廊十核多节点"的空间布局，重点推进广州中新知识城、广州琶洲互联网创新集聚区、广州科学城、广州大学城—国际创新城四大核心创新平台和国际生物岛园区、天河智慧城等创新节点建设，为粤港澳大湾区创新驱动发展提供强大动力。聚焦全球创新资源配置，引进国际一流创新平台，提升园区创新动能。

基础设施上，推进广州铁路主枢纽扩容，升级改造广州站、广州东站，新建棠溪站、南沙站，扩建广州北站、新塘站，高速汇集国内创新资源，加快机场第二高速公路建设，推进华南快速路、广深高速等拥堵路段扩建工程，协调跨市路网规划对接和建设，实现 15 分钟到达广深高速出入口的道路交通目标和 30 分钟到达空港、海港、陆港枢纽的轨道交通目标。

用地保障上，其一，制定控规编制指导意见，参照先进城市经验，结合各级政府招商引资情况，统筹整合 M（工业用地）、A35（科研设计用地）和 B29（商务办公用地）的控制要求，通过土地兼容等方式，明确用地中关于新产业新业态的相关管控内容。其二，继续推进《广州市产业用地指南》修订，明确土地利用准入条件，指导项目选址、规划许可、用地预审、用地报批、土地供应和供后监管工作，提高产业用地管理水平。其三，有条件的园区可选择合适的 PPP 模式，引入社会资本参与园区招商运营，提高园区与市场的对接和运营效率。其四，保障国际一流创新平台建设，重点推进华南理工大学广州国际校区、香港科技大学霍英东研究院、分子科学与显示技术国际联合实验室等落地。

（二）强化金融支撑作用，促进科技—产业—金融融合发展

从特拉维夫、纽约以及上海等国内外创新中心的发展来看，这些创新中心城市均有全国乃至全球性的金融、证券市场对创新支撑，城市同时兼具了金融中心和国际创新中心的功能。

产业规模方面，广州的金融产业规模有待提升，金融体系仍有优化完善空间。科技金融融合度不高，广州辖区内对研发企业资金投入的金融机构数目不多，如科技支行仅有6家，低于武汉的15家；创业和股权投资机构1300家左右，约为北京的1/5，上海的1/7，深圳的1/12，不能满足企业对科研资本的需求。建议广州重点推动风险投资平台建设，大力吸收国际风险资金，有效利用国家、省专项资金，设立市级创业投资引导基金，支持创新创业。

空间布局方面，广州金融产业集聚态势明显，高度集中在中心城区，外围地区未能形成"科技—金融—产业"的创新园区生态。科技企业在整个生命周期中融资工具、制度政策以及融资服务有待完善，政府、企业、市场、社会中介机构衔接便利需要进一步提高。应继续加快推进国际金融城建设，重点提升金融业集聚区与外围产业园区和创新平台的联系，强化金融服务区的辐射作用。广州大学城、创新城等东部产业园区科技创新产业发展迅速，形成规模集聚并具备一定的技术创新能力，但金融服务配套相对缺位。应重点完善科技金融服务平台，鼓励园区运营主体、龙头企业结合自身优势发起设立风险投资基金，促进市场资金投向园区内优质创新型企业。

（三）完善创新空间培育，推进科技资源共享

低成本、便利化、开放式是众创空间和创新空间的三大核心特征。众创空间通过提供一个相对弹性、可负担的办公租赁场所，专业化的服务和公共交流空间，降低初创企业办公和创新空间成本，为初创企业的起步提供便利。例如，特拉维夫的孵化器主要由政府主导，公益性质导向下的众创空间租金成本较低，并配套良好的交通和通信条件、丰富的信息资源、完善的周边配套以及较高的环境品质，能够明显降低创新创业门槛。借鉴特拉维夫—

雅法的经验，广州应继续贯彻"大众创业、万众创新"的方针，搭建多样化的创业服务平台，保障众创空间的有效供给与高效利用，营造优良的创新生态，形成高端功能复合集聚、创新要素自由流动、支撑系统高效持续的创新城市空间。建议重点从存量和增量两方面促进众创空间和孵化器建设。

存量方面，依托市内"三旧"资源，推进国有及集体旧厂房工业用地改造，鼓励城市更新向众创空间等新产业新业态方向转变。依托广州市的研发资源优势，采取以奖代补的方式，重点促进高校、科研院所周边地区的旧村庄和旧厂房向众创空间和孵化器转型，并通过微改造模式完善周边城市环境，提升空间品质和配套服务水平，为高校师生、科技人员提供相对廉价、便利、开放的创新空间。引导众创空间向低成本、便利化、全要素、开放式发展，承载新产业新业态发展。

增量方面，结合外围产业园区开发，按国际价值创新园区的标准，规划重点实验室企业孵化和转化加速空间。完善园区的科技企业孵化育成体系，引入优质运营机构，深化科技、金融、产业创新融合，强化知识产权运用与保护，加快科技成果转移转化，依托园区龙头企业培育创新创业生态圈。重点扶持一批特色众创空间，力争在生物医药、计算科学应用、智能制造、海洋工程等领域培育 3~5 家在全国乃至全球具有影响力的品牌孵化器。

参考文献

Feldman M and Florida R："The geographic sources of innovation：technological infrastructure and product innovation in the United States"，Annals of the Association of American Geographers（1994）.

杜德斌：《全球科技创新中心动力与模式》，上海人民出版社，2015。

高维和：《全球科技创新中心：现状、经验与挑战》，上海人民出版社，2015。

杜德斌、段德忠：《全球科技创新中心的空间分布、发展类型及演化趋势》，《上海城市规划》2015 年第 1 期。

邓智团：《创新型企业集聚新趋势与中心城区复兴新路径———以纽约硅巷复兴为例》，《城市发展研究》2015 年第 12 期。

B.15

新形势下广州交通发展的战略思考

——从网状水系到网络城市

马小毅　周志华　江雪峰*

摘　要： 目前全球正在迎来第三轮城市化浪潮，主要特点是通过强化大城市与中小城市交通和网络联系，全面提高大城市的国际竞争力。传统上珠三角地区是密集的水网地区，广州自古以来就拥有网络城市的核心地位和基本特征。在新一轮城市化中，广州选择将枢纽型网络作为城市空间发展的战略方向，未来应充分利用祖国"南大门"的传统优势和连接三洲、连通两洋的区位优势，努力建设世界级的空港、海港和铁路网，进一步强化全球门户枢纽地位和资源配置能力，着力构建具有引领能力的、走在世界前列的全球重要交通枢纽。

关键词： 网络城市　交通战略　新一轮城市化

　　珠三角有着极为独特的水系。世界上绝大多数河口三角洲，水系一般呈现平行排列，而珠三角的整个水系都呈现出密集的网状。地理学者形容珠三角的水系是"河网相连，潮流交会，三江交汇，八口入海"。密集的水网造

* 马小毅，广州市交通规划研究院教授级高级工程师，享受国务院特殊津贴专家，研究方向为城市规划、交通规划；周志华，广州市交通规划研究院高级工程师，研究方向为城市交通与空间、经济协调研究、城市交通历史对比；江雪峰，广州市交通规划研究院高级工程师，研究方向为城市交通与空间协调。

就了网状分布的密集城市群，处于三江交汇和八口出海位置的广州位于这片网状城市群的枢纽位置，其他的大中小城市则既与广州枢纽联系，又依托河网与广州形成非常均衡的网络城市布局。

在现代交通方式引发的城市化进程下，广州延续着枢纽和网络的发展故事。第一轮城市化以枢纽为主题，城市通过建设枢纽把农民吸引进入城市，转变成市民，进入城市产业体系，逐渐做大城市；第二轮城市化以网络为动力，从城市向郊区延伸的网络支撑了市民追求更加优美的生活环境、进入新的产业体系，实现郊区的城市化。随着视野的广阔和实力的增强，广州在新一轮城市化中，选择了交通枢纽与网络均衡发展的模式，形成广州市域及周边大中小城市更平衡更充分发展的格局。

广州市委市政府历来重视交通对城市发展的引领作用，早在1993年就率先在国内城市开展了交通规划战略研究，为城市交通的健康发展指明了方向，确立了交通在城市总体规划中占有重要组成部分的地位。2007年开始编制的第二轮广州城市交通发展战略，提出了"构建以共享、畅达、绿色、公平为特征的现代服务型综合交通体系，支持广州建设国家中心城市"的总体目标，在战略的指引下，广州较好地实现了交通战略目标。在总结提升广州发展经验和优势的基础上，2016年8月市委市政府出台《关于进一步加强城市规划建设管理的实施意见》，首次将交通的专业词汇延伸到整个城市规划，明确提出建设"枢纽型网络城市"的战略方向，要求迅速编制交通发展战略以指导面向2035年的城市交通发展。

一 广州城市与交通的互动发展历程

未来的探索源于历史的总结，纵观两千多年来广州交通发展历程，科技进步推动了交通方式演变，交通方式决定时空关系，进而影响空间格局。从本质上讲，枢纽与网络相辅相成、互为因果，网络资源越强大，枢纽能级就越高。

（一）古代：水网主导的枢纽和网络

广州"三江总汇，襟山带海"，凭借特有的水网资源和对外贸易，广州赢得了"千年商都"美誉，在世界贸易史上占有重要的地位。

古代广州拥有强大的对外贸易网络，是世界最大海港之一。从六朝开始，广州利用海南岛东部海域首航丝绸之路，至唐代开辟通海夷道，与东南亚、波斯湾、东非海岸等地开展海上贸易。乾隆二十二年实行一口通商政策后，广州对外贸易航线遍及欧洲、北美和大洋洲。在国内则形成了以广州为中心的放射状水运网络，沿西江航线与广西地区，沿东江和韩江航线与惠、潮二府乃至福建西部，沿北江航线与韶州、南雄二府乃至江南地区建立商运往来。大船通常在外港完成集散，广州历史上曾出现多个外港码头，包括晋代扶胥港、唐宋时的波萝庙港、宋代大通港和琶洲港、清代黄埔古港等。

在城内，为了方便番舶货物运输，从宋代起就开凿内濠，与其他河涌和天然水系相连，形成了由六脉渠—内濠—江海组成的三级水系。设置多个内港码头，包括陆贾城码头、坡山古渡、西来初地渡口、光塔码头、兰湖码头、浮丘山码头、西澳、东澳、怀远驿码头、清十三行码头等。来自各地的大船停泊在各濠口水面开阔处，小船沿城内大小水道穿梭完成货物集散，四通八达的水路网络提供了便捷的交通运输条件，城内商业街市大多临水布置，形成理想的商业城市用地格局，构成广州最初的城市空间形态。

（二）近代：现代交通启蒙

鸦片战争后，英、美、德等国垄断了广东省、香港、澳门航线以及近海、远洋航线，黄埔外港处于自然港口的落后状态，虽然在抗战前曾着手改扩建，但依然无法与具有先进技术设备的自由港香港展开竞争，广州国际港口的地位一落千丈，海上贸易迅速萎缩。另外，在孙中山"航空救国"思想推动下，广州先后出现过七大机场，并成立了西南航空公司，但这些机场大多军用，对城市空间格局影响不大。

陆上运输对广州空间格局造成很大影响。从晚清开始，政府把修筑铁路作为"图自强而弥隐患"的一项时政，修通广三铁路（1903 年）和广九铁路（1911 年），民国时期又修通粤汉铁路（1936 年），形成了以广州为中心的放射状铁路网，极大地促进了经济发展，尤其是粤汉线贯通中部，成为广州与北方各省往来的交通命脉。石围塘站、广九车站、粤汉车站等铁路枢纽带动了地区发展，以广九车站为例，车站建成后极大地刺激了房地产开发，出现"地价日增，屋宇日盛"的局面。

与铁路相对应的是新式马路的建设，1918年10月市政公所成立后，把拆除城墙作为首要任务，"近世城垣，已如古代兵器，无存在之理由。辛亥鼎革之初，早经议拆，今当赓续实行，廓而清之。然后一切交通，方可措手"。从11月起开始大规模拆除城墙，建设新式马路，形成纵横交错、初具规模的道路系统，一举奠定了今天广州老城区的路网格局。城内新式马路的建设使城内交通从古时的水上运输转移至陆路，城市发展不再受水系、城墙、城门的限制，城市旧的空间格局被打破，空间联系得到极大加强。

（三）现代：城市化与枢纽网络的共生

改革开放以后，广州城市化进程加快。借助机动化交通方式，市民的活动能力大幅增加。2000年以后，城市空间发展大开大合，海空铁三大港先后外迁，修建"环+放射"的双快交通网络，打破原有城市空间格局，托起广州走向国际化大都市。

航运方面，随着国家逐步放开对水上货运的管制，广州港迅速发展，先后与世界多个国家（地区）建立货物运输业务往来。2000年后，根据国际海运大型化的发展趋势和广州城市空间的南拓战略，广州开始发展南沙港，形成真正意义上的海港城市。目前，广州港国际航线可直达美国、欧洲、澳洲、非洲等国家地区。2017年广州港货物吞吐量已经达到5.9亿吨，居世界第六位，而高附加值的集装箱货运吞吐量达到2037万标箱，居世界第五位。航空方面，广州先后改扩建机场设施、开辟多条国际直达航线，并在2004年8月正式启用新白云国际机场，旅客吞吐量取得大幅度增长。至2017年，国际航点达到92个，旅客吞吐量达到6580万人次，位居世界第11。铁路方面，珠江大桥建成后把三条铁路联成整体，广州与北京和中原腹地的联系得到加强，武广高铁通车后，与北京的联系得到进一步强化。随后，广深港高铁、贵广高铁、南广高铁通车，极大拓展了广州的腹地边界。得益于枢纽建成吸引的巨大客流，广州火车站和广州东站周边地区相继形成商贸中心，成为城市发展的原动力。

城市内部，为了适应汽车化时代需求，广州加大交通基础设施投入，先后修建"双环+放射线"的高快速路网格局和轨道网络格局。以内环路、环城高速和七条放射线为代表的高快速路系统是上世纪末城市交通建设史上的卓越成就，不仅缓解了交通供需矛盾，将道路车速长期稳定在20公里/小时以上水平，更是改变了城市空间格局，拉近了各重点区域之间的联系，完成了从平面发展的岭南城市向立体化发展的国际都市的蜕变。同时，从缓解交通拥堵、提升土地效益的角度出发，广州开启了轨道交通大建设时代，先后建成13条、总长390公里的地铁网，全面提升公共交通服务水平，推动了城市空间的重构。

二 新形势下广州城市发展对交通发展的要求

在新一轮城市总体规划草案中，广州进一步提升了城市定位，提出了"美丽宜居花城，活力全球城市"的愿景，在交通方面意味着广州将承担更多的责任：一是要提升在全球城市体系中的地位，代表国家参与国际竞争，做大做强海空铁枢纽，进一步融入全球城市网络；二是统筹区域发展，特别是在粤港澳大湾区中承担促进港澳融入国家发展的大局的责任，主动建设高速的区域网络，更紧密地联系湾区内的各大枢纽，促进整个地区更平衡更充分的发展；三是完善市域的空间格局，打造网络城市，通过多层次的枢纽建设夯实组团式的城市布局，实现"大而强"与"小而美"的统一。

（一）对外枢纽和网络的能级有待提升

作为中国南方的国家中心城市，广州与北京、上海一起肩负着带领区域发展、参与国际竞争的使命。广州在 GaWC2018 全球城市排名中已经进入

Alpha - 级,在全球城市中名列第41,与排名前10的北京、上海相比,支撑广州参与国际竞争的对外交通枢纽能级存在较大的差距。

航运方面,广州港近年来发展迅速,但在量级上,与上海港(世界第一大集装箱港)存在差距;在航运结构上,也存在国际航线不足,全球辐射能力有限的问题;在产业带动上,高端航运服务功能尚处起步阶段,港城协调、集疏运网络、航运环境均有待提升。航空方面,2017年北京、上海的机场旅客吞吐量均超过1亿人次,广州仅为两市的六成。广州在枢纽容量、空域容量和衔接体系上都存在不足。铁路方面,广州历来拥有华南铁路中心、国家铁路主枢纽的地位,虽然目前客运量仍然在区域内处于绝对领先,但广州存在枢纽布局与城市空间发展协调不够、枢纽间联通不强、枢纽建设质量不高等方面的问题,随着高铁线路在珠三角地区的网络化,广州面临着铁路中心地位下降的风险。此外,在国家主干网布局中,广州与长三角城市群、大西北地区缺乏直连的高速铁路。

(二)湾区内枢纽建设有待统合

在党的十九大报告中,广州所在的粤港澳大湾区,被单独列入"坚持一国两制,推进祖国统一"章节里,表明粤港澳大湾区除了与国内其他两大经济区一样要坚持区域协调战略外,还需继续承担维护国家统一的责任。目前,香港、澳门在经济社会上面临着不少困难,高端资源缺乏发展腹地,土地资源紧缺,难以容纳多层次的产业体系,影响港澳进一步提升国际上的地位和作用。而土地资源,恰恰也是粤港澳大湾区中另外一个超大城市深圳的短板。

粤港澳大湾区实现协调发展的关键之一在于交通一体化,这一点在网络对接上已经达成充分共识并践行。由于海空的枢纽能级直接决定全球影响力和竞争力,近年来湾区内三大城市香港、广州、深圳竞相发展、你追我赶,目前三者之间的差距不大(见表1、表2)。从数据发展趋势来看,2013~2015年深圳增长速度较快,近两年广州增长速度也较快,香港由于地理区位、土地资源等,增长有所放缓。

表1　历年三城市机场客运量数据

单位：万人，%

城市年份	香港		广州		深圳	
	客运量	较上年增长	客运量	较上年增长	客运量	较上年增长
2011	5332	—	4504	—	2824	—
2012	5606	5.14	4854	7.77	2956	4.67
2013	5960	6.31	5245	8.06	3226	9.13
2014	6312	5.91	5478	4.44	3627	12.43
2015	6828	8.17	5520	0.77	3972	9.51
2016	7052	3.28	5978	8.30	4198	5.69
2017	7290	3.37	6584	10.14	4561	8.65
2020	—	—	8000	6.71[*]	—	—
2025	—	—	—	—	5200	1.65[*]
2030	10000	2.53[*]	—	—	—	—
2035	—	—	13000	4.49[*]	—	—

说明：a. 右上角注标 * 号的增长率为规划年份与最接近年份相比的年平均增长率；b. 广州、深圳机场客运吞吐量历史数据来源于两市统计局网站，香港机场客运吞吐量历史数据来源于香港运输署网站公开数据；c. 广州机场预测数据来源于《广州市城市总体规划（2017~2035年）（草案）》，香港机场预测数据来源于《香港国际机场2030规划》，深圳机场预测数据来源于深圳机场集团公开数据。

表2　历年三城市港口集装箱吞吐量数据

单位：万吨、%

城市年份	香港		广州		深圳	
	吞吐量	较上年增长	吞吐量	较上年增长	吞吐量	较上年增长
2011	2440	—	1442	—	2257	—
2012	2310	-5.33	1474	2.22	2173	-3.72
2013	2235	-3.25	1550	5.16	2328	7.13
2014	2228	-0.31	1663	7.29	2404	3.26
2015	2011	-9.74	1759	5.77	2420	0.67
2016	1963	-2.39	1885	7.16	2411	-0.37
2017	2076	4.50	2036	8.01	2521	4.56

说明：广州、深圳港口集装箱吞吐量数据来源于两市统计局网站，香港港口集装箱吞吐量数据来源于香港运输署网站公开数据。

　　枢纽能级是城市竞争力的主要来源之一，同时也是一个占地巨大的邻避设施，即使城市设计的水平越来越高，弥补其对空间割裂的代价还是相当大。已经进入"高铁时代"的粤港澳大湾区，通过合理的高速轨道网络建设，完全可以 1 小时覆盖整个湾区，湾区内的高端航线可相对向香港、澳门、深圳倾斜，促进香港、澳门融入国家发展大局。广州应主动强化对港澳方向高速交通系统的建设，成为港澳融入国家发展大局的第一站和中转站，让广州以外的湾区人民在使用广州枢纽方面享受同质的服务水平。

（三）过于集中的枢纽布局有待改变

长期以来，与国内其他超大城市一样，广州也面临着人口过于集中带来的"大城市病"。从交通角度看，"大城市病"与第一轮城市化带来的枢纽集聚和第二轮城市化带来的网络扩张息息相关。

白云机场、南沙港向外围迁移，更多的作用体现在城市空间的拉开，分散了中转客流和货流，而自身巨大的交通流量仍然聚集在一起；广州南站向南疏解，但仍然汇聚了广州绝大部分高铁车次（广州北站功能很弱，客流量仅为南站 3.6%），且与机场和 CBD 长距离分离，造成大量长距离跨区客流。

城市内部交通也存在类似的问题，中心区有枢纽但网络容量不足，吸引力大但疏解力弱；外围区有网络而缺枢纽，特别是缺少对外枢纽，城际以上出行仍然需要进城或跨区，轨道站点周边用地多为单一功能，缺乏真正与城市公共功能结合的强大枢纽。就业通勤也存在大量跨区出行。

广州目前人口仍然在快速增长中，2017 年全市常住人口约 1450 万，未来将稳定在 2000 万人左右，而交通服务人口可能达到 2500 万人。在快速增长的阶段，需要将一群"小而美"的组团通过强大的枢纽网络结合起来，形成"大而强"的网状城市，以缓解"大城市病"，进而提高城市的竞争力。网络城市中，有全球、全国功能主导的组团，也有区域功能主导的组团，每个组团都以不同等级的枢纽为核心发展功能，再以相应的轨道和道路进行连接。

三 广州未来交通发展的战略思考

（一）目标—全球重要交通枢纽

以"交通强国"战略为导向，服务国家对外开放新格局，建设人民满意的城市交通体系。充分利用祖国"南大门"的传统优势和连接三洲、连通两洋的区位优势，建设世界级空港、海港和铁路网，强化全球门户枢纽地位和资源配置能力，打造交通引领的动力源；充分利用广州的先发优势和创新优势，探索与新型城镇化匹配的新型交通模式，提高人们出行的幸福感，最终形成具有引领能力的、走在世界前列的全球重要交通枢纽。

（二）愿景和品牌

通过构建"自信、自在、自然、自律"的交通愿景，打造"行在广州"的城市品牌（见图1）。

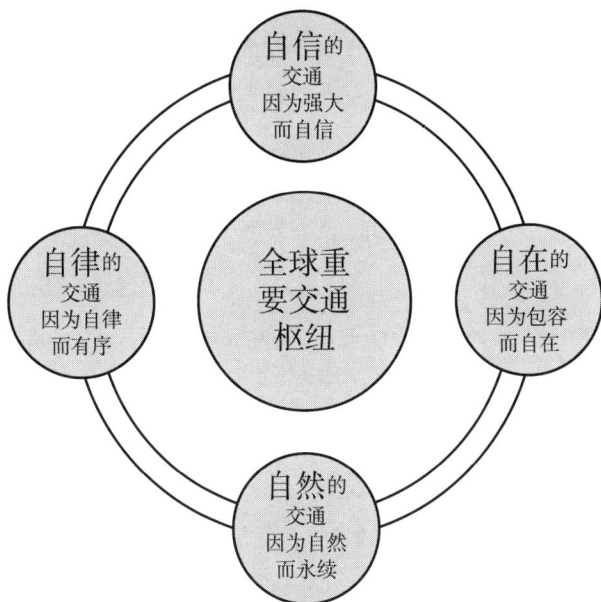

图1 "行在广州"的交通愿景

（三）建设互联互通的国际综合交通枢纽

1. 建设世界级空港

（1）促进粤港澳机场群协调发展

落实国家战略，发展广州国际航空枢纽。协调广州白云、深圳宝安、广州增城（广州第二机场）、珠海金湾、惠州平潭、佛山高明（珠三角新干线机场）发展，并强化机场群之间的联络通道，促进粤港澳机场群协调发展。

（2）全面建成广州机场体系

强化白云机场的国际航空功能；在东部按区域干线机场的定位建成第二机场；在南部新增南沙通用机场，并保留转为干线运输机场的可能。结合城市管理、应急保障和商务旅游需求，布局多个通用机场。至2035年广州航空枢纽设计年吞吐能力1.2亿～1.4亿人次，直飞国际航点数170个，旅客中转率、国际客流比例分别达到25%和35%左右，货邮吞吐量500万吨。

（3）优化空域使用结构

调整现有空域结构，改善珠三角空域条件，促进珠江三角洲空域资源统筹安排与释放；推动低空空域便利化、商业化运营，打造全国低空空域管理运行服务先行区。

（4）完善集疏运体系

发展空铁联运，将高铁、城际、地铁等多种轨道交通方式在机场汇集，拓展机场腹地，实现枢纽对都市圈服务的均等化。建设广州机场站（白云机场T3航站楼高铁站）；新增高速轨道实现机场与广州主城区、南沙副中心、知识城等重点地区的快速联系。

2. 建设世界级海港

（1）促进粤港澳港口群协调发展

整合广州与珠江口及粤西沿海沿江港口群，与香港—深圳港口群共同发展粤港澳国际航运枢纽。构建联通东西两岸港口群的水铁联运系统，强化广州港与西岸沿海、沿江港口的水水中转，加强以珠江—西江水道为骨架的区域内河航运系统建设，培育内河支流集疏运体系，构筑区域航运联动格局。

（2）合理分工"一港四区"

广州港要形成以南沙港区为外贸门户口岸、新沙港区为内外连接枢纽、黄埔港区为内河转运战略支点、内港港区为与主城区连通节点的港口体系。其中南沙港区是广州国际航运中心集装箱深水枢纽港区、国际远洋集装箱班轮的主靠港和亚太地区最大的邮轮母港之一。至 2035 年，广州港货物年吞吐量达 7 亿吨，集装箱年吞吐量 3500 万标准集装箱，邮轮年客运吞吐量达到 300 万人次。

（3）疏浚航道

疏浚内河航道和沿海航道。进一步拓宽和挖深南沙港区至珠江口外隘洲岛南侧的天然深水区出海航道，对航道范围内的规划构筑物进行管控，保障航道的通行能力。

（4）完善集疏运体系

依托南沙港铁路等货运铁路线将广州港接入全国货运铁路网，提高水铁联运的比例，拓展港口的腹地。重点拓展泛珠三角交通枢纽城市作为无水港体系中心节点，逐步铺开无水港一般节点，发挥铁路集装箱运输线的规模效益。

3. 建设世界级陆港

（1）巩固国家铁路主枢纽地位

强化连接东南亚、辐射全国的华南高铁中心功能，实现与省内地级市 2 小时互达、与邻近省会城市 3 小时互达、与国家级城市群主要城市 8 小时互达、与亚欧大陆桥和泛亚铁路实现常态化联通运营。至 2035 年，客运量超过 2.5 亿人次，货运量超过 1 亿吨。

（2）促进枢纽城市融合发展

重视铁路客运站及周边地区的精细化设计，逐步对主城区老旧铁路线及城市环境进行融合改造，提高周边地区环境质量和枢纽内部服务体验，大幅提升铁路直接换乘非机动化方式完成一次出行的概率，实现枢纽城市高度融合，让枢纽转变成城市活力的"发动机"。在"五主三辅"① 铁路部门分类的基础上，按照城市品质和分布的要求进行优化，做到每个行政区有 1 个以上铁路枢纽站，形成"两个中心站、五个门户站、多个功能站"② 的铁路客运枢纽布局，并依托国家铁路和区域轨道的直通运营加强枢纽间的直联直通。

（3）发展铁路（高铁）物流。

优化公铁联运、发展海铁联运，协调城市与货运站点的关系，加快推进广州集装箱中心站（大田）、南沙港物流基地、万顷沙物流基地、增城西物流基地建设，逐步取消棠溪、广州西站、石围塘等主城区站点货运功能。

（4）对接国家主干网

新增广河高铁、广湛高铁、广中珠澳线、京广高铁南沙支线、赣深高铁松山湖支线、广永高铁、贵广高铁广宁至广州北站联络线、东北客车联络线、赣深高铁南沙支线等线路，全面对接国家主干网。预留超高速铁路走廊。

（四）构建品质卓越的城市交通网络体系

提升道路网密度和公共交通服务水平，保障步行、非机动车和地面公交路权，应用新技术为交通系统赋能，提升交通网络的质量与效益，促进各种交通方式协同发展，实现一次出行链中各交通方式服务水平的连续，形成便捷、健康、可持续的城市交通网络体系。至 2035 年，全市公共交通占机动化出行比例达到 57%，主城区公共交通占机动化出行比例达到 70%，提高交通网络承载能力 15% ~ 30%，高峰期干道车速稳定在 20 公里/小时以上水平。

---

① 五主即五个铁路主站点：广州站、广州南站、广州东站、白云（棠溪）站和佛山西站；三辅即三个辅助站：广州北站、新塘站、南沙站。

② 两个中心站为：广州站、广州东站。五个门户站为：广州南站、广州北站、新塘站、佛山西站和南沙站。多个功能站为：白云机场站、第二机场站、白云（棠溪）站、增城站、从化站等。

1. 坚持公交优先战略

（1）建设轨道上的广州

构建"环＋放射型"区域轨道（含城际铁路、市域铁路）网络，实现广州与粤港澳大湾区主要城市1小时互达。至2035年，形成1000公里以上的区域轨道网，构成粤港澳大湾区城市群之间联系的骨干公共交通网络。构建服务广州市域的疏密有致的多层次城市轨道网络。至2035年，规划形成总里程1500公里以上地铁快线及普线网络。加强轨道枢纽建设，做到每个市域公共中心有1个以上区域轨道枢纽站，每个片区公共中心有地铁快线枢纽站，每个组团公共中心都有地铁普线站。推进交通枢纽综合开发。在满足交通功能的前提下，推进客运枢纽的综合开发，交通场站设施用地可兼容居住、商业等其他用地功能。建立交通与土地利用协调发展机制，营造枢纽站场综合体网络节点，引导人口和就业岗位向交通枢纽集聚，消除用地的碎片化，构造交通与城市协同发展的TOD网络体系。

（2）积极拓展个性化、多样化的公共交通服务

积极发展快速公交、常规公交、水巴等个性化多样化的公共交通，与轨道交通形成衔接、加密与延伸关系，形成一体化服务体系。优先安排城市公共交通建设用地，扩大公交专用道的覆盖范围，保障公交路权优先。加快推进基本公共交通服务均等化，实现主城区公交站点500米覆盖率100%。布局水上巴士码头，促进水上巴士与城区建设相融合，将航线网络往东部、南部地区拓展。

2. 构建高品质的出行环境

（1）完善路网结构，提升路网密度

进一步完善道路网络结构，完善次支路网微循环，提高道路系统承载力。构建均衡分布的"三环＋十七射"的骨架高速公路网，填补路网薄弱地区的空白，改变市域内交通基础设施发展不平衡不充分的情况。至2035年，市域高速公路网总里程达到1500公里。继续加密规划功能区、交通枢纽等重点地区道路网；加快规划道路实施，提高道路网密度，优先保障步行、非机动车出行和公交出行空间；建立住宅推广街区制，即有住宅区逐步

打开封闭道路，提升城市通透性和微循环能力。主城区建成区道路网密度力争达到 8 公里/平方公里。

（2）推进道路交通设计，建设步行、非机动车友好城市

实施道路精细化管控，加强对街道设计流程和实施管理的引导和规范，打造"美丽街道"。对道路两侧的用地进行功能管控，落实道路功能与用地规划的统一，确保城市规划功能不走样。打造安全、连续、舒适的步行和非机动车骑行环境。结合轨道站点和公共活动中心逐步改造中心区步行环境，提高步行可达性。引导并规范共享非机动车的发展，将共享非机动车作为客运出行的末端，以地铁站点为核心，规划适合骑行的末梢出行系统，提高非机动车出行比例。

3. 建设智慧城市交通

（1）实现智能交通服务模式

打通数据壁垒，定期开展综合交通调查，建立常态化多源异构数据采集机制，运用大数据、物联网、数据挖掘等技术，构建基于"互联网＋交通"的交通信息与决策支持平台，对新兴动态数据与传统静态数据进行深度融合，实现准确把握城市交通特征、精准分析交通发展趋势的目的。建立全生命周期管控的交通基础设施系统。以智慧道路—智慧平台为核心，依托传感技术、大数据和 AI 技术，在规划、设计、建设、运营、管理、维护的全过程中植入信息化理念，实现对城市交通的实时感知、精准推演和高效反馈。推进政府规划建设管理过程的升级。建立全过程智慧出行服务系统。以高覆盖率的出行规划系统为核心，依托无感支付、智能停车、智能公交等技术，建立将各种交通模式高度整合的交通服务体系，将传统以交通工具为核心的交通体系转变为以人的出行需求为核心的交通体系。

（2）深化新技术在交通运营中的应用

打造"智慧机场"、"智慧港航"和"智慧铁路"，提升空海铁枢纽之间的互联互通、资源共享，促进空铁联运、海铁联运；提升空海铁枢纽与城市交通的衔接，为客流和物流提供点对点的全过程运输服务；提升空中通道、水运航道和铁路廊道的利用效率，提高综合通行能力。在高快速公路系

统、外围新建地区试点应用自动驾驶汽车技术，逐渐推广到城市道路和主城区，实现以智能公共交通为主，无人驾驶私家车个性化出行为辅的新型交通空间组织模式。

（五）广州将建设枢纽型网络作为新一轮城市化的实现路径

2016 年中央财经领导小组办公室主任、国家发改委副主任刘鹤指出，城市化模式的战略选择是国家行为，要从我国人多地少的实际出发，走出符合国情的新路径。目前全球正在迎来第三轮城市化浪潮，主要特点就是通过强化大城市与中小城市的交通和网络联系，全面提高大城市的国际竞争力。

广州将建设枢纽型网络作为新一轮城市化的实现路径，是从网状水系带来的空间惯性势能下的自然选择，是符合中央政府期望的新路径，体现着区域统筹理念。枢纽型网络的城市理念一经提出就得到周边城市的积极响应，如：广佛轨道的一体化规划建设运营，广莞、广中、广清轨道及道路的对接规划建设，越来越多的城市纳入区域协调发展的命运共同体，充分说明了"枢纽型网络"城市发展理念的旺盛生命力，必将成为我国新一轮城市化中的"广州方案"，为区域协调发展提供一条新的解决路径，成为更多城市发展的"模因"。

参考文献

司徒尚纪：《珠三角与众不同的土地》，《中国国家地理》2009 年第 10 期。

戴逢、贺崇明：《对城市交通发展道路的探索——广州 20 年城市交通规划与实践回顾》，中国城市交通规划学术委员会，1999。

广州市交通规划研究院：《广州交通发展简史》，中国人民大学出版社，2016。

景国胜等：《2017 年广州市交通发展年度报告》，广州市交通规划研究院，2018。

B.16
广深科技创新走廊建设背景下
番禺区创新发展的思路研究

陈德俊*

摘　要： 近年来，番禺区深入实施"创新引领、双轮驱动"发展战略，加快构建高端高质高新现代产业新体系，创新成效显著。本文对番禺实施创新发展的现状和存在问题进行了分析，并提出未来要主动对接广深科技创新走廊建设，以广州大学城–国际科技创新城平台为动力源，着力构建优质高效的创新生态系统，加快形成以创新为引领和支撑的经济体系和发展模式，从人才优先发展战略、重大创新平台建设、企业创新主体、科技金融的推动、激励创新的体制机制、创新创业社会氛围等方面加快推进番禺创新发展。

关键词： 广深科技创新走廊　广州大学城　创新发展　广州番禺

一　广深科技创新走廊建设及番禺区
在科技走廊的目标定位

（一）广深科技创新走廊建设基本情况

创新是引领发展的第一动力。2017 年 9 月，广东省委省政府正式印发

---

* 陈德俊，中共广州市番禺区委副书记、番禺区人民政府区长，高级审计师、注册会计师。

了《广深科技创新走廊规划》，提出要依托"一廊十核多节点"的空间格局，着力集聚创新人才、科技成果、创新型企业，抢占关键核心技术制高点，构建多层次创新平台体系，营造国际一流创新生态，建设具有全球吸引力的人居环境，创新体制机制，加快形成以创新为主要引领和支撑的经济体系和发展模式，打造中国"硅谷"，形成全国创新发展重要一极，全面支撑国家科技产业创新中心和粤港澳大湾区建设，为全国实施创新驱动发展战略提供支撑。

《广深科技创新走廊规划》中明确，广深科技创新走廊范围为沿广深轴线区域，具体为北起广佛交界处，经广州主城区、东莞松山湖、深圳主城区，南至深圳大鹏，沿广深高速、广深沿江高速、珠三环高速东段、穗莞深城际、广九铁路等复合型交通要道所形成的创新要素集聚区域，长度约180公里。规划指标数据统计范围为广州、深圳、东莞三市全域。规划期限为2017~2030年，展望至2050年。广深科技创新走廊总定位是为全国实施创新驱动发展战略提供支撑的重要载体。具体定位为全球科技产业技术创新策源地、全国科技体制改革先行区、粤港澳大湾区国际科技创新中心的主要承载区、珠三角国家自主创新示范区的核心区。

《广深科技创新走廊规划》中提出，要构建广深科技创新走廊"一廊十核多节点"的空间格局。其中，一廊即广深科技创新走廊。十核即十大核心创新平台，其中包括位于番禺区的广州大学城—国际科技创新城。多节点即包括位于番禺区的广州南站商务区等37个节点，是具有一定创新基础，发挥示范效应，推动区域发展的创新节点。

（二）番禺区在广深科技创新走廊的目标定位

番禺区作为广州国际科技创新枢纽的重要支撑区，区内的广州大学城—国际科技创新城被纳入广深科技创新走廊总体规划的十大核心创新平台、广州南站商务区被纳入37个创新节点之一，另外还有广汽智能网联新能源汽车产业集群、华南理工大学广州国际校区、中国创新创业大赛（广东校区）、"天河二号"超算中心，以及佛莞城际、虎门二桥、莲花山过江通道、番莞高速、莲花山大道等项目也被列入发展规划。这些利好要素，为番禺区加快实施创新驱动发展战略、提升创新动能提供了重要的战略机会。番禺区将紧紧抓住广深科技创新走廊的战略机遇，进一步夯实产业基础、发挥区位优势、提升创新动能，力争在建设广深科技创新走廊的过程中抢抓先机、赢得主动，推动番禺区成为广深科技创新走廊的核心动力源。

（三）番禺区创新发展的优势分析

1. 智力资源丰富

番禺区智力资源优势突出，目前，番禺区人才资源总量已超45万人，共有院士工作站、博士后工作站25个，在番禺工作的两院院士、国家"千人计划"专家、国家"万人计划"专家、国务院特殊津贴专家等高精尖人才60人，博士、研究生共5115人，专业技术人才、高技能人才共31.3万人。2017年，全区有1383个团队（个人）入选番禺区"1+4"产业人才项目。番禺区已连续4次（8年）被评为"全国科技进步先进区"，是首批"国家智慧城市试点区"，成功获评国家知识产权强县工程示范区。番禺区现有科技型企业1000多家、国家高新技术企业580家，科技企业孵化器26家、在孵企业903家，众创空间12家、入驻创新创业团队318个。这些创新创业载体聚集了十几万名创新型复合型创业就业和服务人才，为番禺、广州乃至整个华南地区实施创新驱动发展战略提供了强大的智力支持。

番禺还拥有独一无二的"创新大脑"和高科技人才宝库—广州大学城，为广深科技创新走廊建设提供良好的基础研究、应用研究资源与源源不断的人才资本。广州大学城是华南地区高级人才培养、科研人才交流的中心，是中国南部的知识港和智力中心，目前已进驻12所高校，包括中山大学、华南理工大学、暨南大学、华南师范大学、广东工业大学、广东外语外贸大学、广州中医药大学、广东药学院、广州大学、广州医学院、广州美术学院和星海音乐学院。广州大学城本科生数量约占广东省总数近15%；研究生约占广东省研究生数量的30%。目前，高校共有专任教师1万多人，其中博士生导师1400多人，院士65人，国家杰出青年科学基金获得者72人，长江学者 38 人，享受国务院、省政府特殊津贴 160 多人，卫生部突出贡献专家 22 人；硕士点 1181 个，博士点 538 个，博士后流动站 61 个，国家重点学科 47 个，国家重点实验室 20 多个，部省级重点实验室 77 个。广州大学城内的广州超算中心"天河二号"超级计算机计算能力全球领先，六次蝉联世界第一。中山大学、华南理工大学入选一流大学建设名单，中山大学、华南理工大学、暨南大学、华南师范大学、广州中医药大学的 18 个学科入选一流学科建设名单。2017 年，华南理工大学广州国际校区启动建设，将实现与剑桥大学、哈佛大学、南洋理工大学等强强合作。未来，还有美国罗格斯大学、加州大学圣塔芭芭拉分校等 10 多所高端国际学院入驻大学城，进一步助推番禺建设成为广深科技创新走廊的动力源。

2. 创新产业集聚

广州国际科技创新城、番禺汽车城、汉溪长隆万博片区、广州南站商务区等区内重大发展平台建设提速，吸引了思科（广州）智慧城、广汽智能网联新能源汽车产业园等一批创新创造能力十足的龙头项目落户番禺区，推动番禺区产业结构加快调整。同时，番禺科技产业园区集聚发展，目前已建成清华科技园广州创新基地、广州国家现代服务业集成电路设计产业化基地、大学城健康产业园、国家数字家庭应用示范产业基地、巨大创意产业园、华创动漫产业园、星力动漫游戏产业园、海伦堡创意产业园、番山创业中心、沙湾珠宝产业园、金山谷创意产业园等众多科技园区。成立番禺科技产业园区发展联盟，有力促进园区之间创新要素流动，实现资源共享、优势互补，形成"一城多园"协同发展格局。目前，各大园区入驻企业近 3000 家，年产值达 700 多亿元。

3. 区位优势明显

番禺区地理位置优越，地处粤港澳大湾区地理中心位置，北连广州中心城区，南接南沙自贸试验区，西与顺德等珠江西岸装备制造重镇接壤，东与东莞等隔江相望。番禺交通便利，坐拥华南最大的高铁客运枢纽广州南站，日均到发旅客 37 万人次，是名副其实的"华南第一门户"；拥有国家一类口岸莲花山港、多条地铁线路以及"六纵六横"高快速路等综合交通路网，实现30分钟可达广州白云国际机场，45分钟可达粤港澳大湾区所有城市，10小时内可达国内主要城市，是珠三角"1小时都市生活圈"的中心。

4. 配套政策完善

番禺区相继出台"1 + 11"创新驱动政策、"1 + 4"产业人才政策，用接地气、有吸引力的产业政策和人才政策大力引才、引智、引技，每年用于人才、产业和科技创新创业的资金合计近10亿元，还设立了番禺区战略性新兴产业创业投资引导基金，总规模为10亿元。2017年是"1 + 4"产业人才政策实施的第一年，经评审，共有1383个团队（个人）获得资助，奖励拨付总额近1.5亿元。加强人才服务保障，制定了《番禺区高层次人才服务保障办法》，为高层次人才提供引进入户、子女教育、医疗卫生、政务绿色通道等贴心周到服务，促进"高、精、尖"人才在番禺集聚。同时，发挥商协会桥梁纽带作用，由番禺区厂商会与高等院校、职业中学建立合作平台，培养高技能型人才，开展人才服务调研，切实帮助企业选拔人才。

二 番禺区创新发展现状分析

（一）发展现状

1. 经济发展提质增效

近年来，番禺深入实施"创新引领、双轮驱动"发展战略，以提高发展质量和效益为中心，以推进供给侧结构性改革为主线，加快构建高端高质高新现代产业新体系，取得了较好的成绩。2017年番禺区实现地区生产总值1948.32亿元，增长8%。一般公共预算收入97.55亿元，按同口径增长25.2%。先进制造业快速发展，全区规上工业总产值2041亿元、增长17.3%。番禺区在2017年度中国最具投资潜力百强区中排名第五，全国综合实力百强区中排名第十。

2. 创新发展硕果累累

思科（广州）智慧城正在番禺建设国内首个以智能制造云产业为核心、

产值规模超千亿元的智慧城；思科（中国）创新科技有限公司及其21家全球合作伙伴揭牌运营，2017年营业收入达11.5亿元，贡献税收1.13亿元。广汽智能网联新能源汽车等新兴产业蓄势待发，自主创新品牌——广汽传祺汽车供不应求，番禺汽车城年整车产量达64.29万辆，2017年实现总产值764亿元，增长92%。科技金融业加快发展，全省首个基金小镇——万博基金小镇共注册落户基金公司135家，管理基金规模超400亿元。深入实施高新技术企业倍增计划，全区国家高新技术企业总数将突破1200家。2017年番禺区新增上市企业3家，总数达17家，新增"新三板"挂牌企业13家、总数达57家，新增广州股权交易中心挂牌企业95家，总数达350家。成功举办"攻城拔寨、落地生根、开花结果"——番禺区重大项目启动活动，93个项目同步签约、动工、开业，总投资超2170亿元。

3. 创新创业氛围浓厚

2017年，番禺区成功举办2017中国（小谷围）"互联网＋交通运输"创新创业大赛、大学城创新创业成果交流会、2017年国际产业人才大会·小谷围峰会等系列大型创新创业活动，成立了广州智汇谷人才联盟，营造了良好的创新氛围。同时，不断完善创新创业孵化服务，建立大学城港澳台青创基地示范点，配有国家数字家庭应用示范产业基地1家国家级科技企业孵化器，广州英诺众创空间、广州大学三创营众创空间、友利众创空间3家国家级众创空间。番禺区科技企业孵化器26家、在孵企业903家、累计毕业企业303家，众创空间12家、入驻创新创业团队318个。

（二）存在问题

1. 广州大学城创新资源优势发挥不足

一是无法承接部分领域的科研成果。由于广州大学城产业园区的主要功能是孵化器，番禺区内产业园区又不具有高端、专业化硬件设施，加之区内部分大型产业园配套条件不完善，广州大学城内高校科技研发高新技术领域技术成果无法得到承接。二是经营场地不足。广州大学城内可供租赁的办公场地有限，而闲置土地的开发权属市级部门，以目前的条件来看，难以为企业的发展提供足够的场地。随着企业孵化成功，企业规模日益扩大，对办公场地的要求越来越高，企业发展扩大面临困难，不得不转移到其他区域。三是部分科研成果无法落地转化。部分科研项目存在"新、浅、长"的问题，科技成果实用性不足，加之部分特殊技术研发周期较长，致使科研成果缺乏赢利点，难以满足企业发展和市场需求，最终无法落地转化。

2. 政产学研用协同水平不高

校地融合不够深，高校"属地化"程度不够高，高校创新资源引领当地产业转型升级的作用尚未得到充分发挥。除校地共建的三个孵化基地外，校地（企）共建的产学研平台不多。例如中山大学，虽然在珠三角9个地区设立了产业研究院，但唯独没有在番禺本地设立。此外，一些企业目光短浅，安于现状，只为追求短期利益，研发投入严重不足，缺乏围绕产业链进行技术创新的勇气；加上政府"引导者"与"推动者"的作用未能充分发挥，产学研用配套政策又不足，导致政产学研用难以深度融合。

3. 科技成果转化能力偏弱

一方面，科技成果就地转化不多，虽然高校科研成果资源丰富，但缺乏一个对接产业、资本的平台和专业服务机制去引导科技成果就地转化。高校科技活动的开展仍主要遵循项目申报、发论文、申请专利、鉴定报奖等传统老路、套路，缺乏市场导向，造成科研成果与现实需求相脱节，难以实现产业化。另一方面，本地企业与科研院所、高校互联互通的主动性不足，缺乏从研发、设计、工程、投运到运营全过程的协同共进。据不完全统计，高校有42项骨干项目在广州以外的地方转化，主要落在深圳、东莞、中山、佛山等地。

4. 区内创新型龙头企业数量不多

2017年，广州共有7家企业入选广州"独角兽"创新企业，其中天河区3家，黄埔区3家，越秀区1家。2017年广州市共有20家企业入选广州未来"独角兽"创新企业，其中天河区9家，黄埔区4家，番禺区只有3家，分别是有米科技股份有限公司、广州创显科教股份有限公司和广州巨杉软件开发有限公司。相比天河区、黄埔区，番禺区创新型龙头企业仍略显不足。

三 加快番禺区创新发展的思路与建议

全球新一轮科技革命和颠覆性的产业变革正在孕育兴起，国际格局和力量对比正处于发展演变的重要关头，科技创新已经成为社会生产方式和生活方式变革进步的强大引领。当前，番禺面临着前所未有的重大历史机遇，必须准确把握新常态、适应新形势、应对新变化，树立全球视野，以目标和问题为导向，通过深入实施创新驱动发展战略，使科技创新和人才成为番禺经济社会发展的主要驱动力和重要增长极，推动番禺成为广深科技创新走廊的核心动力源和广州建设国际科技创新枢纽城市的重要支撑区。

具体来说，要强化创新驱动，大力构建"动力在大学城、核心在人才、支撑在平台，主体在企业、特色在园区、推动在金融、保障在制度、培育在社会"的创新要素协同体系。

（一）切实发挥广州大学城——国际科技创新城的动力源作用

通过发挥广州大学城的资源优势，推动创新创业发展，加快广州国际科技创新城开发建设向纵深推进，全力建设思科（广州）智慧城，为番禺区转变发展方式、优化经济结构、转换增长动力提供有力支撑。一方面，进一步完善科技服务体系，积极引入孵化辅导、创业服务、风险投资、创业投资、金融服务、产权服务、标准化服务的专业社会化机构聚集，为国际科技创新资源引入提供国际化服务平台。建好高新技术创新创业服务中心，整合广州大学城各类科技创新资源，统筹协调创新平台管理工作，推动构建区域创新体系。另一方面，进一步强化科技合作与成果就地转化，大力构建以广州大学城高校以及企业科技研发为先导，国际科技研发资源引入为支撑，成果转化及时跟进的产业发展链条，通过技术交易、团队引入、共同研发等方式整合国际科技研发资源，加速推进一批具有自主知识产权的科研成果就地转化，逐步形成具有竞争力的创新型产业化集群，成为华南地区首屈一指的国际科技合作资源引入窗口。

（二）深化人才优先发展战略

不断优化人才服务。完善"1＋4"人才政策，推行更有竞争力的人才引进政策和住房补贴政策，开展"情暖人才家，老小同关注"行动，完善"人才绿卡"制度，对高层次人才发放区内旅游景区免费年卡，切实解决人才的住房、医疗、入户、子女教育、父母养老等问题，推进高端人才加速向番禺区聚集。大力实施"青蓝计划"，健全镇街与高校一对一的合作共建机制，切实留住、用好广州大学城的毕业生和青年人才。加强与国外创新人才交流合作，鼓励企业用好现有人才、稳住关键人才、引进急需人才、培养未来人才。

（三）夯实重大创新平台建设

以广州大学城为"智核"，以地铁七号线、南大干线为纽带，串联广州国际科技创新城、万博商务区、广州南站商务区等重大创新功能区，充分利用思科（广州）智慧城、万博基金小镇、番禺汽车城等重大项目，发挥产业、人才等高端要素聚集群集约效应，抢先布局重点领域战略性技术、颠覆性技术，推动番禺成为具有国际竞争力和影响力的产业创新中心。同时，不断推动科技产业园区发展壮大。充分发挥番禺科技产业园区发展联盟辐射功能和引领作用，推动各园区人才、技术创新、产业成果等深入融合，力促番禺区园区产值突破1000亿元。整理汇编园区信息和优惠政策，加强园区联动招商。坚持规划引导与市场主导相结合，围绕产业链布局创新链，加强园区产业引导，推动更多园区建设成为价值创新园。实施园区提升行动计划，加快完善公共交通、餐饮零售、休闲娱乐、用人招聘等园区配套服务，用心用情解决入园企业发展难题。

（四）强化企业创新主体地位

强化企业创新主体地位，提升创新引领能力，关键在于激发企业创新活力与内生动力，将创新由外部驱动转化为内部驱动。一是增强企业创新意愿。鼓励大中型骨干企业、龙头企业建立研发中心，发挥财政资金的杠杆作用，促进企业加大 R&D 投入力度，提升企业创新能力，使企业真正成为创新决策、创新投入、创新收益的主体。二是健全创新激励制度。发挥市场对企业技术创新的导向作用，同时完善"1＋11"创新驱动政策，推动企业成为技术创新、研发投入、科研组织和成果转化的主体。三是发展创新骨干企业。实施"独角兽"企业培育扶持计划，不断挖掘、孵化和引进具有"独角兽"特征的企业，培育出具有本土代表性的科技领域龙头企业。开展高新技术企业树标提质行动，推动规上企业升级成为高新技术企业，促进高新技术企业壮大成为行业标杆企业。同时，建设一批商业模式创新、运行机制灵活、资源集聚度高的高新技术企业孵化器和创业服务平台，提高在孵企业毕业率，培育更多科技型企业和高新技术企业。

（五）发挥科技金融的推动作用

探索构建科技企业的多元化、多层次、多渠道投融资体系，努力缓解科技中小微企业融资难题，支持企业创新发展。完善基金小镇扶持办法，利用万博基金小镇产业聚集效应，强化番禺母基金带动作用，不断引进产业投资、风险投资、天使投资、战略投资等基金机构。积极引导金融资源向科技领域配置，规范引导科技信贷、创业投资等科技、金融、产业融合发展模式，促进科技与产业、市场、资本高效对接。

（六）构建激励创新的体制机制

一是推动政府职能从研发管理向创新服务转变，破除束缚创新和成果转化的制度障碍，优化创新政策供给，形成创新活力竞相迸发、创新成果高效转化、创新价值充分体现的体制机制。二是加强政产学研用，打通科技创新体系中政府、企业、高校和科研机构之间的"肠梗阻"，实现政府、企业、高校、科研机构功能互补，加快人才、资本、技术、知识自由流动，最终推动科技成果落地转化。同时，深化校地协同创新联盟建设，加强与大学城高校合作建设科技园区和科技企业孵化器；鼓励企业积极与大学城高校、科研机构等开展合作，深化产学研协同创新，将广州大学城真正建设成为广深科技创新走廊创新驱动发展的动力源。三是深化科技管理体制改革，完善科技成果收益分配机制和知识产权保护，构建普惠性创新支持政策体系，营造公平、开放、透明的市场环境。

（七）营造良好创新创业社会氛围

一是在区域内举办各类大型创新创业比赛。办好中国（小谷围）"互联网＋交通运输"创新创业大赛，整合大学城创新创业成果交流会与国际产业人才大会两项重大活动，积极争取中国大数据人工智能创新创业大赛、"黑马会"创新创业交流活动落户大学城。二是搭建科技成果转化交易服务平台。通过搭建大学城创新创业成果转化交易平台，积极引导科研成果与企业实际需求挂钩，促进科研创新完善成熟，推动科技成果转化应用。三是加强社会科普。通过举办科普展览、讲座，建设科普画廊、科普基地等，广泛传播科学精神和创新意识，努力让社会形成"鼓励成功、宽容失败"的创新氛围。同时，深化教育体制改革和教学方法改进，从青少年入手培养创新意识和实践能力，鼓励青少年参加丰富多彩的科普活动和社会实践。

参考文献

习近平：《决胜全面建成小康社会夺取新时代中国特色社会主义伟大胜利——在中国共产党第十九次全国代表大会上的报告》，《人民日报》2017 年 10 月 28 日，第 1 版。

习近平：《习近平谈治国理政》第二卷，外文出版社，2017。

中共广东省委、广东省人民政府：《中共广东省委 广东省人民政府关于印发〈广深科技创新走廊规划〉的通知》，2017。

陈德俊：《在区委十三届四次全会第一次全体会议上的讲话》，中共广州市番禺区委十三届四次全会第一次全体会议，2018。

广州市番禺区政府：《番禺区政府工作报告（2018）》，广州市番禺区第十七届人民代表大会第四次会议，2018。

中共广州市番禺区委组织部、广州市番禺区人力资源和社会保障局、广州市番禺区财政局：《番禺区高层次人才服务保障制度》，2016。

中共广州市番禺区委组织部、广州市番禺区人力资源和社会保障局、广州市番禺区科技工业商务和信息化局、广州市番禺区财政局：《番禺区创新创业领军人才引进支持制度》《番禺区产业领军人才贡献奖励制度》，2016。

中共广州市番禺区委组织部、广州市番禺区人力资源和社会保障局、广州市番禺区科技工业商务和信息化局、广州市番禺区财政局、广州大学城管理委员会：《番禺区关于加强广州大学城创新人才资源合作与开发的制度》，2016。

广州市科技创新企业协会：《广州"独角兽"创新企业入选榜单公布》，2017。

B.17
荔湾区传统文化商旅活化
提升现状与对策

荔湾区人大常委会专题调研组*

摘　要： 实现文商旅产业的融合发展，能够在提升文化产业发展水平、扩大文化服务消费的同时，大力振兴传统商贸业，带动提升旅游业，促进发展现代服务业。荔湾区人大常委会教科文卫工委会为此组织专题调研组，开展了对荔湾区传统文化商旅活化提升建设的专题调研，摸清了发展现状，掌握了详细的调查数据和相关情况。通过深入分析荔湾区传统文化活化提升和文商旅融合发展存在的问题，并借鉴其他地区的经验做法，提出了加快荔湾区传统文化商旅活化提升建设的对策建议。

关键词： 文商旅　活化提升　广州荔湾

党的十九大报告提出，要坚定文化自信，推动社会主义文化繁荣兴盛；要加强文物保护利用和文化遗产保护传承。习近平总书记强调："历史文化是城市的灵魂，要像爱惜自己的生命一样保护好城市历史文化遗产"。广州确立了建设世界历史文化名城战略目标，为拥有丰富历史文化资源的荔湾带来更大的发展空间和难得的历史机遇。荔湾区深厚的文化

---

　* 调研组成员：刘漫漫、梁东、曾小华、许珺茹、孔箭、谢莹、田震明、宁茴香、钟泽、刘韶晖、张民旭、陈丹凤、黄颖章、黄志波。执笔：梁东、陈丹凤。

实力成为有别于广州市内其他城区的核心竞争力，是广州建设世界历史文化名城的最佳切入口，最有条件站到国际文化舞台上展示荔湾文化风采。为促进文商旅产业的融合发展，提升文化产业发展水平，振兴传统商贸业，带动提升旅游业，促进发展现代服务业，荔湾区人大常委会教科文卫工委会组织了专题调研组，对荔湾区传统文化商旅活化提升建设进行专题调研，掌握了详细的调查数据和情况。文商旅融合发展已成为荔湾区拓展发展空间、促进结构调整、提升区域竞争力的有效路径，文商旅融合发展的最终成效，不仅能促生荔湾新的产业，还将极大提高荔湾的城市形象。

一 荔湾区传统文化资源状况及活化提升情况

（一）文化旅游资源情况

荔湾区具有深厚的历史文化积淀和丰厚的岭南文化资源，至 2017 年末，在不可移动文化遗产方面，包括有文物保护单位 189 个共 256 处，其中国家级 3 个共 56 处，省级 5 个，市级 46 个共 58 处，区级 8 个，市登记 12 个共 14 处，区登记 109 个，文物线索 6 个；广州市历史建筑 148 处；中国历史文化名街 1 条，中国传统村落 1 个，广州市历史文化街区 14 条（其中人民南路历史文化街区与越秀区共有），占广州历史文化街区的 53.8%；广州市历史风貌区 2 个（其中沿江西河段与越秀区相连共有），占广州历史风貌区的 21%。非物质文化遗产方面，包括"世界非物质文化遗产"——粤剧，国家级非遗 6 个（玉雕、牙雕、广彩、广绣、粤曲、岭南木偶），省级 7 个、市级 10 个、区级 4 个，非遗传承人方面有国家级传人 3 人、省级 20 人、市级 5 人、区级 11 人。据不完全统计，区内有"中华老字号" 19 家，广东老字号 7 家，广州老字号 29 家；以及康有为、詹天佑等一大批历史名人、商贾、粤剧名伶的故居、旧居；有广东民间工艺博物馆（陈家祠）、粤剧艺术博物馆等 10 多个各类博物馆和陈列馆；还有 78 个活跃在大街小巷的粤剧私伙局等等。丰厚的历史文化底蕴，丰富的文商旅资源，是最能代表广州历史文化的区域。

（二）文化创意产业情况

荔湾区是广州市文化创意产业园区形成最早且最集中的城区。在实施"退二进三""三旧"改造中，荔湾整合利用闲置旧仓库和老厂房资源，在保护历史建筑风貌的前提下，通过内部改造，使老建筑变身为创意产业基地，引入发展创意产业，至2017年末，有创意企业法人单位1400多家。目前较具规模和影响力的园区10多家，包括信义国际会馆、1850创意园、922宏信创意园、广佛数字创意园、原创元素创意园、广州工业设计园等。园区业态以设计、动漫、广告、品牌研发、艺术等文化创意企业以及科技研发企业为主。其中，广佛数字创意园和信义国际会馆被认定为广州市第一批重点文化产业园。珠江黄金滨水创意产业带获得广东省首批服务业集聚区称号。

（三）传统文化商旅活化提升区推进情况

2016年中共荔湾区委十二届会议上确立了荔湾区打造"三大发展平台"战略，传统文化商旅活化提升区作为"三大发展平台"之一，列入了荔湾区重点推进工作。永庆坊作为历史旧街区"微改造"和活化利用的试点，首期项目已经完成，非遗展示馆建筑建设接近完成。2017年5月荔湾区委区政府出台了《广州市荔湾区传统文化商旅活化提升区建设工作方案》，划定传统文化商旅活化提升启动区的主要范围为荔湾北片中山七路、八路以南，珠江以东，人民路以西约6.1平方公里的区域。重点围绕此区域内西关建筑、商贸、曲艺、饮食、工艺、民俗、宗教、中医药等主要特色资源进行活化提升。按历史文化资源空间分布特点，打造荔枝湾西关民俗风情区、恩宁路粤韵创意文化旅游区、陈家祠民间工艺文化旅游区、沙面国际艺术岛、十三行国际商贸历史文化区、上下九——华林禅宗文化商贸旅游区、西门瓮城城市历史文化区等七个各具特色的文商旅融合功能区，通过文化景观提升、旧城更新、调整业态等措施，带动特色商圈转型升级、历史街区活化利用，实现文商旅融合发展的建设思路。

二 荔湾区传统文化活化提升存在的主要问题

（一）文化旅游开发缺乏整合，形象策划宣传力度不够

作为岭南文化的主要发源地，荔湾保留许多岭南文化历史遗存和传统节事活动，旅游景区（点）规模小、分布散、形式单一、内容单调。各种历史文化资源交错混杂，文化旅游缺乏主题与特色。缺乏对旅游资源进行有效的系统整合，旅游产品推广没有全面系统的品牌规划和市场策划。

（二）开发管理缺少联动机制，产业融合发展水平不高

荔湾区文化资源、商业资源、旅游资源的开发管理条块分割，缺乏融合发展的工作机制和平台，各自为政、各行其路，未有形成抱团取暖、共同发展的共识。如区内各种体制的博物馆，欠缺统一协调机制和合作平台，相互联系少，没有共同的市场营销和宣传策略。

（三）各类资源缺乏充分利用，营运水平开发利用不足

在活化提升历史文化方面缺乏深耕细作，通过各级财政资金投入了不少文博项目，但不少项目建成后便成一个空壳，展示内容少，宣传力度弱，参观游客少，没有在活化提升和文创产品开发上有所建树。重建设，轻管理，缺经营情况也较为突出。

（四）以美化代替活化，缺乏对文化元素的保护和传承

在历史文化街区文商旅融合的路径及策略方面，多偏重于历史建筑保护修缮、基础设施建设、空间环境整治等，缺乏对荔湾历史文化、传统习俗、风情、技艺、生活方式、人文精神等文化元素的挖掘、保护和传承。

（五）传统专业市场过盛，制约新业态和文化旅游发展

专业市场是荔湾区重要的商业资源，由于缺乏前期的综合规划，没有配套物流场地和公共停车场，且以现货交易为主，造成市政道路被占用，严重影响了城市管理秩序和居民生活，不少市场还聚集在历史文化传统街区之内，部分店铺的改造还对历史文化建筑造成破坏，同时也制约了文化活化、新业态建立和文化旅游的发展。

（六）优质和特色住宿设施不足，难以形成旅游目的地

目前，荔湾区仅有五星级酒店 1 家，四星级也仅有 2 家，精品酒店和特色民宿也非常少，旅游住宿档次低下承载能力不足，以致大多游客到荔湾观光游览后，只能选择到其他区住宿，留不住游客，难以产生旅游带动作用。

三 荔湾区传统文化活化提升的策略和思路

根据荔湾区的城区性质、功能定位和发展基础，围绕国家重要中心城市、国家历史文化名城、国际商贸中心和综合交通枢纽等国家赋予广州的城市定位，在规划引领、功能定位、业态调整、旅游策划、公共服务等方面体现政府主导地位，在项目建设、资金筹集、经营管理等方面要广开门路，积极推动文化领域由继承保护向活化提升，商贸领域由传统、低端向现代化、高端化提升，旅游领域由单一零散向融合型高品质的全域旅游转变，引领优势产业与新兴产业之间相互渗透，着力壮大产业规模，提升产业链竞争优势，汇集高端生产要素，加快促进文商旅相互深度融合。

（一）以历史文化为根，充分挖掘提升城市灵魂

荔湾区有 2000 千多年历史，有公元前 196 年汉高祖刘邦为统一全国，派遣大夫陆贾南下，劝服南越王赵佗归汉时筑的泥城遗址；有 1500 年前南朝梁武帝普通年间古印度高僧达摩远渡中国的首岸处"西来初地"，有 1000

多年前南汉王刘长的御花园"昌华苑"的故地；还有康有为、詹天佑、陈廉伯兄弟等等众多近现代商贾名人和粤剧名伶故居、旧居，也是历史上重大事件所在地，包括清代"一口通商"的十三行、广州商团事变、六二三沙基惨案等，中国近代史和英法殖民地的重要见证沙面，还有展示岭南工艺精髓的陈家祠，粤剧、粤曲、粤菜、粤语、西关小食"最正宗、最地道"的所在地，沉淀百年历史、驰名省港澳的中医药、玉器酸枝等专业街，西关大屋、骑楼街等西关文化符号。丰厚的历史文化遗存，丰富的文商旅资源，是最能代表广州城市历史文化灵魂的区域。这些都是具有不可复制、独有的稀缺文化资源，是有别于其他区域的文化符号和特征，要充分挖掘和利用唯我独有、唯我独尊的文化资源，是减少传统文化活化和旅游产品同质化的有效途径，是荔湾区提升城市竞争力重要方面。

（二）以产业发展为本，推进文商旅融合可持续发展

传统历史文化的活化要形成强大的生命力，产业支撑不可或缺，中医药、饮食、玉器、茶叶、服装、文玩等行业，以及包括"三雕一彩一绣"等传统工艺，在荔湾区都具有深厚的群众基础、较高的市场认可度和庞大的市场交易量。传统文化的活化要有可持续发展的生命力，关键在市场，创新发展离不开市场的认可和产业的支撑。要紧紧依靠已经在市场形成较强认可度的产业，以传统文化为切入口，活化提升为手段，拓展文商旅融合的广度和深度，扩大传统产业的附加值，延长产业链，从而达到传统文化的传承发展。如荔湾区的中医药从古至今都有很高的认受性，民国时期的桨栏路一带云集了 50 多个驰名省港澳的中药厂（铺），孙中山先生还在冼基东开设过中西药局，和平中路是著名的中医街，清平路一带是全国著名的中药材集散地，省市名老中医大都出自西关传统的中医世家。广药集团旗下的 12 个"中华老字号"企业中，有 8 个发源地在荔湾区内。又如广州市现存最多的饮食老字号企业和传统食品品牌都在荔湾，但由于缺乏有效的老字号保护政策，老字号企业不断减少，但群众和游客对老字号及传统食品的情怀却没有减退，曾创制"广州第一鸡——清平鸡"盛名的清平饭店倒闭后，如今打

着"清平饭店师傅主理""清平鸡传承人"等名堂的饭店到处可见。更有甚者，荔湾区外甚至是广州市外不少地方的食店还打着"西关美食"的招牌揽客，可见传承、发展传统文化离不开产业的结合和支撑。

（三）以民资民智为核，全方位打造荔湾历史文化名区

历史文化是靠时间的积淀，群众的广泛参与才能逐步形成。荔湾是千年商都的发祥地，商贸业基础雄厚。历史上省港澳著名商人不少都与荔湾有着理不清、割不断的渊源，曾任全国政协副主席马万祺、现任全国政协副主席何厚铧、澳门第二代"赌王"傅老榕、香港"四大才子"之一的黄霑等名人商贾都曾有祖业在荔湾，名人故居、旧居数不胜数。文玩收藏也是荔湾传统文化一个组成部分，广东省不少收藏家都出自荔湾，荔湾成为广东文玩收藏的聚集地。如何将这些优势资源在传统文化活化中发挥作用，发动社会力量，集民间之财、之力、之智是一条重要途径。如十三行博物馆是通过民间收藏家王恒先生捐赠藏品建立起来的一个成功案例。又如借鉴台湾等地博物馆业发展的经验，以大财团组织的基金会建立各类博物馆。荔湾区不但有众多收藏家、爱好者，还有不少大企业，可以发动广药集团配合荔湾传统文化商旅活化提升区平台建设，开办更系统、更完善、更规模的中医中药文化博物馆，发动广铁集团参与詹天佑故居纪念馆的升级改造，动员广百集团将南方大厦历史陈列馆升级改造为广州商业博物馆等等，打造具有荔湾特色的文博产业。

（四）以政策引导为纲，规范和促进文化活化提升发展

传统文化活化是新生事物，具有很多不确定、不明晰的因素，涉及政府管理部门多，现行政策法规不配套等问题，是目前制约传统文化活化的主要因素，综观国内在活化工作中成效突出地区，其成功之道与领导重视、政策引导密不可分。设立明确的管理协调机构，制定规划和具有可操作性的配套政策，破解活化中的政策、法规"盲点"，让活化参与者有章可循。

四 加快荔湾区传统文化活化提升建设的对策和建议

荔湾拥有具有岭南建筑特色的传统民居和街巷空间，名胜古迹众多，文化底蕴丰厚，民俗风情浓郁。要坚持"基础在文物，特色在文化，重点在民生"的理念，凝聚内在文化精神，打造展示城市历史、特征及性格的独特窗口，延续城市人文气质。通过文化、旅游、产业、基础设施等方面同步互动的系统活化提升，突出重点，打造亮点，有序推进传统文化商旅活化提升区的建设。

（一）组建新型合作关系的区域文博联盟，合力打造文博强区

荔湾区有广东民间工艺博物馆（陈家祠）、粤剧艺术博物馆、十三行历史博物馆、荔湾博物馆、詹天佑故居纪念馆、粤海关博物馆、广东省外事博物馆、采芝林中药文化博物馆以及各类文化、艺术展览场馆达数十个，但分属不同行业、不同隶属、不同体制，各自单干，没有形成合力，没有转化为荔湾区的优势文化资源。建议以市场为导向，建立同行互助互动、信息共享、合作策划、联合推广的区域文博联盟组织，抱团取暖，共谋发展，提升博物馆的文化影响力和辐射带动力，形成门类齐全、内容丰富、特色显著的博物馆体系，发挥 1 + 1 大于 2 的作用，带动其他产业发展。

（二）以粤剧艺术博物馆为中心，打造"粤文化"文化地标

粤剧是联合国教科文组织命名的世界非物质文化遗产，西关作为粤剧发源地之一、粤剧八和会馆所在地，历代粤剧名人旧居聚集地，拥有"中国民间艺术之乡"（曲艺类）称号，加上新建成的粤剧艺术博物馆（以下简称"粤博"），以及区内 78 支民间粤剧私伙局组织，奠定了西关在粤剧文化中的地位；西关历史上是粤语（广州话）发音标准地；西关一直以来是传统正宗粤菜的聚集地；西关童谣是粤语童谣的代表等。从古至今，从物质到非物质，从名人轶事到活生生活跃在大街小巷的私伙局，丰富的"粤系"文

化资源主要集中在粤博周边方圆数百米之内，是"粤系"文化的根所在，构成了独具地方特色的"粤文化"。建议将粤博打造成"粤文化"地标，一是对周边数十间历代粤剧名人旧居，有条件的进行活化利用，不具有活化利用条件的也应在旧居上设置标志牌；二是充分发挥粤博里开放式水上舞台功能，引进粤剧私伙局轮流驻场常态性表演；三是破解体制障碍，增加粤博营运功能，提高营运水平，开拓"粤文化"文化产业。如多开办各类"粤文化"主题的公益讲座、专业培训班，开发和经营粤剧文化主题文创产品，开设粤剧粤曲茶座，粤剧表演体验服务等；四是引进社会力量精心打造一场"粤文化"旅游演艺项目，将粤剧、粤曲、粤语、粤菜、广东音乐、西关童谣等浓厚"粤味"的地方文化符号，以旅游演艺形式在粤博的剧院中进行长年固定演出；五是粤博旁边的清代探花李文田"探花弟"遗址及其书房"泰华楼"要充分活化，利用现有的基础稍作活化便可提升该区域的历史文化气息，如在"泰华楼"外的荔湾涌亲水平台上增设"探花码头"牌坊、建仿古旗杆、悬挂大红灯笼，在涌里摆设"探花船"，在"探花弟"遗址的市民和游客休闲场地上设李文田雕像和故事廊，提升区域的文化品位；六是加快粤博周边街区的"微改造"和活化利用，提升区域历史文化街区形象，并加大活化利用力度，引入与主题及旅游配套相关产业，降低房屋空置率。

（三）完善陈家祠景区配套建设，充分发挥旅游带动作用

陈家祠（广东民间工艺博物馆）是广州"新羊城八景"之一，荔湾区现有唯一的4A级旅游景点，近年来游客接待量都在100万人次/年左右。2009年陈家祠岭南文化区建设规划通过了广州的立项，计划分三期建设，其中一二期工程已于亚运前如期完成，但三期工程没有如期启动。陈家祠景区缺乏综合性旅游配套，每年上百万游客都成了匆匆"过客"，浪费了宝贵的游客资源。建议加快三期项目的建设，推进地下停车场的复工，加快景区旅游中心及购物、餐饮等配套规划的实施，引入工艺文创龙头企业，引导培育众创空间集聚发展，打造岭南民间工艺中心和现代创客空间融合的文化旅

游创意社区，充分发挥陈家祠旅游品牌效应的旅游带动作用，打造该片区旅游核心功能区地位，以此产生辐射作用。

（四）着力建设沙面——西堤景观带，打造珠江历史文化地标

沙面街于 2013 年被命名为"中国历史文化名街"，沙面四面环水，有欧陆风情建筑博物馆之誉的国家级文物保护建筑群，曾有 19 个国家在此设立领事馆，此外曾有数十个外国洋行、银行在此设立过机构，成就了沙面与海外文化、经贸、政治有特殊的历史关系，是中国近代史的重要标志。

西堤沿江景观带是广州历史风貌保护区，其中沿江西路段上的粤海关大楼、邮政大楼、南方大厦、爱群大厦等建筑，均为 20 世纪初至 80 年代广州地标建筑，曾有"广州外滩"之称，承载着清代十三行对外贸易"一口通商"的历史底蕴，是国外史料中对上两个世纪以来对广州的印象和标记，也是广州人对老广州的集体记忆。

建议结合《沙面历史文化保护区保护规划》，高起点、高标准重新规划制订沙面历史文化活化提升方案，拆除白天鹅引桥（改为专用隧道进入）和各时期建设与原风貌不协调的建筑；限制岛外单位车辆进入，岛内路面全面禁停车辆；在岛外选址配套建设大型公共停车场解决岛内停车问题；结合国家"一带一路"建设和广州正在申报海上丝绸之路世界非遗项目，彰显沙面历史文化底蕴，激活优势文化资源，引入国内外有代表性的文化、旅游、经贸平台机构进驻，引入文博、文创、休闲、酒店等类型企业；全面提升沙面环境卫生、绿化、交通、公共场所等现有基础设施，设立游客中心等公共服务设施；丰富岛内特色文化旅游服务项目，将沙面打造为时尚文化艺术活动平台、国际文化推广展示窗口和国家 5A 级旅游景区。

建议把沿江西路从沙面东桥口到爱群大厦处道路改造为地下隧道通行，原路面改建为沿江观光步行广场，拆除西堤二马路至人民南大新路口处高架桥，将西堤的珠江历史文化风貌区、人民南历史文化街区连片打造上海外滩般的历史文化风貌片区和博物馆群。着力推进提升西堤一带原电子通信市场经营业态和档次，促进产业升级转型优化；将海关博物馆常态开放参观和大

钟楼恢复定时响钟；将邮政大楼建成邮政博物馆及邮币藏品展示、交流平台；将南方大厦展览陈列室升级为广州商贸历史博物馆。将该区域重新打造为体验珠江历史文化的"广州外滩"。

（五）重新规划广州文化公园定位，将文化公园打造为广州文化的高地、文化高端消费的潮地、吸引游客的热点

广州文化公园在20世纪从50年代初到80年代中是广州文化的标志。建议对文化公园进行重新规划定位，将文化公园打造为广州文化高地和十三行历史文化主题公园。将十三行博物馆周边区域进行整体策划包装，强化"十三行"历史文化主题形象，按十三行商埠历史文化主题打造为十三行主题公园；对十三行博物馆建筑外立面重新装饰，扩大博物馆展示空间；馆外周边空间增设"十三行"及商埠文化主题的雕塑、建筑、标识物、仿古商船模型等；在公园里选择合适的场地通过借助3D和VR、AR等新科技让游客进入模拟场景，再现清代十三行"夷馆"场景。利用历史人物黄飞鸿的传奇故事和拥有100多部影视作品的效应，将当年十三行仁安街的宝芝林在首尔（当时称"汉城"）进行"复活"，引入西关正骨、武术、醒狮等荔湾区特色"非遗"项目，以"传奇人物＋非遗＋文创＋旅游"打造吸引游客的新景点。将园中园、原露天剧场、展览馆等场地建设为文化高端发布和展览、展示平台、电竞场，引入高端文化休闲娱乐消费项目，打造为文化高端消费的潮地。

（六）重塑上下九步行街"广州商业第一街"形象，打造旅游消费新热点

上下九曾是广州市名老字号最多的一条商业街，也是传统婚嫁置装、喜庆宴席的传统专业街，有"广州商业第一街"之誉。街内曾有清平饭店、纶章公司、永安公司、趣香饼家、鹤鸣鞋店、琳琅摄影店、金升电影院、南方玉雕厂等20多家百年老铺、中华老字号、广州老字号企业。近年来由于种种原因，业种业态发生较大变化，经营档次不断下降，沦为倾销清货的商

业街。为重塑广州商业第一街形象，要按照国家 4A 旅游景区标准进行规划和建设。对步行街建筑外立面、路面、灯饰等环境进行升级改造。制定步行街交通、停车解决方案，加快停车场建设。强化街内商户管理，全面提升业态，严禁商铺不文明销售行为，如销售人员在街上叫卖、强拉游客，播放高分贝音乐扰民等。加强公共服务配套建设，如旅游厕所、游客中心、休息座椅、交通指引、公共环境等。

（七）以水为脉，利用荔湾南片古村、水乡、花卉业特色，塑造广州中心城区的"桃花源"

荔湾区域内水系资源丰富，河涌纵横交错，河涌达 87 条，总长达104.5 公里，水域面积约 5.2 平方公里。结合荔湾区南片旧村庄更新改造工作，学习借鉴上海市朱家角镇打造生态旅游项目，充分发挥芳村"千年之乡"历史文化底蕴，科学谋划葵蓬村 229 亩基本农田的资源，挖掘茶滘村种植花卉的历史优势，充分利用大沙河广州花博园生态环境、聚龙古村历史人文资源、密布河涌形成的水系资源以及中心城区交通方便等优势，精心策划，科学建设，有效组织，开发花卉文创产品，提高花卉种植业文化附加值，以"生态＋花卉＋旅游"整合打造生态旅游，在城市公共设施、公共建筑、商业建筑和民居等建筑物中注入更多的岭南文化元素，彰显西关特色和水秀花香韵味，擦亮荔湾水秀花香品牌，构建广州市中心城区的"桃花源"。

（八）大力发展旅游住宿业，重点推进精品酒店、特色民宿建设，延长游客停留时间

2010 年广州亚运之后，荔湾区酒店业已从优势产业转为弱势产业，优质住宿设施处于广州各区落后位置，现仅有 1 家五星级，2 家四星级，精品和特色酒店、民宿也是凤毛麟角，以致大多数游客，尤其是优质高端游客都难以选择在荔湾区住宿，旅游带动作用大打折扣。建议制定鼓励发展高星级酒店、精品和特色酒店、民宿的专项政策，设立审批"绿色通道"，鼓励利用传统特色建筑开办精品和特色酒店、民宿。充分发挥恩宁路、宝源路、多

宝路、龙津西路、昌华苑、聚龙村、沙面等传统历史文化街区丰厚的人文历史资源，鼓励街道发动组织居民参与开发"老街游"旅游产业，有规划、有组织地引入以文创、民宿、特色餐饮等构建的食、住、行、游、购、娱于一体"西关老街风情"特色旅游区街。

（九）加大对老字号和西关美食的扶持，增强旅游消费吸引力

饮食和购物是旅游消费不可忽视要素之一，"老店多、美食正"是游客对荔湾旅游印象之一，但近年来老字号受市场、政策、经营等因素影响，老字号不断减少和萎缩，恩宁路"老字号一条街"有名无实；上档次的饮食业较其他区逊色，泮塘路的广州美食园规模偏小、环境欠佳、名不符实。这类游客需求大，且属于荔湾区传统优势的行业逐步失去优势。建议制定针对性的专项政策，复活一批传统老字号，扶持现有老字号提升发展。此外，结合荔湾传统文化商旅活化提升区平台建设，对饮食业进行专门的产业规划，促进饮食业改善经营环境、提升文化品位，打造更多美食片区（街）和美食名店。

（十）建立一个高效有力、综合协调区级传统文化商旅活化提升工作的组织机构

历史文化街区和历史建筑的活化利用涉及诸多职能部门和政策法规，造成不少热心人士望而止步，建议建立一个打破行业、系统、行政隶属，负责统筹全区传统文化商旅活化提升工作的强有力协调组织和常设性平台运作机构，建立跨部门联合审批机制，减少活化过程中部门之间行政和政策障碍，畅通信息渠道，优化审批流程，缩短审批时间，指导活化实施，做好服务保障，支持文商旅产业融合发展，促进相关项目和企业进驻荔湾。

（十一）加强对历史文化街区环境管理，创造活化利用条件，激活社会力量加入活化行动

整合利用好区域内公有物业资源，主动收储历史文化街区内的土地，对

区域内公有物业和国有企业物业中利用率低、租值低、与历史文化活化提升相冲突的物业进行政府主导收编重整，统一管理和活化改造。制订相关政策鼓励社会共同开展保护利用，对符合条件的文物建筑和名人旧居鼓励进行科学合理的开发利用。同时，在历史文化街区活化提升中要注意历史文化事件的挖掘和居民生活生态的保存，尤其要保护好历史文化街区的传统肌理和历史文化信息、建筑装饰等文化元素。优先安排历史文化街区内"微改造"项目，优化环境，如三线落地、路面铺装、市政设施完善等。

（十二）完善公共配套建设，提高传统文化商旅活化提升区的承载和服务能力

不断完善旅游设施、基础信息化设施、无障碍设施等，完善公共服务体系，有效链接多个文商旅融合功能区，提高公共服务质量和水平。打造文化旅游的全产业链，将景点游览、交通运输、酒店住宿、美食休闲、旅游购物等各个环节有机联动，构建旅游产业健康发展的生态圈。重点推进停车场建设，加快沙面、陈家祠、上下九、荔枝湾等地区公共停车场建设，引入智能信息系统，充分用好现有停车场资源。

规范化建设具有西关文化特色的旅游标识系统，构建配套完善的旅游导引系统；在重要旅游节点设立导游全景图、导览图、标识牌、景物介绍牌、警示关怀牌等，建设覆盖全区的文商旅咨询服务体系和标识导览系统。

（十三）定规划、出政策、设资金，全方位激活社会参加传统文化活化提升热情

加快出台历史文化街区保护规划和发展新兴产业、文化创意产业等激励政策，研究历史建筑、传统风貌建筑植入新业态、新模式、新措施，鼓励和支持各类社会资本参与文商旅融合发展的投资建设和经营管理。设立文化保育专项资金，用于历史文化街区的改造、提升及老字号、非遗等传统文化保护、传承和发展，对挂牌和列入保护名单的文物建筑、历史建筑进行维修和活化使用的资助，使老建筑的文化功能得以延续，对定位为活化街区内的房

屋住改商进行补助，激励社会力量参与荔湾区传统文化商旅活化提升建设的热情，使传统文化商旅活化提升成为全社会的共识。

参考文献

习近平：《在中国共产党第十九次全国代表大会上的报告》，2017年10月18日。

广州市荔湾区政府、广州市荔湾区文化局：《广州市荔湾区传统文化商旅活化提升区建设工作方案》。

广州市荔湾区旅游局：《荔湾区旅游发展情况和发展思路》。

Abstract

Annual Report on Economic Development of Guangzhou (2018), one of yearly Guangzhou Blue Book, compiled by Guangzhou Academy of Social Sciences (GZASS), is an authoritative publication on the analysis and prediction of Guangzhou's economy as well as related study of the vital subjects, which embodies the newest achievements of experts and scholars from research institutes, universities and government departments. Totally there are 17 reports in this Blue Book, containing four parts of General Report, Special Analysis, Industrial Economy and Regional Economy.

Guangzhou'seconomy grew steadily in 2017. GDP reached 2.15 trillion RMB with an increase of 7.0%. The service and the manufacturing industries were both hit by slowdowns. Foreign trade export growth accelerated, consumption growth remained stable, but the growth of investment slowed down. Looking ahead to 2018, the world economy will continue to improve, expected to increase about 3.5%. Prudent and neutral monetary policy and positive fiscal policy will continue in China. With comprehensively deepening reform and opening up, promoting high quality development, China's economy is expected to maintain a steady growth, although still facing some great challenges and risks. Considering various factors, Guangzhou economy is expected to remain stable in 2018, forecasting a growth rate of 7.0% totally this year estimated by the Research Group's model.

Keywords: Economic Growth; Urban Economy; Guangzhou Economy

Contents

I General Report

Abstract: Guangzhou's economy grew steadily in 2017. GDP reached 2. 15 trillion RMB with an increase of 7. 0% . The service and the manufacturing industries were both hit by slowdowns. Foreign trade export growth accelerated, consumption growth remained stable, but the growth of investment slowed down. Looking ahead to 2018, the world economy will continue to improve, expected to increase about 3. 5% . Prudent and neutral monetary policy and positive fiscal policy will continue in China. With comprehensively deepening reform and opening up, promoting high quality development, China's economy is expected to maintain a steady growth, although still facing some great challenges and risks. Considering various factors, Guangzhou economy is expected to remain stable in 2018, forecasting a growth rate of 7. 0% totally this year estimated by the Research Group's model.

Keywords: Economic Growth; Urban Economy; Guangzhou Economy

II Special Analysis

B. 2 Study on Guangzhou Industry and Information Development

in 2017 and Prospect of 2018　　　*Xiao Zejun*, *Yang Liqun* / 039

Abstract: In 2017, the industrial and information industry in Guangzhou achieved a steady growth in profits. The total industrial tax revenue grew 11%, the total profit of industries above designated size grew 11.8%. The operating income of software and information services exceeded 300 billion RMB for the first time with an increase of about 18%. The added value accounted for 65.6% of the added value of manufacturing above designated size, and the energy consumption of industrial units above designated size decreased by 4.9%. In 2018, with thorough implementation of the spirit of the Nineteenth National Congress of the Communist Party of China, Guangzhou will try hard to advance high-quality development of its industrial information industry.

Keywords: Industrial Development; Informatization; Guangzhou

B. 3 Review of Guangzhou Commerce Circulation Industry

in 2017 and Outlook of 2018　　　*Ou Jiangbo*, *Wu Jing* / 049

Abstract: In 2017, the wholesale and retail industry was stable, the transportation industry was growing steadily, the new momentum of commerce and trade was developing well, the import and export growth was fast, and the investment attraction was effective in Guangzhou. Looking ahead to 2018, with the background of reform and opening up, scientific and technological revolution and industrial revolution, business recovery, Guangzhou's acceleration of global leading hub city, and so on, commerce and trade circulation industry faces with good development environment. Therefore, the paper suggests to promote further development of commerce in Guangzhou from hub level enhancing, core growth pole role play, greater consumption industry and the development of new forms and so on.

Keywords: Commerce Circulation; Development Prospect ; Guangzhou

B. 4   Analysis of Guangzhou Real Estate Market in 2017 and

Prospect of 2018   *Ou Jiangbo, Fan Baozhu and Tang Bihai* / 064

Abstract: In 2017, under the guidance of "the house was used to live, not used for speculation", Guangzhou actively deepened the real estate market regulation policies, the market operation was basically stable, the transaction area of the new commercial house decreased, the market of the houses in stock remained active. Looking forward to 2018, Guangzhou's real estate market regulation policies will maintain continuity and stability, and financial risk prevention and control will be further strengthened. The real estate market is expected to maintain steady and healthy development in 2018. It is expected that the new commercial housing market will have sufficient supply and the transaction volume will remain basically stable. Affected by the active market and digested large demand in the previous period, the transaction volume of the houses in stock may be reduced.

Keywords: Real Estate Market; Analytical Prediction ; Guangzhou

B. 5   Study on Supply and Demand Situation of Guangzhou Human

Resources Market in 2017 and Prospect of 2018

Survey and Assessment Team of Supply and Demand Information

of Guangzhou Human Resources Market / 082

Abstract: In 2017, the supply and demand of human resources in Guangzhou was basically stable. The demand for entry market registration and the number of job seekers both fell, and the supply and demand was both tightened. There was a rise in ratio of demand to supply. The current staff of monitored enterprises were mainly young adults. The trend of young people and higher education was obvious. The stability of enterprise employment tended to increase, and the mobility of employees continued to decrease. Looking ahead to 2018, with the transformation of Guangzhou from high speed of economic growth to the development of high quality growth, this report advices to promote steady development of human resources market from taking the initiative to create jobs, maintaining fair employment, promoting the development of human resources services, and so on.

Keywords: Human Resources Market; Study on Supply and Demand; Guangzhou

B. 6　Research on Dynamic Trend of Economic Growth in Guangzhou under New Normal

Ou Jiangbo, Tang Bihai, Wu Jing and Fan Baozhu / 102

Abstract: Maintaining high-quality economic development under the new normal is not only a realistic requirement for the development of Guangzhou, but also an important means to enhance Guangzhou competitiveness. Guangzhou economic and social development is undergoing profound changes. The speed is changing from "high growth" to "middle and high growth", the model dimensions from the speed type to quality efficiency, and the momentum from "investment-driven" to "two-wheel drive of investment and innovation" transformation. This paper deeply analyzes the dynamic trend and characteristics of Guangzhou economic growth under the new normal and provides supports for the major decisions of Guangzhou.

Keywords: Economic Growth Momentum; New Normal; Guangzhou

III   Industrial Economy

B. 7   Research on the Countermeasure of Vigorously Developing
Guangzhou Private Advanced Manufacturing Industry

Research Group of Guangzhou CPPCC Economic Committee / 119

Abstract: At present, Guangzhou private enterprises are developing well. The total scale is expanding continuously, and the development quality is continuously improving. The private economy has become the main force of innovation and development in Guangzhou. There are many excellent domestic companies, in their respective industry or niche in a leading position in Guangzhou. However, compared with the manufacturing cities from Yangtze River Delta and Pearl River Delta, Guangzhou apparently lacks of large leading private manufacturing enterprises. This paper analyzes the problems of Guangzhou private manufacturing enterprises from the perspective of their own development and government support, and puts forward specific development opinions and suggestions.

Keywords: Private Advanced Manufacturing Industry; Policy Support; Guangzhou

B. 8   Study on the Countermeasure of Further Enhancing the Core
Competitiveness of Guangzhou Port   *Lin Zhishun* / 129

Abstract: Port is an important strategic resource for regional economic development. The construction of Guangzhou port has made great progress since the implementation of the three-year action plan of Guangzhou international shipping center. This paper expounds the current situation of construction and development of Guangzhou port from port production, infrastructure construction, distribution system, shipping logistics industry, shipping market subject, shipping service industry, port customs clearance environment and external exchange and cooperation. It compares and analyzes the existing shortcomings, and puts forward relevant suggestions from five aspects, including infrastructure construction, port resource integration, improvement of shipping logistics level, improvement of modern shipping service system and optimization of business environment.

Keywords: Guangzhou Port; Countermeasure Study; International Shipping Center

B. 9　Study on the Thinking of Developing New Formats of Foreign Trade in Guangzhou　　*Li Mingxia, He Yongming and Deng Xu* / 144

Abstract: The new format of trade has been developing vigorously in Guangzhou, which has become a new force for the steady growth, structure and benefit of foreign trade. This paper analyzes the development status and existing problems of the three types of foreign trade, and puts forward the ideas and suggestions for further developing the new business mode of Guangzhou trade.

Keywords: New Forms of Foreign Trade; Market Procurement Trade; Cross-border E-commerce; Comprehensive Foreign Trade Service

B. 10　The Countermeasure of Speeding up the Construction of Guangzhou Nansha Parallel Automobile Import Trading Hub Port　　　　　　　　　　*Liu Xu, Chen Mojun* / 158

Abstract: Automobile import trade is an important symbol of city internationalization and port development level. Since 2015, the State Council approved the pilot project for the parallel import of automobiles in the Pilot Free Trade Zone Nansha Area of Guangdong, Guangzhou Nansha has leaped to the country's second largest and the largest parallel imported automobile port in the southern region. This paper analyzes the current situation and the main problems of parallel imported automobile trade in Guangzhou Nansha, and puts forward the countermeasure of speeding up the construction of parallel import automobile trade hub port.

Keywords: Automobile; Import Trade; Hub Port; Guangzhou Nansha

B. 11 Strategic Thinking on the High Quality Development of Industry of Sino-Singapore Guangzhou Knowledge City

Qin Jian, Ge Zhizhuan / 171

Abstract: Sino-Singapore Guangzhou Knowledge City is in a period of accelerated development, and it has a sound development foundation in terms of industrial scale, industrial platform construction, industrial layout and business environment. However, the high-end industrial agglomeration effect has not yet formed. This paper analyzes the current situation and existing problems of industry development in Sino-Singapore Guangzhou Knowledge City. It puts forward to grasp the important opportunities by the trend of the global scientific and technological revolution and the construction of Guangdong-Hong Kong-Macau Greater Bay Area in the future. It suggests to focus on the development of knowledge and information industries, new materials and smart manufacturing, biology and health, and "four new" economies.

Keywords: Industry Development; Sino-Singapore Guangzhou Knowledge City; Strategy

B. 12　Research on the Construction of Modern Industrial

System in Baiyun District

Research Group of Guangzhou Baiyun Development

and Reform Bureau / 184

Abstract：The research focuses on the development of Modern Industrial System which is high-end, high-quality and high-tech featured in Baiyun District. It analyzes industrial construction, including the successful experience and shortcomings, of Baiyun District. It puts forward the ideas and measures to improve the modern industrial system of Baiyun District from six aspects, such as the focus of industrial development, the engine, the platform, the main body, the project and the elements.

Keywords："High-end, High-quality and High-tech" Industries; Industrial System; Guangzhou Baiyun

IV　Regional Economy

B. 13　The Thinking on Guangzhou's Integration into the

Construction of Guangdong-HongKong-Macao Greater

Bay Area　　　　　　　　　　　　　*Lu Fangqi* / 197

Abstract：The development of Guangdong-HongKong-Macao Greater Bay Area is an important national strategy. Guangzhou is one of the core cities of this area. Fully integrated and actively leading the construction of the Bay Area, it is of great significance for Guangzhou to accelerate its move towards a more influential global city. This paper discusses several important problems involved in the Bay Area, analyzes the advantages and disadvantages, puts forward orientation and suggestions of Guangzhou integration in the development of the Bay Area.

Keywords：Guangdong-HongKong-Macao Greater Bay Area; Thinking Research; Guangzhou

B. 14　Countermeasure on Accelerating the Construction of

Innovation Parks in Guangzhou

Research Group of Guangzhou Land Resources and

Planning Commission / 212

Abstract：Innovation and development is one of important development idea and development strategy of a new era in our country. Guangzhou puts forward to develop international scientific and technological innovation hub and the national central city, leading development of Guangdong-HongKong-Macao Greater Bay Area and Guangzhou-Shenzhen Science &Technology Innovation Corridor. This paper sorts out the basic connotation of innovation park, introduces the successful experiences on constructing innovation center cities at home and abroad, analyzes the situation and the problems of the innovation parks in Guangzhou, and puts forward suggestions for planning and construction on Guangzhou's innovative parks.

Keywords：Innovation Park；Planning and Construction；Guangzhou

B. 15　The Transportation Strategy of Guangzhou under the New

Situation

—*From Waterway Network Region to Network Cities*

Ma Xiaoyi, Zhou Zhihua and Jiang Xuefeng / 227

Abstract：Nowadays the third round of urbanization in the world is being in progress. The main feature of the third round of urbanization is to strengthen the traffic and network connections between the big cities and the small and medium-sized cities, which helps improve the international competitiveness of big cities.

The Pearl River Delta （PRD） area is traditionally a dense area of water network. Guangzhou is located in the hub of the Pearl River Delta, and has been the core of PRD since ancient times. In the new round of urbanization, Guangzhou has chosen the hub&net work as the strategic direction of urban space development. In the future, the city should make full use of "southern gate" of the motherland and the location advantages, strive to build a world-class airport, harbor and railway network, further strengthen the global hub of the portal and the allocation of resources ability. By the construction of network and hub, the region will be more balanced and more fully developed.

Keywords: Network Cities; Transportation Strategy; New Round of Urbanization

B. 16   Research on Innovation Development of Panyu District by
the Construction of Guangzhou-Shenzhen Science &
Technology Innovation Corridor   *Chen Dejun* / 242

Abstract: In recent years, Panyu district has carried out the development strategy of "innovation-led and double-wheel drive", and accelerated the construction of a new system of high-end high-quality high-tech modern industry, with remarkable achievements. This paper analyzes the current situation and existing problems of Panyu's innovation development implementation. It puts forward to actively docking Guangzhou-Shenzhen corridor construction in the future, with the power supply by the platform of Guangzhou Higher Education Mega Center- Guangzhou International Science & Technology Innovation City. It suggests to build quality and efficient innovation ecosystem, speed up the formation of innovation as to lead and support the economic system and development model.

Keywords: Guangzhou-Shenzhen Science &Technology Innovation Corridor; Guangzhou Higher Education Mega Center; Innovation Development; Guangzhou Panyu

B. 17　Current Status and Countermeasure of Revitalization and
Promotion of Traditional Cultural, Business and Tourism
Industries of Liwan District

The research group on the revitalization and promotion of traditional
cultural, business and tourism industry of the Standing Committee
of the people's Congress of Liwan District / 254

Abstract: To realize the integration of business travel industry development,
it is helpful to enhance the level of cultural industry development, expand cultural
service consumption, invigorate the traditional business, promote the tourism
industry and modern service industry at the same time. Research group had carried
out in-depth research projects on activating ascension of Liwan District culture
business, masterd the details of the first-hand data, and understood the deficiencies
and problems. This paper draws lessons from the experience of other regions, and
puts forward countermeasure and suggestions to accelerate the revitalization and
promotion of traditional cultural, business and tourism industries in Liwan District.

Keywords: Cultural, Business and Tourism Industries; Revitalization and
Promotion; Guangzhou Liwan

❖ 皮书起源 ❖

"皮书"起源于十七、十八世纪的英国，主要指官方或社会组织正式发表的重要文件或报告，多以"白皮书"命名。在中国，"皮书"这一概念被社会广泛接受，并被成功运作、发展成为一种全新的出版形态，则源于中国社会科学院社会科学文献出版社。

❖ 皮书定义 ❖

皮书是对中国与世界发展状况和热点问题进行年度监测，以专业的角度、专家的视野和实证研究方法，针对某一领域或区域现状与发展态势展开分析和预测，具备原创性、实证性、专业性、连续性、前沿性、时效性等特点的公开出版物，由一系列权威研究报告组成。

❖ 皮书作者 ❖

皮书系列的作者以中国社会科学院、著名高校、地方社会科学院的研究人员为主，多为国内一流研究机构的权威专家学者，他们的看法和观点代表了学界对中国与世界的现实和未来最高水平的解读与分析。

❖ 皮书荣誉 ❖

皮书系列已成为社会科学文献出版社的著名图书品牌和中国社会科学院的知名学术品牌。2016年，皮书系列正式列入"十三五"国家重点出版规划项目；2013~2018年，重点皮书列入中国社会科学院承担的国家哲学社会科学创新工程项目；2018年，59种院外皮书使用"中国社会科学院创新工程学术出版项目"标识。

权威报告・一手数据・特色资源

皮书数据库
ANNUAL REPORT(YEARBOOK)
DATABASE

当代中国经济与社会发展高端智库平台

所获荣誉

- 2016年，入选"'十三五'国家重点电子出版物出版规划骨干工程"
- 2015年，荣获"搜索中国正能量 点赞2015""创新中国科技创新奖"
- 2013年，荣获"中国出版政府奖·网络出版物奖"提名奖
- 连续多年荣获中国数字出版博览会"数字出版·优秀品牌"奖

成为会员

通过网址www.pishu.com.cn访问皮书数据库网站或下载皮书数据库APP，进行手机号码验证或邮箱验证即可成为皮书数据库会员。

会员福利

- 使用手机号码首次注册的会员，账号自动充值100元体验金，可直接购买和查看数据库内容（仅限PC端）。
- 已注册用户购书后可免费获赠100元皮书数据库充值卡。刮开充值卡涂层获取充值密码，登录并进入"会员中心"—"在线充值"—"充值卡充值"，充值成功后即可购买和查看数据库内容（仅限PC端）。
- 会员福利最终解释权归社会科学文献出版社所有。

社会科学文献出版社 皮书系列
SOCIAL SCIENCES ACADEMIC PRESS (CHINA)

卡号：127696615287
密码：

数据库服务热线：400-008-6695
数据库服务QQ：2475522410
数据库服务邮箱：database@ssap.cn
图书销售热线：010-59367070/7028
图书服务QQ：1265056568
图书服务邮箱：duzhe@ssap.cn

S 基本子库
UB DATABASE

中国社会发展数据库（下设 12 个子库）

全面整合国内外中国社会发展研究成果，汇聚独家统计数据、深度分析报告，涉及社会、人口、政治、教育、法律等 12 个领域，为了解中国社会发展动态、跟踪社会核心热点、分析社会发展趋势提供一站式资源搜索和数据分析与挖掘服务。

中国经济发展数据库（下设 12 个子库）

基于"皮书系列"中涉及中国经济发展的研究资料构建，内容涵盖宏观经济、农业经济、工业经济、产业经济等 12 个重点经济领域，为实时掌控经济运行态势、把握经济发展规律、洞察经济形势、进行经济决策提供参考和依据。

中国行业发展数据库（下设 17 个子库）

以中国国民经济行业分类为依据，覆盖金融业、旅游、医疗卫生、交通运输、能源矿产等 100 多个行业，跟踪分析国民经济相关行业市场运行状况和政策导向，汇集行业发展前沿资讯，为投资、从业及各种经济决策提供理论基础和实践指导。

中国区域发展数据库（下设 6 个子库）

对中国特定区域内的经济、社会、文化等领域现状与发展情况进行深度分析和预测，研究层级至县及县以下行政区，涉及地区、区域经济体、城市、农村等不同维度。为地方经济社会宏观态势研究、发展经验研究、案例分析提供数据服务。

中国文化传媒数据库（下设 18 个子库）

汇聚文化传媒领域专家观点、热点资讯，梳理国内外中国文化发展相关学术研究成果、一手统计数据，涵盖文化产业、新闻传播、电影娱乐、文学艺术、群众文化等 18 个重点研究领域。为文化传媒研究提供相关数据、研究报告和综合分析服务。

世界经济与国际关系数据库（下设 6 个子库）

立足"皮书系列"世界经济、国际关系相关学术资源，整合世界经济、国际政治、世界文化与科技、全球性问题、国际组织与国际法、区域研究 6 大领域研究成果，为世界经济与国际关系研究提供全方位数据分析，为决策和形势研判提供参考。

法律声明